W0171675

Ulrich Kienzle und die Siebzehn Schwaben

Ulrich Kienzle
und
die Siebzehn Schwaben

Eine Reise zu
eigenwilligen Deutschen
Mit Fotos von
Stefan Nimmesgern

sagas.edition

Quellenangaben Vitae und Fußnoten

www.erhard-eppler.de / www.felixhuby.de
www.filmportal.de / www.fredi-bobic.de
www.heiner-geissler.de / www.mathias-richling.de
www.natalia-woerner.de / www.nimmesgern.de
www.oezdemir.de / www.rezzoschlauch.de
www.speedheads.de / www.theosommer.de
www.wall.de / www.wikipedia.de
www.wolfgang-schaeuble.de

Erstauflage 2012
© 2012 sagas.edition, Stuttgart
Redaktion: Lena Stadelmann
Lektorat: Martin Mühleis
Korrektorat: Dr. Birgit Gläser
Gestaltung: b3K-design Max Bartholl, Andrea Schneider
Fotos (Cover und Innenteil): Stefan Nimmesgern
Satz: Anja Pfennig-Mische
Druck und Bindung: CPI - Clausen & Bosse, Leck
ISBN: 978-3-9812510-4-3

Inhalt

Ulrich Kienzle
Politischer Urknall
am Sackbahnhof
Eine kurze Zeitreise
in die Welt
der Wutbürger

Eigentlich war es nur vordergründig um den Bahnhof gegangen, dieses hässliche, leicht vergammelte Muschelkalkmonster aus den Zwanzigerjahren, das eher an eine Feldherrnhalle erinnert als an einen Bahnhof. Groß und martialisch wirkt das verwitterte Gemäuer und widerspricht damit allen schwäbischen Bescheidenheitsvorstellungen. Der Sackbahnhof ist ein Stück Angeber- und Protzarchitektur. Ein imperialer Klotz mitten in die Stadt geknallt. Ein Monument, das immer mehr sein wollte als ein profaner Bahnhof. Sein Schöpfer, Paul Bonatz, hat ihn nicht ganz zufällig »umbilicus sueviae« genannt – den »Nabel Schwabens«. Nun hätte man erwarten können, dass die Stuttgarter Bürger nichts sehnlichster wünschten, als von dieser monströsen Architektur befreit zu werden, einem städtebaulichen Fossil der ganz besonders hässlichen Art. Aber weit gefehlt. Eigensinnig, wie sie nun mal sind, wollten viele Stuttgarter das Monster behalten. Vielleicht war es Trotz. Vielleicht war es auch der Stolz auf die ungewöhnliche Leistungsfähigkeit des alten Sackbahnhofs. Vielleicht wollten sie aber einfach nicht, dass Stuttgart das Herz Europas wird, wie dies eine durchgeknallte Werbung und die regierende Polit-Elite des Landes versprochen hatten. Und weil viele Stuttgarter so trotzig reagierten, wurde der riesige, vergammelte Muschelkalkkoloss doch noch zum Nabel Schwabens.

Der Streit um Stuttgart 21 endete nämlich in einem politischen Urknall am Sackbahnhof. Natürlich ging es auch ums »Obenbleiben« oder »Tieferlegen«, um die Zahl der Gleise und Verkehrstakte und um Milliarden Euro. Aber im politischen Untergrund hatte schon länger eine politische Veränderung Platz gegriffen, die nicht nur ich für unmöglich gehalten hatte. Der politisierte Bahnhof wurde zu einer Art Geburtshelfer, der die ganze Region in ein neues Zeitalter katapultieren und den Rest der Republik in Erstaunen versetzen sollte.

Dies ist verwunderlich, weil die Demonstrationslust sich im reichen »Musterländle« immer in Grenzen gehalten hat. Der Schwabe demonstrierte lange am liebsten in Festumzügen – und aus gegebenem Anlass. Als Narr der schwäbisch-alemannischen Fasnachtszünfte zum Beispiel. Da ist alles geregelt.

Lange muss man in den Geschichtsbüchern blättern, bis man auf die letzte Rebellion in der Region stößt. 1514 hatte der »Geißpeter« aus Beutelsbach, ein pfiffiger und aufmüpfiger Tagelöhner, die Bauern zum Aufstand gegen Herzog Ulrich aufgestachelt. Schorndorf war damals wochenlang »befreites« Gebiet und wurde vom »Armen Konrad«[1] beherrscht. Die Rache des Herzogs war fürchterlich. Er ließ alle seine Gegner gnadenlos köpfen. Das hat bleibenden Eindruck gemacht. Danach herrschte Ruhe im Land.

Selbst die 68er-Revolte war im Schwäbischen schnell verpufft. 2000 Aufgeregte, die meisten Studenten aus Heidelberg und Tübingen, hatten zwar an Ostern 1968 gegen den Bechtle-Verlag in Esslingen demonstriert, weil der die »Bildzeitung« druckte. Aber schon ihr Slogan hatte nicht unbedingt revolutionäre Wallungen entfacht: »Bechtle! Bechtle, Springer-Knechtle!« Die Verkleinerungsform hatte etwas Verniedlichendes, Verharmlosendes. Wie häufig, wenn Schwaben rebellieren.

---

1   Als »Armer Konrad« bezeichneten sich die geheimen Bauernbünde, die sich 1514 gegen ihren Feudalherren Herzog Ulrich von Württemberg erhoben.

In schöner Erinnerung ist auch die Aussage des schwäbischen Revolutionärs und Spartakisten Seebacher, der dem zurückgetretenen, eher leutseligen König Wilhelm II. einst am 4. November 1918 bestätigte, dass er sich korrekt verhalten habe. Der König müsse aber trotzdem zurücktreten: »S'ischt wega dem Sischtem!«[2]

Lange demonstrierte nur einer. Sozusagen im Alleingang. Der sattsam bekannte Remstal-Rebell Helmut Palmer. Er sägte Bäume um und schüttete Bürokraten, die zu lange Mittag machten, Mist in die Dienstzimmer. Dafür landete er immer wieder im Knast. Aber man erlaubte sich, den Mann nicht ganz ernst zu nehmen. Einer, der dauernd demonstrierte und 250-mal als Bürgermeister kandidierte, musste einen an der Waffel haben. Erst sein Sohn Boris Palmer hat es schließlich zum »Schultes« gebracht – in Tübingen. Opposition wurde damals auf dem flachen Land noch als etwas Subversives, im besten Fall als eine Art gefährliche Krankheit, betrachtet. Alles ging, trotz Palmer, seinen gewohnten Gang. Alles ging gut. Die Regierung in Stuttgart regierte und die Regierten waren mehrheitlich zufrieden. »Dia Herra en d'r Regierong werdet's scho recht macha.«[3] Hieß es. Eine Art Urvertrauen in die Obrigkeit. Die Opposition war harmlos. Und die CDU-Regenten machten alles recht. 58 Jahre lang.

Dann, wegen eines Tiefbahnhofs, platzte vielen eingefleischten Schwaben auf einmal der Kragen. Der reine Wahnsinn! Im Volksmund klang das so: »Fenfhondert Johr lang hend se d'Gosch ghalda ond jedzd kriaget se da Rappel – wega ma Sackbahof.«[4]

Mit Stuttgart 21 hatte es die Obrigkeit wohl übertrieben. Jetzt rumorte es plötzlich. Das Projekt fanden viele größenwahnsinnig, zu abgehoben, zu teuer. Und doch dauerte es lange, bis der Widerstand Wirkung zeigte. Die Entscheidung für

---

2 »Es ist wegen des Systems!«

3 »Die Herren von der Regierung werden es schon recht machen.«

4 »Fünfhundert Jahre lang sind sie still geblieben. Und auf einmal werden sie aufrührerisch – wegen eines Sackbahnhofs.«

Stuttgart 21 war demokratisch zustande gekommen, zweifellos. Aber irgendwie an den Stuttgartern vorbei. Sicher – der Plan hatte jahrelang alle Gremien, Instanzen und Hinterzimmer durchlaufen. Der Grundverdacht ist aber nie ausgeräumt worden, dass sich die Begehrlichkeiten auf etwas ganz anderes richteten als den Bahnhof: die frei werdende Baufläche. Oettinger[5] und Schuster,[6] die politischen Protagonisten, hatten es jedenfalls nicht verstanden, die Bürger von den Vorzügen ihres Wunderbahnhofs zu überzeugen. Jetzt bekamen sie die Quittung.

Das war umso verwunderlicher – weil Schwaben lieber bruddeln als auf die Straße gehen. Das Bruddeln ist eine Leidenschaft, die Nicht-Schwaben nur schwer zu erklären ist. Der Bruddler ist jemand, dem alles gegen den Strich geht. Er bruddelt aber am liebsten allein, er braucht keinen Beifall vom Stammtisch wie der Bayer. Der eigene reicht. Der Bruddler hat nämlich immer recht. Der Bruddler ist selbstgerecht und Individualist. Deshalb lähmt das Bruddeln und macht einsam. Auf diese verquere Weise hat der Schwabe über Jahrhunderte gelernt allein zu sein. Einsamen Wölfen gleich, bruddeln Hunderttausende einfach so vor sich hin und spülen ihren Ärger mit Trollinger weg. Der kürzeste Weg in die innere Emigration. Statt sich mit anderen zusammenzutun, um ein Übel abzuschaffen, schimpfen sie lieber allein. Niemand kommt dabei gut weg. Gott nicht und die Regierenden nicht. Aber das Bruddeln ist halt ein ziemlich einsames und folgenloses Geschäft. Alles bleibt beim Alten.

Umso erstaunlicher waren deshalb die plötzlichen Riesendemos in Stuttgart. Mit der gleichen Inbrunst, mit der sie bisher bruddelnd Ruhe und Ordnung gehalten hatten, gingen die Stuttgarter jetzt auf die Straße. Etwas im angeblich schwäbischen Wesen musste sich verändert haben. Es brodelte tatsächlich und überraschend waren viele Bruddler plötzlich gemeinsam auf der Straße. Am Ende wurde es eine Art kollektives Massenbruddeln in Bahnhofsnähe. Mit atemberaubendem Fleiß und typisch

---

5   Damaliger baden-württembergischer Ministerpräsident

6   Damaliger Stuttgarter Oberbürgermeister

schwäbischer Zähigkeit versuchten sie, die Obrigkeitshörigkeit aus ihren Köpfen zu demonstrieren. Woche für Woche. Aus dem Bruddler wurde der Wutbürger. Ein ganz neuer Schwabentyp. Aufmüpfig und politisch.

Die Politstrategen in der Villa Reitzenstein[7] hatten die Veränderungen der letzten Jahrzehnte verschlafen, sie glaubten lieber an ein altes Klischee von der schwäbischen Politik. Und das lautete: Die Schwaben sind konservativ, die reden viel, wenn der Tag lang ist, aber am Ende wählen sie doch wieder CDU. Für sie war das »Ländle« ein »g'mähtes Wiesle«, also eine todsichere Sache. Aber das stimmte nur noch bedingt. Die Schwaben waren zwar noch konservativ, aber immer mehr fanden Teufel, den frömmelnden Erzkatholiken, und seinen Zögling Mappus einfach außerirdisch. Besonders die Jüngeren, die neuen Konservativen, suchten nach einem Ersatz und fanden ihn schließlich bei den Grünen. Deren Erfolge in der Stuttgarter Kommunalpolitik hätten die CDU-Strategen eigentlich nachdenklich machen müssen. Rezzo Schlauch wäre um ein Haar OB geworden, wenn, ja wenn die SPD im entscheidenden Augenblick über ihren Schatten gesprungen wäre.[8] Und Mappus hätte sich in einer Koalition mit den Grünen die Macht sichern können – aber Mappus hatte mit den Grünen nichts am Hut. Er spielte lieber den Grünenfresser und Polit-Rambo und glaubte mit dieser Strategie wieder eine Mehrheit gewinnen zu können. Mappus und seine Berater merkten gar nicht, wie sehr der Kandidat zum Auslaufmodell geworden war. Ein Mann der 60er-Jahre. Kommt noch hinzu, dass er aus Hessen den Medienberater von Roland Koch holte, einen wilden Haudrauf: Dirk Metz. Was der bei Roland Koch nicht ganz geschafft hatte, den Machtverlust – bei Mappus sollte es ihm gelingen. Unter seiner tätigen Mithilfe beging Mappus medialen Selbstmord.

---

7   Sitz des Ministerpräsidenten in Stuttgart

8   Bei der OB-Wahl in Stuttgart im Jahr 1996 erhielt Grünen-Kandidat Rezzo Schlauch im ersten Wahlgang 30,6 Prozent. Der SPD-Kandidat kam auf 22,6 Prozent. Dennoch zog SPD-Landeschef Maurer seinen Kandidaten im Wahlgang nicht zurück. Schlauch verlor deshalb im 2. Wahlgang gegen CDU-Kandidat Schuster.

Mal verkaufte Metz seinen neuen Herrn als politischen Bullterrier, mal als weichgespülten Stuttgart 21-Versteher. Kopflosigkeit war Programm. Höhepunkt nach dem Gau von Fukushima: Der rabiate Atomfan Mappus wurde über Nacht zum härtesten Atomgegner und damit zur Unglaubwürdigkeit in Person. Dem war wohl eine geistige Kernschmelze vorausgegangen.

Das Land hatte sich längst verändert. Auch Neig'schmeckte – ein nicht zu vernachlässigender Faktor – hatten die politische Szene aufgemischt, wie etwa der Schauspieler Walter Sittler, der als bekanntes TV-Gesicht eine wichtige Rolle am Bahnhof spielte. Es war ein langsames politisches Aufwachen in Stuttgart, das noch Folgen haben würde. Es ging zwar auch um die schönen alten Bäume im Schlossgarten oder den Juchtenkäfer – zuallererst ging es aber gegen die Obrigkeit. Dieser Obrigkeit hatte man jahrzehntelang still vertraut, jetzt hatte man ihr das Vertrauen aufgekündigt.

Die Rebellion gegen Stuttgart 21 sollte das traditionelle Bild vom spießigen Schwaben gründlich verändern. Viel Schwachsinn ist über die Stuttgarter in der Vergangenheit geschrieben worden. Das lag nicht zuletzt an den blöden Schwaben-Klischees, die im Umlauf waren. Jetzt war der »bhäbe«, trollingerselige, Maultaschen mampfende Biedermann plötzlich zur Demonstrationsfurie mutiert. Unvorstellbar! Auf dem Höhepunkt der Protestwelle waren es gar Zehntausende. Den staunenden Journalisten fiel angesichts der rätselhaften, dauerdemonstrierenden Schwaben nur der Begriff »Wutbürger« ein. Das Wort machte schnell Medienkarriere. Die Wutbürger wurden weltweit zu einem Thema, der Schwabe zu einem schwierig zu deutenden Phänomen. Selbst die »New York Times« war irritiert. Ganze Heerscharen von Politologen und Soziologen fielen über diese renitenten Stuttgarter her und waren verwundert über diese ganz anderen Schwaben, die nichts mit den alten Klischees zu tun hatten. Im Ideengestöber dieser Schnell-Analytiker verschwammen bald die Motive. Die einen sahen bloß einen Aufstand verwöhnter Wohlstandsbürger, die mit dem Porsche »Cayenne« zur Demo fuhren, um den drohenden Umbaustress des

Bahnhofs zu vermeiden. Andere sahen linke Untergrundaktivisten am Werk, für die der Bahnhof angeblich ein willkommener Vorwand war, die schwäbische Welt aus den Angeln zu heben. Und da waren noch die Naturschützer, die die schönen alten Bäume und vor allem ein seltenes Insekt retten wollten, das eigentlich »Eremit« heißt, aber Juchtenkäfer genannt wird – wegen seines Sexuallockstoffs, der angeblich nach Juchtenleder riecht.

Die Schwaben – für den Rest Deutschlands sowieso ein Rätsel – wurden zu fast unheimlichen Demo-Monstern. Es ging ihnen wirtschaftlich gut, aber warum – um Gottes Willen – wollten sie um keinen Preis diesen Tiefbahnhof? Es war im wahrsten Sinne des Wortes unterirdisch.

Das Berliner Szenemagazin »Tip« giftete damals: »Der Schwabe ist bekanntlich schlau, hinterhältig und kleinkariert und hat auch noch im Protest zu einem modernen Bahnhof die neue Spießer-Apo gegründet. Demnächst kriegen sie in Böblingen oder Karlsruhe die angesagtesten Elendsviertel. Dann bleibt uns in Berlin gar nichts mehr, worauf wir uns was einbilden können.«

Die Schwaben – laut »Tip« der langweiligste Volksstamm der Welt – drohten den Berlinern mit diesem hinterlistigen Demonstrieren den Rang abzulaufen und die neuen »Hipster« zu werden.

Immerhin: Die Berliner Szene-Journalisten haben mehr von den Veränderungen in Stuttgart mitbekommen als die angeblichen Schwabenkenner im Staatsministerium. Neidvoller Respekt spricht aus diesen Zeilen des Berliner Szenemagazins, aber auch ein bisschen Unkenntnis der südwestdeutschen Politfolklore. Die Karlsruher wurden ganz nebenbei zu Schwaben erklärt, was die Badener nachdenklich machen sollte.

Womit wir bei einem Phänomen angekommen sind, das schwer zu deuten ist: dem schwäbischen Wesen, der schwäbischen Seele oder besser gesagt: der schwäbischen »Säle«.

Das gängige Bild vom geizigen, konservativen und unpoliti-
schen Schwaben hat jedenfalls gewaltige Schrammen bekommen. In der Villa Reitzenstein regiert jetzt ein Grüner und die
CDU leidet, wegen des Machtverlusts, an Phantomschmerzen
und betreibt aus Ratlosigkeit Fundamentalopposition. Die Wähler hatten sich als erstaunlich pfiffig erwiesen: Sie wählten mit
knappem Vorsprung die Grünen, lassen die aber, zur Strafe für so
viel eigene politische Frivolität, den Tiefbahnhof bauen. Viele
Unionspolitiker halten das Ganze noch immer für einen vorüber-
gehenden Spuk, allenfalls einen Betriebsunfall der Landespolitik, der bei der nächsten Wahl wieder korrigiert wird. Und sie
verkennen dabei, dass das Wahlergebnis aus dem Jahr 2011 das
sichtbarste Zeichen dafür ist, dass die Schwaben anders geworden sind, anders jedenfalls als dies jahrzehntelang Schwabenbü-
cher und selbsternannte Schwabologen weismachen wollten. So
kann man sich täuschen!

Es ist kaum zu glauben und man muss sich die Augen reiben:
Der Schwabe ist auf dem Weg zur demokratischen Normalisie-
rung. Der schwäbische Sonderweg, der mit der Reformation
begonnen hatte, scheint langsam zu Ende zu gehen. Die pietis-
tisch-protestantische Leitkultur bestimmt nicht mehr das
Leben. Jahrhundertelang hatte man in Württemberg in einer
recht ärmlichen und freudlosen Welt gelebt. Von den Herrschern
mal abgesehen, die sich gerne laszive Feste am Hofe gönnten.
Für die Untertanen waren Sex und Genuss reine Sünden. Für sie
gab es keine Ausschweifungen, keine Exzesse, keine Vergnügun-
gen und keine feuchtfröhlichen Festivitäten. Nur die Erotik der
Arbeit. Selbst die Fasnet war verboten. Es ging sittsam und
schwäbisch bescheiden zu. Württemberg gehörte damals zu den
ärmsten Regionen in Europa.

Die evangelische Kirche hatte mit ihren Kirchenkonventen,
die 1642 in allen Amtsstädten und später landesweit eingeführt
worden waren, eine Art Sittengericht installiert. Gnadenlos wurden Abweichler verfolgt, die die frommen Regeln nicht einhiel-

ten. Ziel war die »Verbesserung« des Menschen. Die erhoffte man sich durch die Kirchenkonvente, die sonntags tagten. Sie vollstreckten den Willen der frommen Vordenker und wurden zu einem Ort der Umerziehung. In nicht einmal 200 Jahren entstand so ein neuer Mensch: Der Schwabe, so wie wir ihn heute kennen. Fleißig, fromm und sparsam. Was die russischen Kommunisten nicht geschafft haben – den neuen Menschen zu schaffen –, den Pietisten ist es gelungen. Die evangelische »Kirchenzucht«, ja so hieß sie offiziell, schreckte vor fast nichts zurück. Überwachen, spionieren und denunzieren war gesetzliche Pflicht und machte auch vor Familien nicht halt. Alles was Spaß machte, wurde verboten. Die schwäbischen »Taliban« brachten niemanden um, hatten mit dieser Methode das Land aber bis zur Unkenntlichkeit verändert.

Zur Ehrenrettung muss man sagen: Es gab nicht nur diese verklemmte schwäbische Kirchen-Stasi. Revolutionär war die Einführung der ersten Schulen. Die Württemberger sollten selber die Bibel lesen können. Das war wichtig für ihr Seelenheil.

Übrigens hatten sich die schwäbischen Kirchenväter das calvinistische Genf als Vorbild auserkoren. Anders jedoch als in Genf, wo die Kirchengemeinderäte vom Kirchenvolk gewählt wurden, ernannten in Württemberg die Kirchenoberen die Mitglieder der Konvente. Statt christlicher Selbstbestimmung wie in Genf gab es frömmlerische Disziplinierung von oben. Der Beginn eines langen autoritären württembergischen Sonderwegs. Mit einer ganz besonderen politischen Bedeutung der Obrigkeit. Die wurde nicht gewählt, sie war auserwählt. Von oben versteht sich. Diese ominöse Obrigkeit bestimmte das Leben und die Untertanen hatten sich klaglos in ihr Schicksal zu fügen. Es war angeblich Gottes Wille. Ein bisschen hat die CDU als scheinbar ewige Regierungspartei auch noch im demokratischen Baden-Württemberg von diesem Obrigkeitserbe gelebt.

Das ist vorbei. Das katholische Oberschwaben tut sich zwar noch etwas schwer. Dort hat die CDU noch satte Mehrheiten. Aber auch sie schrumpfen. Von 70 Prozent in die Gegend von 50.

Deshalb zog nach 20 997 Tagen schwarzer Herrschaft 2011 zum ersten Mal ein grüner Ministerpräsident in die Villa Reitzenstein ein. Eine bittere Ironie der Geschichte. Schließlich hatte Mappus ja die Grünen als Koalitionspartner verschmäht. Zur Strafe musste er abdanken.

Sein Nachfolger wurde Winfried Kretschmann, der »Moses von Sigmaringen«, wie ihn die »Zeit« genannt hat. Er mimt mehr den schwäbelnden Theodor Heuss als den Moses. Mit seiner bedächtigen Art und seinem sonoren Schwäbisch füllt er die Rolle des Landesvaters aus, als habe er nie etwas anderes gemacht. Er predigt als Katholik schon mal in einer evangelischen Kirche. So was kommt an. Seine Zustimmungsrate in der Bevölkerung ist erstaunlich. Gegen ihn wirkt sein Vize Schmid von der SPD wie ein aufgeregter Seminarist, der es eigentlich gut meint, aber im entscheidenden Augenblick schon mal politisch daneben langt.

Die Opposition sieht der Entwicklung ziemlich hilflos zu. Lange war sie damit beschäftigt, sich von ihrem Ex-Kandidaten Mappus zu distanzieren. Für die Neuen in der CDU ist er längst zur Nicht-Person geworden. Ein Ausgestoßener, ein Geächteter. Erst recht, seit durch die Veröffentlichung der E-Mails zwischen ihm und seinem Banker klar geworden ist, dass das Land während des EnBW-Deals[9] zumindest eine Zeit lang direkt von Morgan Stanley[10] regiert wurde. In einer Deutlichkeit, wie es selbst »Occupy Wall Street«-Anhänger in ihren kühnsten Träumen nicht vermutet hätten. Dirk Notheis, Deutschlandchef der US-Bank, zeigte seinem Kumpel Mappus mit flotten Regieanweisungen, wie das Milliardengeschäft medial gehandelt werden sollte. Er soufflierte seinem Duzfreund, wie man Parlament und Öffentlichkeit ganz leicht hinters Licht führen kann. Selbst die »schwäbische Hausfrau« Merkel hätte den Deal gut gefunden – musste

---

9   Im Dezember 2010 kaufte Baden-Württemberg, beraten von Morgan Stanley, für 4,67 Milliarden Euro einen Aktienanteil von 45,01 Prozent am baden-württembergischen Energiekonzern EnBW.

1o   Eine der größten US-Banken. Eine der 29 Großbanken, die vom US-Financial Stability Board (FSB) als systemisch bedeutsames Finanzinstitut eingestuft wurden

Mappus auf Geheiß von Notheis in einer Pressekonferenz nach- plappern. Mappus, der vermeintliche Brachialpolitiker, ließ sich wie eine hilflose Marionette am Nasenring durch die politische Arena dirigieren. Ein ferngesteuerter Polit-Zombie seines Freun- des Notheis. Er wollte den großen Wahlcoup – aber der endete für ihn in einer politischen Katastrophe. Sein Verhalten zeigt, dass er letztlich unsicher und wohl auch unfähig war, das Amt auszufüllen. Die CDU hatte den falschen Mann präsentiert.

Die Partei, die auf eine stolze Galerie von baden-württember- gischen Ministerpräsidenten zurückblicken kann, war personell ausgeblutet. Den Anfang hatte der grundsolide und sparsame Gebhard Müller gemacht, der einst die halbe Brezel für Empfän- ge erfand. Dann gab es den umstrittenen Hans Filbinger, das er- folgreiche »Cleverle« Lothar Späth, den frommen Erwin Teufel, den irrlichternden Günther Oettinger und schließlich Stefan Mappus und seinen furiosen Absturz. Oettinger, so mutmaßen manche in der CDU, hätte es wahrscheinlich noch einmal ge- schafft.

Die Wähler scheinen diese Schwäche gespürt zu haben. Nicht zuletzt deshalb haben sie am Wahltag dem Kandidaten Mappus mit ihrer Stimme die »Maultasche« gestopft und bewiesen, dass sie ganz anders sind als die Klischees, die von ihnen im Umlauf sind.

Nach dem ersten folgte ein Jahr später ein zweiter politi- scher Paukenschlag. Der eher biedere grüne Oberrealo Fritz Kuhn wurde zum neuen Stuttgarter Oberbürgermeister gewählt. Nach 38 Jahren CDU-Herrschaft. Trotz der Unterstützung der Kanzlerin für Kuhns Gegenkandidaten Turner. Die linke Stuttgar- ter Mehrheit ist zum ersten Mal seit Langem nicht an sich selbst gescheitert. Zudem trauten die aufgeweckten Stuttgarter dem weltläufigen Werbestar und Millionär Sebastian Turner nicht über den Weg. Der Werbeprofi hatte eine wilde Materialschlacht entfesselt, aber seine irritierenden Botschaften verfehlten ganz offensichtlich ihre Wirkung. Das meiste war ranschmeißerisches

Gesülze. Turner hatte die Brezel als Symbol schwäbischen Gemeinsinns plakatieren lassen. Die Brezel als Symbol des schwäbischen Gemeinsinns? In der Autostadt Stuttgart blieben die
Wähler cool und wählten einen grünen »Schultes«. Trotz Turners
Beschwörung des »bürgerlichen Lagers«. Dieses politische Ge-
spenst aus dem 19. Jahrhundert erwies sich ebenfalls als Flop.
Es waren vor allem sogenannte bürgerliche Wähler, die Grün
wählten.

Deutschland, deine Schwaben. Die sind eben ganz anders.
Die Klischees stimmen schon lange nicht mehr. Es gibt einen
neuen Bürgertyp in Stuttgart. Der ist wohlhabend, fleißig, auf-
geschlossen und grün – wie etwa der Sohn des ehemaligen Ministerpräsidenten Filbinger. Das muss der Rest der Deutschen
erst langsam lernen. Aber auch manch irritierter Schwabe. So
weit ist es nämlich schon gekommen: Baden-Württemberg ist
zum politischen Labor der Bundesrepublik geworden? Und das
alles wegen einem alten Sackbahnhof.

»Die Schwaben haben eine ungeheure Neugierde auf den Rest der Welt.«

Theo Sommer

Theo Sommer
Die Hamburg-Connection

Das Pressehaus in Hamburg ist von außen ein repräsentativer Bau. Innen gibt es sich hanseatisch bescheiden. In metallenen Lettern ziert der Kopf der »Zeit« die beige Natursteinwand – mit dem Schlüssel aus dem Bremer Stadtwappen im Schriftzug. Der einzige Schmuck im menschenleeren Foyer. Man sagt: Hamburg ist das Tor zu Welt, Bremen aber hat den Schlüssel. Als ich mit dem Aufzug im Empfangsraum ankomme, eine Überraschung: Mutterseelenallein sitzt da Peer Steinbrück, der SPD-Kanzlerkandidat, und telefoniert. Er wartet »auf Helmut«, sagt er.

Eigentlich bin ich mit Theo Sommer verabredet, der hier jahrzehntelang als Chefredakteur residierte, dann Herausgeber war und jetzt den ominösen Titel »Editor-at-Large« trägt. Theo Sommer, inzwischen 82, schreibt noch immer gern über Weltpolitik. Sein letztes Buch heißt provozierend: »Diese NATO hat ausgedient«. Und er ist wieder einmal auf dem Sprung – nach Asien. Kurz vor der Abreise nimmt er sich aber Zeit für ein eher unwichtiges Thema: die Schwaben. Er ist in Schwäbisch Gmünd groß geworden, hat also schwäbische Wurzeln. Bei der »Rems-Zeitung« hat er seine journalistische Karriere begonnen – ein »schwäbischer Hanseat«. Schnell stellt sich heraus: Das Thema treibt ihn noch um.

Jeden Tag um 17 Uhr pflegt er ein liebgewonnenes Ritual – er genehmigt sich einen schottischen Whiskey. Sichtbares Zeichen, dass er sich im Lauf der Jahrzehnte geschmacklich von seiner einstigen Heimat entfernt hat?

Hamburg zeigt sich an diesem Tag von seiner stürmischen Seite – Schmuddelwetter, Bäume stürzen um, Züge fallen aus. Hier beginnt meine Reise zu eigenwilligen Deutschen. Auf der Suche nach der schwäbischen Seele.

HERR SOMMER, was macht denn Peer Steinbrück hier?
Die Bucerius Law School hat vorhin in der Handelskammer den Start in das neue akademische Jahr gefeiert. Da war er Festredner. Ein brillanter Vortrag! Muss ich sagen! »Europa braucht Überzeugung.«

Steinbrück hat hier einen Vortrag gehalten?
Na ja. Er ist Kuratoriumsmitglied der »Zeit«-Stiftung. Sein Auftritt ist schon vor Monaten vereinbart worden.

Hat aber jetzt eine gewisse Brisanz!
Ich kenne ihn schon länger und ich mag ihn. Jetzt wollte er nur bei Helmut Schmidt vorbeischauen. Die halten, glaube ich, engen Kontakt. Wobei Steinbrück sein eigener Mann ist. Aber Helmut Schmidt in der Hinterhand zu wissen, ist natürlich kein Fehler. (*Zu seiner Sekretärin, die gerade zur Tür hereinkommt):* Ist es schon fünf?

Seine Sekretärin: Noch nicht ganz. 16.30 Uhr.

Theo Sommer: Ach, machen wir doch eine Ausnahme! Wenn Herr Kienzle schon mal zu Besuch ist!

Seine Sekretärin: Gern. (*Die Sekretärin holt eine Flasche Johnnie Walker und Gläser.)*

Die Sekretärin: Möchten Sie?

Ulrich Kienzle: A Schlückle.

Die Sekretärin: A Schlückle? (*Sie lacht und schenkt ein.)*

Ulrich Kienzle: Die schwäbische Gurgel ist ja eher den Trollinger gewohnt.
Aus dem Henkelglas.

Dann trinken wir auf Ihr Wohl, Herr Sommer!
Warten Sie – ich nehme ihn immer etwas blondiert. (*Theo Sommer verdünnt seinen Whiskey mit etwas Wasser.)*

Das ist ja eigentlich ein Verbrechen, oder?
Nicht bei diesem »Dienstgetränk«. (*Beide lachen. Sie stoßen an.)*

Müssen Sie sparen, seit die »Zeit« eine schwäbische Zeitung ist?

Wieso das jetzt?

Ihr Verleger Holtzbrinck ist doch ein Schwabe?

Der aus Westfalen stammt! *(Er lacht.)*

Er ist in Stuttgart geboren!

Ja. Das ist schon richtig, und da muss ich auch als »Zeit«-Mann sagen, dass wir sehr glücklich sein dürfen, diesen schwäbischen Verleger gefunden zu haben. Er mischt sich nicht ein. Aber er würde sich sicher einmischen, wenn das zu Bewahrende gefährdet würde – durch ungenügende Bilanzen. *(Beide lachen.)*

Entspricht der »Dienstwhiskey« hanseatischer oder schwäbischer Sparsamkeit?

Das ist hanseatische Sparsamkeit. Zu Hause trinke ich natürlich etwas Besseres. *(Er lacht.)*

Unterscheidet sich hanseatische Sparsamkeit von der schwäbischen?

Der Pietismus steckt hier nicht dahinter. Eher kaufmännisches Denken.

Da wird man nicht so gequält …

Na ja, die Pfeffersäcke hier … Aber komischerweise: Die Veranstaltung gerade fand in der Handelskammer statt. Da gibt's ein Restaurant, das heißt »Pfeffersack«.

Gesunde Selbstironie?

Genau das.

Das soll es ja sogar im Schwäbischen geben. Sie sind ja in Schwäbisch Gmünd aufgewachsen.

Ja.

Sind Sie ein Hanseat oder sind Sie noch Schwabe?

Mein Vater war Berliner, meine Mutter war Thüringerin. Mein Urgroßvater war von 1911 bis 1937 Burgverwalter auf der Burg Hohenzollern. Und der Onkel meiner Mutter hatte dort die Burgschenke.

Oh Heidenei!

Meinen Vater haben sie im Ersten Weltkrieg zum Opa auf die Burg geschickt – da gab es genug zu essen. Später ist er Reichswehrsoldat in Konstanz geworden. Und eines Tages, als mein Onkel krank wurde, wurde meine Mutter, die Krankenschwes-

ter an der Charité war, gebeten, den Onkel im Sommer gesund
zu pflegen. Sie hatte dort ein Turmzimmer. Und warf eines
Tages den Deckel einer Zahnpastatube aus dem Fenster. Da
schrie unten einer: »Autsch!«. Der wurde dann mein Vater.
(Beide lachen.) Deswegen bin ich in Konstanz geboren. Später
wurde er nach Heilbronn versetzt, dann nach Schwäbisch
Gmünd, und dort ist er hängen geblieben. 1937.

Also kamen Sie als Siebenjähriger nach Schwäbisch Gmünd?
In die Horst-Wessel-Schule.

Und dann ans Parler-Gymnasium?
Die hieß damals noch Hindenburg-Oberschule. »Parler« dann
nach dem Krieg. Da wurde auch die Horst-Wessel-Schule um-
benannt. Ich habe in Schwäbisch Gmünd gelebt bis ich 19 war.
Also zwölf Jahre. Ich habe dort auf einem kleinen Hügel Ski-
fahren gelernt. Später dann auf dem »Kalten Feld«. Und wenn
ich an Heimat denke, denke ich an Gmünd. An das Münster,
an die Drei Kaiserberge Rechberg, Hohenstaufen und Stuifen.
Oder an den Rosenstein. Dann habe ich drei Jahre im Ausland
studiert. Teils in Schweden, teils in Amerika. Und dann kam
ich zurück und war zwei Jahre Lokalredakteur bei der »Rems-
Zeitung«. Bei der Verlegerin Rosa Sigg.

**Es ist ja heute absolut nicht mehr vorstellbar, dass ein
»Rems-Zeitung«-Journalist innerhalb kürzester Zeit bei der
»Zeit« landet. Das waren natürlich die 1950er-Jahre. Über
was haben Sie bei der »Rems-Zeitung« geschrieben?**
Ich habe über alles geschrieben. Ich ging zur Hauptversamm-
lung des Kaninchenzüchter-Vereins. Ich berichtete über die
Jahrestagung der Dachdeckerinnung. Und wehe, es war ein
Fehler in meinem Bericht. Dann stand der Herr Böhnlein mit
noch zwei Leuten und Dachlatten im Vorzimmer. Der In-
nungsmeister.

Also die wirklich großen Themen?
Ich habe auch Gemeinderatsberichte geschrieben. Da habe
ich gelernt, einen Haushalt zu lesen. Der Bundeshaushalt ist

genauso gegliedert wie ein Gemeindehaushalt. Die Systematik ist dieselbe. Ich hab da viel gelernt. Und ich habe als Lokalredakteur einen Oberbürgermeister gestürzt. Der hieß Hermann Kah. In einer Lokalspitze bin ich auf seine Behauptung eingegangen, er müsse wiedergewählt werden, weil er sonst am Hungertuch nagen würde. Ich habe schlicht veröffentlicht, was er an Pension zu erwarten hatte. Und so wurde er abgewählt.

Sie waren danach aber nie mehr Enthüllungsjournalist – sondern Meinungsjournalist. Das gilt als Königsklasse, wenn man so will. Aber ist es nicht viel schwieriger, im Sumpf eines Skandals herumzuwühlen und die Wahrheit herauszufinden?

Ich kann da nur sagen, dass die eigene Meinung herauszufinden auch ein gewisses Maß an Investigation voraussetzt. Meinung sondert man ja nicht einfach so ab. Das ist ja kein Körpersekret. Sondern dahinter steckt ja auch intellektuelle Anstrengung. Wir haben bei der »Zeit« immer versucht, die Fakten, auf die wir unsere Meinungen gründeten, sehr penibel heranzuschaffen. Ich habe auch immer gesagt: Ein Meinungsartikel muss die Fakten überzeugend darlegen, die den Leser am Schluss dazu bringen, zu sagen: »Aha, dem kann ich zustimmen« oder: »Nein, der ist ja völlig daneben.« Die Gräfin Dönhoff[1] hat immer gesagt: »Wenn ich einen Leitartikel schreibe, dann beschäftige ich mich ja nicht mit der Differenz zwischen null und hundert. Sondern mit dem feinen Unterschied zwischen 49 und 51 ...«

»Waagscheißerle« heißt das auf Schwäbisch. Ist die »Zeit« das journalistische »Waagscheißerle« in Deutschland?

Ich weiß nicht, ob irgendeine Zeitung mit bloßer Meinungs-»Scheißerei« noch das Zünglein an der Waage darstellen kann. Wir sind sicherlich ein Blatt mit vielen Wechselwählern. Ich habe auch in meinem Leben alles schon gewählt – bis auf die Linke. Man guckt sich die Sachprobleme an und entscheidet

---

1   Marion Gräfin Dönhoff war von 1968 bis 1972 Chefredakteurin und von 1973 bis zu ihrem Tod im Jahr 2002 Mitherausgeberin der »Zeit«. 1971 erhielt die Journalistin und Autorin den Friedenspreis des Deutschen Buchhandels.

jedes Mal aufs Neue. Und sagt sich im Zweifelsfall: »Was goht mi mai saudomms G'schwätz von geschtern o?«[2] *(Beide lachen.)*

Sie haben in Tübingen studiert. Ich auch. Ich erinnere mich an denkwürdige Vorlesungen von Professor Eschenburg. Er war Ihr Türöffner bei der »Zeit«?

Dass ich zur »Zeit« kam, verdanke ich Eschenburg. Ich war bei ihm im Seminar, saß an meiner Doktorarbeit und dann kam die Gräfin Dönhoff, die ihn angeheuert hatte als Kolumnisten. Ob er nicht einen jungen Mann wüsste, dessen Nase gut bei der »Zeit« reinpassen könnte. Da hat er mich genannt. Am 19. Juli 1957 habe ich sie dann in Stuttgart getroffen. Sie war auf dem Weg nach Lautlingen.

Im Dienst-Porsche?

Nein, sie kam mit der Bahn. Sie war auf dem Weg nach Lautlingen zu den Stauffenbergs[3], am Vorabend des 20. Juli. Wir haben uns in der Königstraße getroffen, in einem Café in der Nähe des Hauptbahnhofs. Da sagte sie plötzlich: »Meine Sekretärin hat mir keine Fahrkarte von Stuttgart nach Lautlingen besorgt. Und ich habe kein Kleingeld dabei.« Da habe ich ihr 4,65 DM für die Fahrkarte ausgelegt. Wir haben bis an ihr Lebensende freundschaftlich darüber gestritten, ob sie je zurückbezahlt hat. Oder nicht. Aber es war eine gute Investition!

Ich habe bei Eschenburg eine Vorlesung über schwäbische Politik gehört. »Arschloch« sei ein schwäbisches Schlüsselwort, hat er damals gesagt und unter anderem zitiert, dass »Arschloch« im Schwäbischen keine Beleidigung sei. Ist das auch für Sie ein Schlüsselwort?

Ich bin einmal auf die Zugspitze gewandert, hinauf über den Grat. Und wie ich da stand, kam von der Seite ein anderer. Den kannte ich – aus Schwäbisch Gmünd. Er kannte mich auch. Da rief er aus: »Jetzt leck mi no am Arsch!« *(Beide lachen.)*

---

2   »Was interessiert mich mein blödes Gerede von gestern?«

3   Die Schenken von Stauffenberg sind ein schwäbisches Uradelsgeschlecht, das 1262 erstmals urkundlich erwähnt wurde. Claus Schenk Graf von Stauffenberg verübte das misslungene Attentat auf Adolf Hitler am 20. Juli 1944.

Eine schwäbische Begrüßungsformel.
Auch ein Ausdruck der Überraschung.
Können Sie noch Schwäbisch?
Wenn i muas, no gôt des scho' no.[4] Meinen Hamburger Freunden erzähle ich oft, was für eine wunderschöne Grammatik der schwäbische Dialekt hat. Zum Beweis trage ich dann vor:
»*I han amol oin kennt ghett,*[5]
der hot oine kennt ghett,
dui hot a Kend ghett.
Des hot se aber ned von sellem ghett,
der hot nemlich nemme kend ghett.
Se hot aber no an andra kennt ghett,
der hot no kend ghett.
Ond wenn se den ned kennt ghett hett,
dann hät se au das Kend ned ghett.«
Plusquamperfekt?
Ja! Das gibt es komischerweise im Schwedischen auch noch.
Für die meisten Schwaben ist ja Hochdeutsch die erste Fremdsprache. War das für Sie auch so?
Wir haben zu Hause Berlinerisch und Hochdeutsch gesprochen. Aber auf der Gass' henn mer nadierlich schwäbisch g'schwätzt.[6] Ich weiß noch: Als 17-Jähriger wollte ich Tanzstunden machen mit ein paar Schulfreunden in Schwäbisch Gmünd. Wir mussten zum Direktor des Gymnasiums, um Genehmigung zu ersuchen. Die erste Frage, die er stellte – Professor Dietzel, er hat Französisch und Geschichte gelehrt –, die erste Frage war: »Ja, was henn'der denn für Mätza?«[7]
Das ist der freundliche Umgang des Schwaben mit dem weiblichen Geschlecht?

---

4   »Wenn ich muss, dann geht das schon noch.«

5   »Ich kannte mal einen, der eine Frau kannte, die ein Kind hatte. Das hatte sie aber nicht von ihm, da er nicht mehr konnte. Sie kannte aber auch noch einen anderen, der noch konnte. Und wenn sie diesen nicht gekannt hätte, hätte sie auch das Kind nicht gehabt.«

6   Aber auf der Straße haben wir natürlich schwäbisch geredet.

7   »Was habt ihr denn für Mädchen?«

Na ja – »die heilige Mätz« heißt das auch im Mittelhochdeutschen. Die Madonna war das. Auch im Unterricht haben die Lehrer sehr viel schwäbisch gesprochen. Bloß wenn dann ein Goethe-Text verlesen wurde …

Dann wurde der auf Hochdeutsch vorgetragen. Mit schwäbischem Sound.

Das Schwäbische war die Alltagssprache.

Wie wurden Sie als Kind von nicht schwäbisch schwätzenden Eltern von den Schwaben aufgenommen? Vielen Schwaben waren früher Menschen, die hochdeutsch sprachen, suspekt. Haben Sie das auch erlebt?

Ja. Meine Großeltern, die Oma und der Stiefopa, die kamen 1946 aus Berlin nach Gmünd. Und die wurden schief angesehen. Natürlich. Ihr Deutsch klang falsch in den schwäbischen Ohren.

Gibt es noch etwas, was an Ihnen selbst schwäbisch ist?

Wissen Sie, ich bezeichne mich als gelernten Hamburger.

Im Schwäbischen sagt man dazu Neig'schmeckter.

Hier heißt das »Quiddje«. Ich habe natürlich auch das Hanseatische mit aufgesogen. Aber ich komme immer gerne ins Schwabenland. Ich vermisse manchmal das Wandern auf der Schwäbischen Alb. Ich erinnere mich gerne an meine erste Besoffenheit bei einem Klassenkameraden. Dessen Eltern hatten ein Gasthaus in Wäschenbeuren. Und was haben wir getrunken?

Most?

Mooscht!

Das gibt ja fürchterliches Kopfweh!

Ich weiß! Dasselbe hat uns ereilt, als wir morgens auf dem Friedhof aufwachten. *(Beide lachen.)*

Es gibt zwei schwäbische Geschlechter, die die deutsche Geschichte sehr stark beeinflusst haben. Das waren die Staufer. Aber auch die Hohenzollern. Das waren ja auch Schwaben. Wie erklären Sie als Historiker sich, dass da auf so engem Raum zwei so wichtige politische Familien hochkamen?

Vielleicht eine Begabung zur Macht. Wahrscheinlich glückliches Erben. Und auch ein Talent, auszugreifen.

Sich was unter den Nagel zu reißen?

Genau, das meinte ich mit ausgreifen. Oder sollte ich sagen: abgreifen.

Im 12. Jahrhundert ist ja ein Teil der schwäbischen Hohenzollern nach Preußen ausgewandert.

Ja. Die haben, glaube ich, noch einen kleinen Umweg über Nürnberg und Ansbach gemacht. Also über Franken.

Und das endete schließlich im preußischen Hurra-Patriotismus. Die Preußen waren eigentlich wildgewordene Schwaben, die den Kontakt mit ihrer schwäbischen Basis verloren hatten!

Ich weiß nicht, wann die Hohenzollern aufgehört haben, sich als Schwaben zu empfinden.

Auf jeden Fall ist das doch ungewöhnlich – diese beiden Geschlechter. Friedrich II., »Stupor Mundi«,[8] war ein weltläufiger Mensch. Der hat besser arabisch als schwäbisch gesprochen.

Das war der erste Multikulti-Kaiser.

Der war ja auch nie zu Hause.

Ich glaube, der war nie im Schwäbischen. Er hat in Palermo gelebt – und sich mehr unter den Arabern rumgetrieben.

Das ist doch erstaunlich, dass damals die Weltläufigkeit der Schwaben viel weiter war als etwa vor 50 Jahren?

Ich habe in Amerika studiert – von 1950 bis 1952. Ich bin da auch quer über den Kontinent gereist. Und ich habe mir immer gerne Friedhöfe angeschaut. Und überall, im Mittleren Westen, in Pennsylvania, überall habe ich schwäbische Namen entdeckt. Die Schwaben waren immer sehr weltläufig. Die sind immer hinausgegangen in die Welt. Nicht zuletzt wegen der Armut zu Hause. Und sie haben es ja auch zu etwas gebracht. Im Übrigen: Wenn ich darüber nachdenke, dieses »Wir können alles, außer Hochdeutsch« – das ist ja doch ein sehr treffen-

---

8   Lateinisch: Staunen der Welt

des Schlagwort. Wenn Sie sich überlegen, was das Schwabenland alles an Dichtern hervorgebracht hat. Schiller, Mörike,
Hölderlin, den singenden Silcher. Bis hin zu Hermann Hesse.
Aber auch die Tüftler: Die Schwaben haben die Welt ja versaut
durch die Erfindung des Autos.

Meinen Sie das ernst?

Nein, nicht wirklich. Ein so begeisterter Fußgänger bin ich
nicht mehr. *(Beide lachen.)*

**Woher kommt dann dieses Image vom engstirnigen Schwa-
ben?**

Unkenntnis. Ignoranz. Ich glaube, wer sie wirklich kennt,
merkt: Die Schwaben sind Tüftler. Sie sind Denker. Da gibt es
– bei aller Bodenständigkeit und bei aller Ungelenkheit im
Auftreten – eine ungeheure Neugierde auf den Rest der Welt.
Wenn Sie mal schauen, wer alles draußen ist! Aus Schwäbisch
Gmünd kam ein Kunstmaler, der hieß Emanuel Leutze. Dieser
Leutze hat das berühmte Bild gemalt »Washington Crossing
the Delaware«. Das ist für Amerika so ikonenhaft wie für uns
irgendein Lenbach-Bismarck.[9] Ein winziges Boot auf dem
Fluss mit schäumenden Wellen – und Washington steht auf-
recht da, während ringsum die Kugeln einschlagen.

**Baden-Württemberg war ja lange wirtschaftlich gesehen
die Nummer eins in Deutschland. Wird aber immer als das
»Ländle« bezeichnet. Stoiber hat es ja geschafft, dass die
Republik glaubt, Bayern wäre die Nummer eins. Sind die
Schwaben zu bescheiden?**

Man hat ja lange gesagt: Die Gesetze werden in Berlin gemacht,
in München gelesen und in Stuttgart ausgeführt.

**Auch Kretschmann ist ja ungemein beliebt in Baden-Würt-
temberg. Er kommt im Bund aber nicht so richtig vor.**

Er ist sehr populär in Baden-Württemberg. Bundespolitisch
spielt er aber kaum eine Rolle. Ich sehe auch nicht, dass er irgendeinen Einfluss ausübt.

---

9   Der Porträtmaler Franz von Lenbach schuf bis 1897 rund 80 Gemälde von
     Otto von Bismarck.

Und es sieht auch nicht so aus, als wolle er das.
Er ist ein typischer Schwabe. »No nix Narrets!«[10] – Bodenhaftung behalten und vernünftig bleiben!
Ist das heute der richtige Weg, Politik zu machen?
Ich glaube, er bricht damit aus dem vorherrschenden Muster aus. Heute gilt: Alles möglichst schnell und ohne dass man nachgedacht hat. Bei ihm spürt man, egal ob man mit seinen Entscheidungen einverstanden ist oder nicht: Dahinter steht Abwägung, Überlegung und Überzeugung.
Oft wird er mit Ex-Bundespräsident Heuss verglichen!
In Heuss haben sich schwäbisches Bildungsbürgertum und schwäbische Bodennähe mit Vernunft und Bescheidenheit vermengt. Es gibt da eine Geschichte: Er lebte in der Weißenhofsiedlung in Stuttgart, dort hatte er ein Haus. Neben ihm wohnte zufällig der Mercedes-Chef. 1952 oder wann das war. Damals gab es gerade einen Miniskandal, weil Mercedes Leihautos an Regierungsbeamte gegeben hatte. Der Mercedes-Chef schaute eines Tages über seinen Gartenzaun und sah, wie der Heuss gerade den Gartentisch eindeckte. Da rief er über den Zaun: »Darf ich Ihnen ned a Mädle romschicka?«[11] Darauf rief Heuss zurück: »Des han i jetzt ned g'wisst, dass Sie au Leihmädle hend.«[12] *(Beide lachen.)*
In Stuttgart gab es ja einen Machtwechsel – da tauchte der »Wutbürger« auf. Waren Sie überrascht?
Mich hat es überrascht, aber nicht sonderlich. Weil ich auch fand, dass der Mappus das Problem Stuttgart 21 taktisch so miserabel gehandhabt hat. Auch wenn man weder grüner Ideologie anhing noch unbedingt den alten Bahnhof für einen doppelten Salto über den Gipfel der architektonischen Kunst hielt. Wenn Mappus das besser gemacht hätte – er hätte den Aufruhr schon im Vorfeld entschärfen können.
War das ein politischer Betriebsunfall?
Ich finde, es war überfällig.

10   Schwäbisch für: »Immer mit der Ruhe!«

11   »Darf ich Ihnen ein Mädchen rüberschicken?«

12   »Dass habe ich jetzt nicht gewusst, dass Sie auch Leihmädchen haben.«

Eine demokratische Normalisierung?

Es bot sich jetzt die Gelegenheit dazu an. In Baden-Württemberg war das ja fast wie in Japan, wo sie 50 Jahre keinen Wechsel hatten.

Fast hätte es 1989 ja einen zweiten schwäbischen Bundeskanzler geben können. Aber Lothar Späth hat damals zurückgezogen.

Helmut Kohl war ein gewiefter Machttaktiker. Ich war 1989 überzeugt, dass er nicht wiedergewählt würde. Aber dann kamen der Mauerfall und die Wiedervereinigung. Ohne die Wiedervereinigung wäre Kohl 1990 abgewählt worden.

In der »Zeit« haben Sie kürzlich geschrieben: Ohne die Wiedervereinigung wäre er ein schwacher Kanzler gewesen.

Ich war nie ein Kohl-Freund. Aber ich halte ihm zwei Dinge zugute: Erstens, dass er rasch zugegriffen hat, als sich die Chance zur Wiedervereinigung bot. Und zweitens, dass er nicht, als die Wiedervereinigung möglich wurde, gesagt hat: »Jetzt pfeife ich auf Europa, jetzt können wir wieder Deutschland machen.« Sondern er hat gesagt: »Jetzt erst recht Europa«. Herr Todenhöfer[13] hat ja damals erklärt: Um der Wiedervereinigung willen müssten wir auch aus der Europäischen Gemeinschaft austreten. So hieß die damals noch. Und jetzt rettet er Syrien, oder?

Sie nennen sich ja jetzt Editor-at-Large. Das klingt unheimlich bedeutungsvoll. Können Sie mir erklären, was dieser monströse Titel bedeutet? »Auf der Flucht« – oder so ähnlich?

Ich wollte den Titel nur für meine englischen Visitenkarten, aber dann ist er auf irgendeine Weise ins Impressum geraten. Wenn ich gefragt werde »Was heißt denn das?«, dann sage ich immer: »At large« heißt »auf freiem Fuß«. Ein »Ambassador-at-Large« ist ein Botschafter, der keine Botschaft leitet, aber diplomatische Aufträge ausführt. Ein »Criminal-at-Large« ist ein entsprungener Häftling. Und ein »Editor-at-Large« ist eine Mischung aus beidem. *(Beide lachen.)*

---

13 Jürgen Todenhöfer war bis 1990 deutscher Bundestagsabgeordneter der CDU.

Sind Sie etwa ein »Suebian-at-Large«?
Ich glaube, das wäre sogar ein sehr gutes Etikett. Ich fühle mich hier schon »at large«: weit entfernt. Und doch – bei aller geografischen, räumlichen Distanz – ist mir das Schwabenland im Herzen sehr nahe. Die Erinnerung ist höchst lebendig und manchmal verdichtet sie sich zur Sehnsucht: mal wieder so einen richtigen schwäbischen Rehbraten mit Spätzle und einer ordentlichen Soße!

Schwäbische Gourmet-Erlebnisse?
Ja. Und der Kartoffelsalat! Auf Hamburgisch heißt das, der muss sappschig sein. Auf Schwäbisch muss er schlunzig sein.

Schlonzig! *(Beide lachen.)*
Most habe ich, glaube ich, seit 40 Jahren nicht mehr getrunken. Und aus so einem Viertelesglas, wenn es noch einen Henkel hat, einen schönen Trollinger oder Lemberger oder einen Stettener Pulvermächer zu schlotzen, ist für mich immer noch ein seliges Vergnügen.

Also das Schwäbische ist schon noch da. Wobei mir der Gmünder Marktplatz, den ich als riesigen Platz in Erinnerung habe, heute wie ein kleiner Schlauch vorkommt. Und die Berge erscheinen mir plötzlich ziemlich gedrückt.

Es ist alles etwas enger als in Norddeutschland?
Es ist enger geworden, ja. Der Himmel ist nicht ganz so groß. Woll'n Sie noch einen – for the road?[14]

Noi, noi! Sonscht fend' i mein' Flieger nemme.[15]
Herr Kienzle, jetzt bin ich sehr gespannt auf Ihr Buch!

---

14   Englisch: für unterwegs

15   Nein, nein! Sonst finde ich mein Flugzeug nicht mehr.

»Als Typ
des schwäbischen
Pietisten kann
ich nicht dienen.«

Erhard Eppler

Erhard Eppler
»Pietcong« und
Blumenkohl

Meine Reise zu Erhard Eppler beginnt mit einer Überraschung: Das »Navi« verweigert die Adresse. Auf dem Galgenberg, Schwäbisch Hall. Alle Versuche enden mit demselben Ergebnis: Galgenberg – Fehlanzeige. Es gibt ihn, wie ich später feststellen muss, tatsächlich nicht mehr. Und das hat mit Erhard Eppler zu tun. Er hatte beim Empfang zu seinem 85. Geburtstag ganz nebenbei erwähnt, dass es nicht so schön sei, auf dem Galgenberg zu sterben. Feiner Eppler'scher Humor. Die Haller Stadträte nahmen den Hinweis ernst – und änderten den Namen. Heute heißt die Straße wieder Friedensberg – wie schon nach der Reichsgründung im Jahr 1871.

Ich habe Erhard Eppler schließlich doch noch gefunden. Er ist putzmunter, aber ein bisschen schmaler geworden. Er wohnt in einem Einfamilienhaus älterer Bauart. Unscheinbar, solide, bescheiden. Sehr schwäbisch. Das Wohnzimmer hat fast etwas Museales, seit Jahren dürfte nicht viel geändert worden sein. Warum auch?

Der üppige Garten ist ein bisschen aus der Fasson geraten, das Grüne hat die Möglichkeit, sich fast ungehindert zu entfalten. Der Garten – verrät er – ist längst sein Lieblingsort geworden. Dort »schäffelt« er jeden Tag vier bis fünf Stunden. Auf sein selbst gezogenes Gemüse ist er besonders stolz. Nur noch selten mischt er sich in die Politik ein. Dann wird er in den Medien gerne als moralische Instanz gefeiert. Oder als sozialdemokratisches Urgestein. Worüber er sich königlich amüsiert.

HERR EPPLER, Herbert Wehner hat Sie einmal als »Pietcong«[1] bezeichnet. Empfanden Sie das damals als Kompliment oder als Beleidigung?

Als ich Bundesminister wurde, 1968, hat der »Spiegel« einen Menschen zu mir nach Schwenningen geschickt, wo ich als Lehrer arbeitete. Der sollte irgendwelche Skandalgeschichten finden. Aber er fand nichts. An dem Tag aber, an dem er abreiste, stand in der Weltpresse, die dort »Neckarquelle« heißt, eine Notiz: »Der Schulmeister, der im Gemeinderat ist, soll Minister werden!« Und dort stand auch: »Er stammt aus einem streng pietistischen Elternhaus.« Und seither bin ich – mindestens nördlich der Mainlinie – ein Pietist. Meine Geschwister haben sich immer köstlich amüsiert – schließlich gehören sie seitdem auch zu der »pietistischen Familie«. Dagegen anzugehen, war völlig hoffnungslos.

Dieses Etikett haben Sie also verpasst bekommen?

Ja. Das habe ich verpasst bekommen.

Und der Wehner hat es dann noch verstärkt.

Der Wehner hat das aus Bosheit, wofür er ja besonders zuständig war, ausgenutzt. Wissen Sie: Ich habe keine Hemmungen, Ihnen über den Pietismus Auskunft zu geben. Ich kenne den schwäbischen Pietismus. Nur: Als Typ des »schwäbischen Pietisten« kann ich nicht dienen.

Gut, dass dieses Vorurteil endlich mal beseitigt wird! Ich habe ja mal ein Buch geschrieben über die Schwaben ...

Das habe ich sogar gelesen! Sie sind darin der Meinung, dass die Schwaben ursprünglich ein sehr fröhliches Volk waren.

Es gibt wunderbare Zitate von fröhlich-versoffenen Schwaben im Mittelalter. Im 17. Jahrhundert aber begann die Umerziehung durch die Pietisten. Im 18. Jahrhundert war es besonders stark. Ich habe das ja ironisch formuliert: Was der Sowjetunion nicht gelungen ist, nämlich »einen

---

1   Der Begriff sollte Erhard Eppler als Pietisten diffamieren und spielte mit der Bezeichnung für eine Guerillaorganisation (»Vietcong«), die während des Vietnamkriegs in Südvietnam gegen die US-Armee kämpfte.

neuen Menschen zu schaffen«, das haben die Pietisten
hingekriegt. Die haben den Schwaben produziert, so wie
wir ihn heute kennen.

Wenn ich meine Herkunft angucke, dann ist wahrscheinlich
ein Stück säkularisierter Pietismus auch an mir hängen geblieben. Wahrscheinlich nicht über meine Mutter, die eine
Pfarrerstochter war – Tochter eines liberalen Pfarrers, der sich
mit den Pietisten immer gestritten hat! Sondern über meinen
Vater, der Sohn eines Bauernbuben war, von der Alb. Der
im Seminar war in Urach und Schöntal. Und der mir gesagt
hat: »Dort haben sie mir mein Christentum ausgetrieben!«
Aber die Sparsamkeit und die Zuverlässigkeit – das hatte auch
er verinnerlicht.

**Das ist der säkularisierte Pietismus: Sparsamkeit, Pünkt-
lichkeit, Ordentlichkeit.**

Und die Zuverlässigkeit auch.

**Ich habe noch in Neckarrems als Junge erlebt, wie eine
Schwätzbas² zu einer anderen sagte: »Haschd du die faul'
Sau g'säh'? Die liegt auf dem Sofa und liest Romane.« Auf
dem Sofa zu liegen und zu lesen – das war der Gipfel der
Verworfenheit. Diese Kraft, die der Pietismus damals hatte,
als Leitkultur, das war schon ungewöhnlich.**

Bei uns zu Hause war es meine Mutter, die Pfarrerstochter,
die mit uns Karten gespielt hat. Und mein Vater, der eigentlich
aus der Kirche austreten wollte und es seiner Frau zuliebe
nicht getan hat – der hat uns das Kartenspielen verboten. Die
Geschichte nimmt oft seltsame Wege.

Pfarrfrauen waren ja sehr verschrien.

Meine Mutter war ja keine Pfarrfrau, sondern meine Großmutter. Aber auch sie war bereits eine emanzipierte Frau, die
ihren Mann in die Sakristei einschloss, wenn er nicht »gut tat«
– und damit die Gemeinde auf den Herrn Pfarrer warten ließ.

**Was war mal und was ist heute schwäbisch? Es beginnt
ja schon mit dem Streit hier, um Ihre Heimatstadt. Die heißt
ja »Schwäbisch Hall« – aber das erst seit 1934.**

2 Schwäbisch für: Klatschweib

Das ist nur halb richtig. Richtig ist, dass schon im Mittelalter vom »schwäbischen Hall« die Rede war – und das, obwohl es damals eine fränkische Stadt war. Hall lag damals noch am Nordrand des Staufischen Herzogtums. Und um es gegenüber dem Tiroler Hall abzugrenzen, hat man es das »schwäbische Hall« genannt. Aber es war nicht die offizielle Bezeichnung. Die offizielle Bezeichnung, da haben Sie recht, haben erst die Nazis festgelegt.

Ist Hall nun fränkisch oder schwäbisch?

Hall ist von Hause aus fränkisch. Fränkisch-hohenlohisch. Heute aber reden die meisten Menschen in der Stadt ein abgewetztes Schwäbisch. Als ich ein Bub war, gab es in Hall drei Sprachen: Die Sprache der anständigen, vernünftigen Leute war das Schwäbische. Daneben gab es noch eine subproletarische Sprache – das war das Hohenlohische. Und dann gab es noch eine Sprache für verrückte Exoten – das war das Hochdeutsche. Wir haben in der Schule damals die Mitschüler, die hochdeutsch geredet haben, schlimmer behandelt als heute die Türkenkinder behandelt werden.

Diskriminierung des Hochdeutschen?

Das war wirklich Diskriminierung – und das im Dritten Reich!

Aus Unsicherheit, weil man das Hochdeutsche selbst nicht beherrschte?

Das fanden wir affektiert. Es war einfach fremd. So redete man nicht! Wer hat denn hochdeutsch gesprochen im Jahr 1935? Das waren die Kinder der Offiziere vom Militärflughafen. Irgendwelche Leute, die von Berlin eingeflogen worden waren. Die waren fremd für uns.

Die Intoleranz hat eine große Tradition? In der Reformation hat der Brenz ja hier gepredigt. Spürt man heute noch etwas davon?

Der Brenz ist kein gutes Beispiel für Intoleranz! Was man von Brenz noch spürt ist, dass er politisch toleranter war als Luther. Brenz war ein außerordentlich kluger Mensch. Im Bauernkrieg hat er sich viel klüger und humaner verhalten als Luther. Der Brenz hat hier in der Michaelskirche reformatorisch gepredigt. Und in der Johanniterkirche haben die Johanniter ihre Messe gelesen. Und das hat den Brenz nicht gestört.

Das lief nebeneinanderher?

Hall hat eine relativ große Tradition der Toleranz.

Und woher kommt diese Toleranz bei Brenz – die Sie als junger Bub den hochdeutsch Sprechenden gegenüber nicht gehabt haben?

Es hatte einfach mit Fremdheit zu tun. Ich schäme mich heute noch.

Hat man denn in Ihrer Jugend einfach schwäbisch geredet, weil man nicht anders konnte?

Jedenfalls bei uns war es so.

Aber jetzt sagen Sie mir: Wie sind Sie in die Politik geraten?

Das hat nun mit dem Schwäbischen überhaupt nichts zu tun.

Aber vielleicht mit dem religiösen Hintergrund?

Auch nicht. Ich gehöre ja noch zu denen, die im Krieg waren. Ab 1943 war ich Flakhelfer, dann kam ich zum Reichsarbeitsdienst – und im Juni 1944 zu den Panzerjägern. Im Oktober noch wurde ich, wie man das damals sagte, »an die Front abgestellt«. Das war damals die Westfront. Ein halbes Jahr später bin ich dann von der Lüneburger Heide zurück nach Schwäbisch Hall zu Fuß gegangen – in 18 Tagen. Das war mein »Feldzug der 18 Tage«. Ich behaupte nicht, dass das etwas Besonderes war. Ich sage nur: Ich gehöre zu dieser Generation. Ich war für die Entmilitarisierung. Und als Adenauer – ohne mit seinem Kabinett zu reden – den Alliierten plötzlich deutsche Soldaten anbot, als dann die Wiederaufrüstung begann, hat das zum Rücktritt von Gustav Heinemann aus der CDU geführt. Und von da an hatte ich Kontakt mit Heinemann.

Ich war dann Gründungsmitglied seiner »Gesamtdeutschen Volkspartei«, der GVP, die die Westintegration der Bundesrepublik ablehnte. Dass ich dann wirklich voll in die Politik einstieg, hatte mit der Stalin-Note vom 10. März 1952 zu tun. Stalin bot damals freie Wahlen und eine Deutsche Einheit an – unter der Voraussetzung, dass die Deutschen keinem Bündnis beitreten. Ich habe damals zwei Möglichkeiten gesehen:

Entweder war das reine Propaganda – dann brauchte man es nicht ernst zu nehmen. Oder: Stalin war tatsächlich bereit, die DDR zu opfern, nur um damit zu verhindern, dass die BRD in ein westliches Bündnis eintritt – dann musste man es ernst nehmen. Adenauer sagte: Erstens ist das ganz im Interesse von Stalin und zweitens ist es nicht ernst gemeint. Diese Unlogik fand ich empörend – und vor allem, dass dieser Widerspruch zur Staatsdoktrin wurde. Das war für mich die Initialzündung, in die Politik zu gehen – obwohl ich eigentlich eine akademische Laufbahn anfangen wollte.

Über Heinemanns GVP und nicht über die Sozialdemokratie kamen Sie also in die Politik.

Ich hatte in Tübingen ziemlich guten Kontakt mit Carlo Schmid und ich wäre damals schon beinahe in die Sozialdemokratische Partei eingetreten – wenn sie in diesem Punkt der Stalin-Note eine etwas klarere Position gehabt hätte. Im Jahr 1952 sagte mir Carlo: »Wir haben im August einen Parteitag und da werden wir das regeln.« Ich habe ihm damals gesagt: »Dann komme ich.« Dann aber ist Schumacher gestorben – und plötzlich war in der SPD alles ganz anders. Auch der Parteitag verlief nicht so, wie es Carlo Schmid prognostiziert hatte.

Sie sind also nicht den normalen sozialdemokratischen Weg gegangen?

Die Behauptung, ich sei ein sozialdemokratisches Urgestein, ist dummes Zeug. Ich komme auch nicht aus einer sozialdemokratischen Familie. Mein Großvater mütterlicherseits war Naumannianer[3] – und das war damals in der Kirche links. Der Naumann war ja genau das Gegenteil von dem, was heute die Naumann-Stiftung ist.

Auch mein Großvater war Naumannianer ...

Von da kam die sozialpolitische Ader meiner Mutter. Sie war die erste Frau im Haller Stadtrat, für längere Zeit sogar die einzige Stadträtin. Aber ich bin jetzt 56 Jahre in der SPD. Insofern

---

3   Friedrich Naumann (1860–1919) war ein evangelischer Theologe und ein liberaler Politiker und erster Vorsitzender der Deutschen Demokratischen Partei (DDP). Nach ihm ist die FDP-nahe »Friedrich-Naumann-Stiftung« benannt.

kann man schon sagen: Der ist ein alter Sozialdemokrat. Aber den Typ des Urgesteins, den stelle ich mir anders vor.

Es gibt sozialdemokratische Politiker, die sich auf Sie beziehen. Herta Däubler-Gmelin sagt, dass ihre SPD die SPD von Erhard Eppler sei.

Ich war ja mal Landesvorsitzender in Baden-Württemberg. Damals haben wir schon grüne Wahlkämpfe gemacht. Ich habe eigentlich die Ökologie in die Partei hineingetragen …

… und wurden nachher ihr Opfer.

Das will ich nicht sagen. Der Willy Brandt hat mich gewähren lassen. Der hat gesagt: »Mach mal! Ich bin nicht mit allem einig – aber mach mal!«

»Der blaue Himmel über der Ruhr«, den hat Willy Brandt seinen Wählern ja einst versprochen.

Das war aber schon 1961! Mit Willy Brandt kam ich glänzend zurecht. Für Helmut Schmidt aber – und dazu sein wörtliches Zitat – war »die Ökologie eine Marotte gelangweilter Mittelstandsdamen«. Insofern kam ich mit ihm natürlich nicht zurecht. Der SPD-Landesverband Baden-Württemberg war damals gemeinsam mit dem Landesverband Schleswig-Holstein die Speerspitze der Ökologie in der SPD. Dass die Grünen im Jahr 1980 hier reinkamen, ist Helmut Schmidt geschuldet. Ich bekam damals Körbe von Briefen nach der Wahl. Die Leute schrieben mir: »Wir haben grün gewählt! Aber nicht, um dich politisch umzubringen, sondern weil du dich nicht durchsetzen kannst gegen Helmut Schmidt.«

Sie haben damals als Ministerpräsident kandidiert – und Sie haben es nicht geschafft.

Das stimmt. Aber das wusste ich schon vorher.

Selbst in Bayern gab es nach dem Krieg schon einmal einen sozialdemokratischen Ministerpräsidenten – das ist zwar lange her: Wilhelm Hoegner, 1954–1957. In Baden-Württemberg hat die SPD das nie geschafft. Warum sind die Schwaben so resistent gegen sozialdemokratische Ideen?

Das hat mit der schwäbischen Sozialstruktur zu tun. Die meisten Menschen, die hier Arbeiter waren, waren nicht in Großbetrieben angestellt. Sondern meistens in kleinen, mittelständischen Betrieben. Und was man gar nicht im Kopf hat: Ein schwäbischer Unternehmer hat mit seinen schwäbischen Arbeitern Dialekt geredet! Da entstehen Verbindungen! Der Klassenkampf war in Württemberg nie populär.

Das heißt, die Schwaben haben ein falsches Bewusstsein gehabt?

Ich habe 1961 im Nordschwarzwald zweimal kandidiert. Im Wahlkreis Calw, Freudenstadt, Horb. Jeden Morgen sind da Tausende von Arbeitern Richtung Sindelfingen und Böblingen zum Daimler gefahren. Damals galt der nette Spruch: Wenn sie beim Daimler waren, haben sie geredet als wären sie Kommunisten. Auf der Heimfahrt waren sie brave Sozialdemokraten. Und wenn sie zu Hause ankamen, haben sie CDU gewählt. Da steckte ein Stückchen Wahrheit drin.

Warum ist es der SPD nie gelungen, dieses Bewusstsein zu überwinden?

Das kann natürlich schon am Pietismus liegen. Gerade im Nordschwarzwald – in Calw, Freudenstadt und in den Dörfern in der Sulzer Ecke – ist er ja noch heute ziemlich stark.

Heißt das: Diese Sozialrevolutionäre, die die Pietisten ja ursprünglich waren, dulden keine zweiten Sozialrevolutionäre an ihrer Seite?

Heute sind die Pietisten alles andere als Sozialrevolutionäre.

Aber früher waren sie das.

Der heutige Pietismus – verglichen mit dem vor 200 oder 250 Jahren – ist ja absolut konservativ, um nicht zu sagen reaktionär. Als ich begann, mich politisch zu engagieren, hatte der Pietismus eine ganz stark antikatholische Neigung. Die Heinemann-Partei hatte bei der Landtagswahl im Jahr 1956 in Calw und Freudenstadt weit über zehn Prozent der Stimmen geholt! Es gab sogar Gemeinden, wo sie die absolute Mehrheit hatte! Das ging auf ein Missverständnis zurück: Die Pietisten wollten nicht CDU wählen, weil der Adenauer Katholik war! Und sie wollten auch nicht die Sozialdemokraten wählen,

weil die ihnen zu weltlich waren! Der Heinemann aber war
ein gestandener evangelischer Christ – den haben sie dann gewählt. Mit Politik hatte das fast nichts zu tun.

**Gibt es ein erzkonservatives, schwäbisches Element, an
dem sich die Sozis die Köpfe einrennen? Pietisten und Sozialdemokraten haben doch ähnliche Ideale!**

Das stimmt. Es gab sogar einmal einen Pietisten, der Sozialdemokrat war – der berühmte Blumhardt.

... im 19. Jahrhundert ...

Der war SPD-Abgeordneter im Landtag. Aber er wurde dann
in der Kirche isoliert und auch in seinem Umfeld, das überwiegend pietistisch war. Er wurde sogar als Pfarrer suspendiert, als
er sozialdemokratischer Abgeordneter wurde. Er blieb aber die
große Ausnahme von der Regel. Ich glaube, dass ein Denken in
Sozialstrukturen, überhaupt ein soziologisches Denken, für
den Pietismus nicht zugänglich ist. Weil der Pietismus alles auf
die individuelle Moral reduziert. Alles, was der Soziologe ana-
lysiert, wird vom Pietisten moralisiert.

Jeder kann seinen eigenen Weg zu Gott selber suchen.

Ja. Und da war auch diese Jesus-Erotik. Kennen Sie die Geschichte, die den heutigen Schwaben sehr gut charakterisiert?
Ein »Stundenbruder«[4] geht zur Hochzeit eines Freundes und
kommt abends sehr beschwingt wieder nach Hause. Auf dem
Heimweg trifft er seinen Oberbruder, der immer die »Stunde«
hält. Der bemerkt natürlich, dass der Stundenbruder etwas
zu viel getrunken hat. In der nächsten Betstunde stellt er ihn
zur Rede. Der Angegriffene fasst sich ein Herz und sagt: »Aber
unser Herr Jesus ischd doch auch zu Hochzeita g'anga!« – Die
Antwort: »Ja, aber des hätt er au besser bleibe lau!«[5] Das heißt:
Die Moral wird so stark, dass sie sich gegen den historischen
Jesus wendet! Auch die Vorstellung, dass eine soziale Forde-
rung immer aus Neid entsteht, ist eine alte konservative These.
Das leuchtet Pietisten gut ein, weil sie eben in moralischen
Kategorien denken.

---

4   Eine Person, die in die schwäbisch-pietistische »Betstunde« geht

5   Schwäbisch für: »Das hätte er besser unterlassen!«

Zurück zur Wahl 1980: Haben Sie damals darüber nachgedacht, was Sie falsch gemacht haben?

Ich habe 1975 ein Buch geschrieben, in dem ich unter anderem die Unterscheidung zwischen »wertkonservativ« und »strukturkonservativ« erfunden habe. Ich habe damals den Wertkonservatismus exemplifiziert an der Ökologie festgemacht – was damals noch relativ neu war. Ich habe gesagt, es gibt Menschen, die wollen bestimmte Werte bewahren. Und diese Wertkonservativen kommen immer in Konflikt mit den Strukturkonservativen – denen es vor allem um Machtstrukturen geht.

Ich war überzeugt, dass die CDU in Baden-Württemberg nicht von der Macht wegzubringen ist, wenn es nicht gelingt, die Machtkonservativen von den Wertkonservativen zu trennen. Das habe ich dann als SPD-Landesvorsitzender versucht. Leider ist mir das nur teilweise gelungen – ich habe auf der einen Seite Leute gewonnen und auf der anderen Seite Leute verloren. Diese Trennung von Macht- und Wertkonservativen haben die Grünen jetzt geschafft!

Halten Sie die Grünen für eine gute Partei?

Absolut »gute Parteien« gibt es nicht. Die Grünen sind – nach allem, was in der SPD in den 1970er-Jahren passiert ist – eine historisch notwendige Partei.

Warum sind Sie nie zu den Grünen gewechselt?

Ich war der Meinung, dass die Ökologie eigentlich eine Sache für eine große Partei ist – weil das ein so wichtiges Thema ist, das weit ins 21. Jahrhundert hineinreicht. Das war immer meine Position. Und dieses Thema in die SPD hineinzutragen, ist mir nicht nur wegen Helmut Schmidt nicht gelungen. Dann kamen die Grünen. Damals war für mich klar: Die sind jetzt unvermeidlich und sie werden auch eine Partei sein für das 21. Jahrhundert. Ich habe nie mit dem Ausscheiden der Grünen gerechnet, sondern eher damit, dass sie eine noch stärkere Partei werden. Was ich damals wollte, das ist den Grünen gelungen. Und deshalb haben wir jetzt zum ersten Mal keine CDU-Regierung in Baden-Württemberg.

Schmerzt es Sie, dass jetzt, wo zum ersten Mal die CDU abgewählt wurde, wieder kein Sozialdemokrat den Ministerpräsidenten stellt?

Natürlich schmerzt mich das!

Hat sich mit dem Regierungswechsel auch etwas im Wesen des Schwaben geändert?

Nein. Die Grünen haben ja auch einen moralischen Anspruch – »Ihr sollt nicht mehr so viel Auto fahren! Ihr sollt dafür sorgen, dass eure Kinder und Enkel in einer besseren Welt leben …«

Fast pietistisch …

Inhaltlich tun sie etwas, was die Wissenschaft für den Fortbestand dieses Planeten seit Langem fordert. Und für unausweichlich hält.

Haben die Konservativen ihren moralischen Kompass verloren?

Wenn sie ihn verloren haben, dann schon lang. Wenn ich mir überlege, was der Filbinger in seiner Staatskanzlei gemacht hat! Stellen Sie sich mal vor – ich habe gegen Filbinger kandidiert. Die hatten in der Staatskanzlei ein Team, das musste ein Porträt von mir produzieren – also ein Eppler-Bild, auf das man einschlagen konnte. Das hatte natürlich relativ wenig mit mir zu tun. Dazu gehörte schon einiges.

Das heißt eine Abteilung für »Dirty Tricks«.

Jedenfalls eine, die sich jenseits einer demokratischen Auseinandersetzung befand. Wenn die CDU ihren »moralischen Kompass« verloren hat, dann schon unter Filbinger.

Was halten Sie von Mappus?

Mappus ist eine Figur, die in diese Landschaft passt. Kohl ist abgewählt worden, als die Leute gemerkt haben, er will die Macht um der Macht willen. Und das haben sie beim Mappus auch gespürt. Das ist ja eine großartige Sache, wenn ein demokratisches Wahlvolk dafür ein Organ hat.

Mappus bestätigt das Feindbild vom bösen Politiker, der von den Bankern am Nasenring durch die Manege geführt wird.

Er wusste, wo die Macht steckt. Der Machtpolitiker muss sich an das Geld halten. Und das hat er getan.

Sie haben ja immer als Moralist gegolten.

Was mich immer geärgert hat.

Waren Sie das nie?

Nein. Wenn Sie mal meine gesammelten Reden lesen würden, und die würden wahrscheinlich viele Bände füllen von 1953 bis 2012 – das sind immerhin beinahe 60 Jahre –, dann werden Sie ganz wenig von »Moral« finden.

Wo wollte Wehner Sie dann damals treffen, als er den berühmten Spruch vom »Pietcong« losgelassen hat?

Ich war einer der wenigen, die es gewagt haben, Wehner zu widersprechen. Auch im Präsidium – das war er überhaupt nicht gewohnt. Also hat er mich einmal angebrüllt. Und ich habe zurückgebrüllt. Von da ab war Ruhe.

Diese »Pietcong«-Spitze. Hat Sie die damals getroffen?

Das war natürlich unbequem. Aber Wehner ist ein sehr komplizierter Kosmos. Ich hab ja viele wichtige Politiker aus der nächsten Nähe erlebt – und zwar über lange Zeit. Über Jahrzehnte. Der Einzige, aus dem ich nie ganz schlau geworden bin, ist Wehner. Obwohl ich vielleicht mehr als Tausend Stunden lang eng in kleinem Kreis mit ihm zusammengehockt bin. Aber ich weiß, dass er auch ganz Unglaubliches leisten konnte. Er konnte morgens um 5 Uhr aufstehen und handschriftliche Briefe an die Rentnerin Frida Maier schreiben, die ihm wegen ihrer Rente geschrieben hat. Das war die andere Seite von Wehner. Im Bundestag, wenn fast niemand mehr da war, saß Wehner noch – und seine Stieftochter brachte immer mal wieder ein Butterbrot vorbei. Ich hatte das Gefühl, der will etwas gutmachen. Er will an der parlamentarischen Demokratie etwas gutmachen. Ein unendlich komplizierter Mensch.

Sie haben Ihren Einstieg in die Politik mit ihren Kriegserlebnissen begründet, Sie wollten nach der braunen Vergangenheit ein anderes Deutschland.

Ich wollte, dass meine Kinder und Enkel nicht das erleben, was ich als junger Mensch erlebt habe. Aber das haben viele gewollt. Das hat Jochen Vogel gewollt, das hat der Dietrich Genscher gewollt. Das ist nichts Besonderes.

Die Menschen, die heute Politik machen, haben diesen Hintergrund nicht mehr. Welche Rolle spielt die Moral heute in der Politik?

Man kann keiner Generation vorwerfen, dass sie in anderen Umständen groß geworden ist. Unsere Motivation kann nicht die Motivation der heutigen sein. Darauf dürfen wir uns nichts einbilden. Ich habe nie Moral gepredigt – wie zum Beispiel der Kohl mit seiner »geistig-moralischen Wende«.[6] Das hielt ich immer für verkappte Machtpolitik. Wenn Politiker anfangen zu moralisieren, dann geht es immer um die Macht. Und das ist absolut unmoralisch. Verstehen Sie, was ich meine? Man kann politisch nicht moralisieren, ohne unmoralisch zu werden. Deshalb habe ich mich da zurückgehalten.

Wenn heute ein solches Bild von mir existiert, dann vielleicht, weil ich als Minister gesagt habe: »Wenn ich nicht das tun kann, was ich für richtig halte, dann gehe ich!« Also bin ich zurückgetreten, nachdem ich für das, was ich machen wollte, in meinem Ressort bei Helmut Schmidt kein Verständnis gefunden habe.

Waren Sie zu diesem Zeitpunkt nicht mehr zu einem Kompromiss bereit?

Es hätte Kompromisse gegeben, die ich akzeptiert hätte. Aber die, die sie mir angeboten haben, haben nicht gereicht.

Auf eine Formel gebracht: Sie waren nicht moralischer Kompass, sondern Sie waren konsequent?

Ich war kein Karrierist. Die eigentliche Krankheit der Politik ist der Karrierismus dieser jungen Leute, die sich einen Karriereplan machen und immer wissen, wem sie was sagen müssen. Auf diese Idee wären wir gar nicht gekommen! Als

6   Im Bundestagswahlkampf 1980 propagierte Helmut Kohl eine »geistig-moralische Wende«, mit der er sich vom damaligen Bundeskanzler Helmut Schmidt abgrenzen wollte.

ich in den Bundestag kam, kannte ich das Wort »profilieren«
noch nicht – diese »Verbrüderung« mit Journalisten, um
sich zu profilieren.

Die Medien haben damals noch nicht diese Rolle gespielt?
Als ich als junger Abgeordneter im Bundestag saß, da hat der
Fritz Schäfer, ein Schwabe aus Tübingen, zu mir gesagt: »Du
musch oifach in oim Ausschuss sauber schaffe und irgendwann
wird des g'merkt!«[7] Und so habe ich das gemacht – und zwar
im Finanzausschuss. Das weiß heute kein Mensch mehr, dass
ich sozusagen meine Gesellenarbeit im Steuerausschuss des
Parlaments in den 1960er-Jahren gemacht habe. Es ging um
Inhalte, und nicht um das eigene Weiterkommen.

In wie vielen Aufsichtsräten waren Sie vertreten?
In keinem. Doch! Ich war mal ein oder zwei Jahre lang als
Mitglied des Finanzausschusses im Postverwaltungsrat. Aber
da gab es keine Tantiemen.

Aber Briefmarken!
Ja, Briefmarken gab es. Wenn Sie über Korruption und Lobbyismus reden: Ich habe in 60 Jahren Politik, von denen ich ja
nun 21 Jahre im Parlament war, nie erlebt, dass mir jemand
ein unlauteres Angebot gemacht hat.

Weil man wusste, dass Sie es nicht angenommen hätten.
Ich habe es nie abgelehnt, weil ich es nie bekam.

**Weil man von Ihnen nie angenommen hätte, dass Sie es
annehmen würden.**
Das mag ja sein. Ich habe da keine Erfahrung. Ich kann mich
da nicht moralisch brüsten. Ich habe aber gemerkt, wie so etwas läuft: Ich war mal Berichterstatter fürs Bewertungsgesetz
im Jahr 1965. Da gab es zwei Lobbyisten der Forstwirtschaft –
der eine hieß Forstmann und der andere hieß Rehbock. Und
bei denen hab ich wirklich gelernt, was Lobbyismus ist. Als
sie merkten, dass bei mir nichts läuft, sind sie zu den Ministe-
rialbürokraten und haben sich dort durchgesetzt. Die guten
Lobbyisten gehen heute zu den Ministerialbürokratien und

---

7   »Du musst einfach in einem Ausschuss saubere Arbeit leisten, dann wird das
     irgendwann schon wahrgenommen!«

sorgen dafür, dass sich die Gesetzentwürfe schon nach ihrem Gusto entwickeln.

Ist Ihre Konsequenz typisch schwäbisch? Was ist schwäbisch für Sie?

Schwäbisch ist für mich zum Beispiel der Begriff »hälinga g'scheid«. Das kann man hochdeutsch fast nicht ausdrücken. Der Begriff imponiert mir ungeheuer, den gibt es hier.

Übersetzen Sie ihn doch mal. Wie kann man das einem Hanseaten erklären?

Dass es Schwaben gibt, die sich ganz blöd anstellen – und doch außerordentlich intelligent sind. Die vieles durchschauen, was man ihnen gar nicht zutraut. Und die manchmal die norddeutschen Schnellschwätzer für ziemlich dumme Hunde halten. Aber das nicht sagen. Sondern in sich hinein lächeln. Dieser Typus gehört für mich zum Schwaben.

Was ist schwäbisch an Ihnen?

Ich bin ein sehr fleißiger Mensch – ich arbeite mit meinen 85 Jahren jeden Tag vier, fünf Stunden in meinem Garten. Gerade habe ich ausnahmsweise keine schwarzen Fingernägel – aber das ist nur Ihnen zu Ehren so. Ich fühle mich in dieser schwäbischen Tradition äußerst wohl.

Obwohl Sie niemals Ministerpräsident werden konnten.

Obwohl ich es gern geworden wäre. Ich hätte Spaß daran gehabt. Ich habe schon manchmal mit dem schwäbischen Volksgeist gehadert. Aber ich bin nie mit meiner Familie aus Schwaben rausgezogen. Ich brauche eine schwäbische Umgebung um mich herum. Ich fühle mich nirgendwo so wohl wie in Schwaben.

Hätten Sie woanders nicht leben können?

In Bonn wollte ich nicht leben. In Berlin hätte ich mir das vorstellen können. Aber wir sind immer im Württembergischen geblieben. Erst Hall, dann Schwenningen und Dornstetten. Jetzt wieder Hall. Ich wollte mit der Familie nicht aus dem Schwäbischen raus – auch der Kinder wegen, die ja damals noch sehr mit Dialekt aufgewachsen sind.

Die Sprache verbindet Sie mit dem Schwäbischen?
Zu Hause reden wir nur Dialekt. Immer noch. Mit meiner
Frau, auch wenn ich mit meinen Kindern rede. Mag ja sein,
dass das schon ein bisschen ein abgewetztes Schwäbisch ist.
Aber es ist Schwäbisch. Und das ist ja auch ein Kernproblem
der baden-württembergischen SPD: Wenn Sie mal die Ge-
schichte des Stuttgarter SPD-Ortsvereins angucken, der ja
nicht zu den ruhmreichsten der völkerbefreienden Sozial-
demokratie gehört, dann werden Sie feststellen, dass schon vor
dem Ersten Weltkrieg der Vorsitzende kein Schwabe war.
Wilhelm Keil war Hesse. Und wer waren die führenden Sozi-
aldemokraten nach dem Krieg? Alex Möller …
Kein Schwabe.
Karl Mommer …
Auch kein Schwabe.
Ernst Paul aus Esslingen …
Der war Sudetendeutscher.
Dann Fritz Erler …
**Auch kein Schwabe. Es fehlt ein gestandener schwäbischer
SPD-Politiker.**
Carlo Schmid – aber der war in der Bundespolitik. So konnte
es der Union gelingen, die Sozialdemokraten als eine Art Aus-
landsabteilung von Berlin oder Dortmund darzustellen.
**Ich finde es interessant, welchen Stellenwert Sie der
Sprache geben.**
Der Ludendorff[8] – zugegeben: eine schwierige Quelle – hat
nach dem Ersten Weltkrieg ein Buch geschrieben über seine
Armee. Damals gab es ja noch keine Deutsche Armee, sondern
Länderheere – württembergische, bayerische, preußische. Er
schrieb also, alle Länder hätten gute und schlechte Regimenter
gehabt. Nur Württemberg hatte ausschließlich gute! Und er
erklärte das damit, dass im württembergischen Heer über den
Dialekt das Verhältnis von Offizier und Mann wesentlich
besser gewesen sei als anderswo.

---

8   Erich Friedrich Wilhelm Ludendorff (1865 – 1937) war Erster General-
    quartiermeister im Ersten Weltkrieg und Stellvertreter von Generalfeld-
    marschall Hindenburg.

Der Dialekt als Bindemittel.

Natürlich! Als der Adenauer noch Kanzler war, bin ich in den Bundestag gekommen. Wenn da ein Schwabe am Rednerpult stand und sich in seiner Art von Hochdeutsch versuchte, und ein anderer Schwabe von einer anderen Partei ihm eine Zwischenfrage stellte – auch auf Hochdeutsch –, dann antwortete der Redner auf Schwäbisch! Weil man mit einem Landsmann schwäbisch spricht. Das fand ich wunderbar! Wie da ganz elementar das Schwäbische durchbrach.

Das geht aber heute verloren. Ist der Schwabe ein Auslaufmodell?

Ich fürchte, ja. Ich habe sechs Enkel, die ich alle sehr mag und die auch alle besser geraten sind als wir seinerzeit. Aber keiner der Enkel redet wirklich noch Dialekt. Sie verstehen Schwäbisch – und manchmal sprechen sie es auch ein bisschen. Aber meistens reden sie keinen Dialekt. Eine meiner Enkelinnen lebt in Pinneberg, da merkt man überhaupt nicht mehr, dass sie Schwäbin ist. Dass das Schwäbische ausstirbt, befürchte ich sehr.

Sind Sie stolz, ein Schwabe zu sein?

Stolz bin ich auf meine Enkel. Und vielleicht auf meinen Blumenkohl, den ich im Garten ziehe. Stolz ist nicht der richtige Ausdruck. Ich bin gern Schwabe. Ich bin dezidiert Schwabe. Und ich bin ein Deutscher, weil die Schwaben Deutsche sind.

»Auch Arbeit
ist Genuss.«

Harald Wohlfahrt

Harald Wohlfahrt
Kresse und Kaviar

Vom bescheidenen und asketischen Erhard Eppler fahre ich von Stuttgart über die Genussroute, die A 81, an den äußersten Rand des alten Württembergs ins Schlemmerparadies Baiersbronn. Es ist seit 1370 württembergisch, also schwäbisches Kernland – die Gourmethauptstadt Deutschlands liegt nicht in Baden, wie viele vermuten.

Hier in Baiersbronn tut sich eine völlig andere Welt auf. Als erstes fallen die vielen Luxuskarossen ins Auge – Jaguar, Porsche, BMW und Daimler. Auch französische Autonummern. Alles vom Feinsten. Aus dem ärmlichen pietistischen Schwarzwaldtal, wo man einst ein kärgliches Leben fristete, ist so etwas wie ein Wallfahrtsort für Genießer geworden. Nirgendwo in Deutschland gibt es so viele Michelin-Sterne pro Einwohner – sieben insgesamt. Die »Traube« hat schon lange drei der begehrten Sterne, das »Bareiss« auch, das »Schlossberg« im Hotel Sackmann begnügt sich bisher noch mit einem Stern. Bei etwas mehr als 16 000 Einwohnern weltrekordverdächtig. Starkoch in diesem exquisiten Schlaraffenland ist seit Langem Harald Wohlfahrt, der Küchenchef der »Traube« in Tonbach – ein Schwabe, wie er im Buche steht.

Andere schwäbische Weltmarktführer handeln mit Schrauben oder mit Dübeln, hier in Baiserbronn wird auf Weltniveau gekocht. Die »Traube« ist seit Langem ein prosperierendes mittelständisches Unternehmen mit geschätzten 25 Millionen Umsatz – und schon wieder wird angebaut. Bereits in den 6oer-Jahren, als Stuttgart noch ein ziemlich öder Ort war und Feinschmeckerrestaurants verpönt, fuhr der genießende Schwabe am Sonntag heimlich nach Baiersbronn, damit er beim Schlemmen nicht gesehen wurde. Feine Küche, das waren damals Toast Hawaii & Co., Zigeunerbraten und andere kulinarische Verbrechen. Ganz anders die Küche von Harald Wohlfahrt – er ist ein Kochkünstler. Die »New York Times« zählt ihn zu den zehn besten Köchen der Welt. Alle Sterne, Kochmützen und Auszeichnungen hat er abgeräumt. Sogar eine Rose wurde nach ihm benannt. Statt mit Farben malt er mit Soßen – Kunstwerke zum Genießen.

HERR WOHLFAHRT, wir sitzen hier in einer urigen Bauernstube, dem historischen Kern der »Traube«. Auch Sie kommen …

… von einem Bauernhof.

Wie kommt's, dass ein Bauernbub einer der besten Köche der Welt wird?

Die Produkte der Natur wurden mir in die Wiege gelegt. Ich bin damit groß geworden. Ich kenne diese Produkte – nicht nur wie sie vom Markt eingekauft werden, sondern wie sie erzeugt werden.

Aber Sie haben zu Hause doch eine ganz andere Küche kennengelernt.

Das war natürlich eine bäuerliche Küche. Aber trotz allem: Der Meerrettich war damals frisch und die Rüben waren frisch und es gab die Hausschlachtung. Meine Großeltern waren Selbstversorger. Ich bin mit den Produkten, die die Region hergibt, groß geworden. Erst später, aufgrund des Berufs, hat sich mit Fischen und Meeresfrüchten und all dem Weltumspannenden, das heute verarbeitet wird, mein Küchenhorizont erweitert. Das liegt am Beruf. Indem ich die Dinge jeden Tag verarbeite und veredle, habe ich natürlich auch mich weiter entwickelt.

Viele glauben ja, Sie hätten eine badische Küche. Baiersbronn liegt im Grenzgebiet zwischen Württemberg und Baden. Aber es war immer schon württembergisch. Ärgert es Sie, als Schwabe für einen Badener gehalten zu werden?

So kleine Grenzen habe ich nicht. Wir haben heute eine welt-umspannende Küche. Unsere Gäste akzeptieren heute Ge-schmacksrichtungen aus Asien oder woher auch immer. Ich benutze jetzt einmal das abgedroschene Wort: Die Küchen sind multikulturell geworden. Weil die Gäste Dinge akzeptie-ren, die wir vor 30, 40 Jahren in der Ausbildung noch gar nicht gekannt haben. Frischen Ingwer, Zitronengras, Kaffir-Limetten. Selbst Paprika oder Auberginen waren in meinem Lehrbetrieb noch Exoten. Was heute gang und gäbe ist, war damals in den Küchen hier noch nicht zu Hause.

Die schwäbische Küche gilt eher als rustikal, nicht un-bedingt als »fein«.

Die deutsche Küche insgesamt war international gesehen lange nicht im Fokus. Das liegt sicher auch an unserer Geschichte – Deutschland war immer, bis tief ins letzte Jahrhundert hinein, ein krisengeschütteltes Land. Den Menschen ging es nicht gut. Da konnte sich im Bürgertum keine feine Küche etablieren. Gerade die schwäbische Küche ist ja ungemein clever – da wird alles verwertet.

Die Gegend um Calw, dort wo Sie aufgewachsen sind, ist ja eine Hochburg des Pietismus. Für Pietisten ist Genuss eine Sünde und ihr Paradies liegt im Jenseits. Sie aber schaffen jeden Tag so etwas wie ein Paradies auf Erden – ist das nicht gotteslästerlich?

Ich bin Genussmensch – kein Pietist! Das müssen Sie trennen. Ich gebe mich den Genüssen hin.

Das ist nicht unbedingt schwäbisch! Für viele ist das ein Widerspruch – Genuss und Schwabe geht für viele nicht zusammen.

Ich bin in einer Zeit und an einem Ort aufgewachsen, da war es vorprogrammiert, dass man Genussmensch wird. Und dass man sich den Genüssen hingeben darf. Das war früher sicher oft anders.

Mussten Sie denn die typisch schwäbischen Eigenschaften ablegen?

Es gibt den schwäbischen Genießer durchaus! Früher hat der seine Vorlieben vielleicht nicht vor der Haustüre gepflegt.

Da sind die Schwaben fortgefahren, damit man sie nicht sieht. Davon profitieren wir ja: dass sie hierher kommen, weil sie vor der eigenen Haustüre nicht gesehen werden wollen. Aber das Vorurteil kann ich widerlegen: Schwaben sind manchmal vielleicht ein wenig kompliziert. Aber sie sind schon auch Genießer!

Ich erinnere mich an die 50er-, 60er-Jahre, da gehörte es sich noch nicht, in ein Restaurant zum Essen zu gehen. Man wollte nicht gesehen werden.

Schwaben sind schaffig. Sie sind fleißig. Und sie verdienen Geld. Wenn Sie das Geld aber nur stapeln, was haben Sie dann davon? Und die, die zu uns kommen, sind weltoffene Menschen. Je mehr man rauskommt, je mehr man andere Kulturen kennenlernt, desto mehr akzeptiert man die auch. Und erkennt, dass auf der Welt viele wunderbare Dinge passieren. Bevor ich in Chile war, wäre ich niemals auf die Idee gekommen, chilenischen Wein zu kaufen. Aber nachdem ich gesehen habe, wie sich da die Weinwirtschaft kultiviert hat – da ist man gut beraten, wenn man diese Weine in seinen Weinkeller mit einbaut. Da gibt es einfach Hervorragendes – zu einem ganz vernünftigen Preis-Leistungs-Verhältnis.

Gibt es denn auch gute schwäbische Weine?

Im Weißweinbereich finden wir sogar sehr gute schwäbische Weine.

Es gibt den Mythos vom Trollinger.

Das ist halt die heimische Rebsorte. Und deshalb beliebt bei den Einheimischen.

Halten Sie den für einen guten Wein?

Wenn er gut gemacht ist …

Das klingt etwas knapp …

Darf ich Ihnen erklären, was ein guter Wein ist?

Klar.

Ein guter Wein ist, wenn Sie das Glas nehmen, Sie schauen ihn an und er ist klar. Sie riechen daran – er riecht sauber. Sie probieren ihn – er gibt Ihnen etwas im Mund. Und wenn

Ihnen diese Verkostung gut getan hat, dann ist es ein guter Wein. Egal, was er kostet und woher er kommt.

Sie sind kein Status-Trinker?

Alles andere sind Spitzfindigkeiten. Die Typizität eines Weines macht die Region aus, macht die Rebsorte aus, macht die Bodenbeschaffenheit aus. Ein Riesling in Baden ist ein anderer Riesling als der im Rheingau oder der an der Mosel. Dann stellt sich die Frage: Wie ist er ausgebaut? Ist er trocken ausgebaut oder hat er eine Restsüße? Auch die Vinifikation spielt eine Rolle – welcher Winzer hat welchen Wein gemacht?

Aber beim Trollinger haben Sie schon etwas gezögert?

Ich bin nicht so erfahren im Trollinger trinken. Irgendwie fließen mir in der Regel eher andere Weine zu. Aber ich weiß, dass es auch hervorragende Trollinger gibt.

Das ist ein bisschen so ähnlich wie bei den Bayern das Bier: der Mythos, der einen Stamm am Leben hält. Ich habe ja lange geglaubt, der Trollinger sei der beste Rotwein der Welt – bis ich nach Beirut gekommen bin und dort zum ersten Mal einen Chateau Musar getrunken habe. Da hat sich mein Weingeschmack ein bisschen verändert und ich habe dann lange keinen Trollinger mehr getrunken. Als ich zurückgekehrt bin, habe ich überraschend festgestellt, dass sich der Weinanbau im Schwäbischen doch sehr verändert hat. Das ist heute doch ein völlig anderer Wein als vor 20, 30 Jahren!

Wie die Küchen hat sich auch die Weinwirtschaft enorm weiterentwickelt.

Wenn es nicht die Liebe zum Trollinger ist – was ist dann schwäbisch an Ihnen?

Die Verbundenheit mit der Heimat. Mir hat es nicht geschadet, im Schwäbischen zu bleiben. Ich arbeite seit mehr als 30 Jahren an einem Ort, der nur wenige Kilometer von meinem Geburtsort entfernt ist. Und hier habe ich meine Karriere gemacht. Ich habe mich in der Region immer sehr wohl gefühlt. Hinzu kommt, dass mir hier dieses Haus einen kongenialen Rahmen geboten hat, um mich zu entfalten. Das hat mich tief verwurzelt. Veränderungsmöglichkeiten hätte ich mehr als genügend gehabt – aber ich war nie in Versuchung. Ich habe nie gefragt, was würden Sie mir bezahlen?

Von Jugend auf war es mein größter Wunsch, irgendwann mein Eigenheim zu besitzen. Und ich war so schwäbisch, dass ich mir schon ganz früh, mit knapp 24 Jahren, diesen Wunsch erfüllt habe. Aus eigener Kraft. Keine Erbschaft, keine Gönner, keine Unterstützer. Mit meiner Frau zusammen habe ich das aus dem Boden gestampft damals.

Hier in Baiersbronn?

In Loffenau. Also im Elternort, wo ich herkomme.

Und seitdem pendeln Sie?

Ich habe da nie gewohnt.

Aber das Häusle musste sein?

Das Häusle war mir oft eine Last, weil ich es ja pflegen muss. Aber ich habe es immer behalten. Es war mir immer wichtig, dieses Haus als zusätzliche Sicherheit im Hintergrund zu haben.

Sie haben im Münchener »Tantris« bei Eckart Witzigmann gearbeitet.

Als Commis. Ich habe mich dort nach meiner Ausbildung weitergebildet.

Eigentlich sind die Orte, an denen Sie hätten wirken können, größer als dieses Schwarzwalddorf.

Ich habe mit 24 Jahren meine Küchenmeisterprüfung gemacht. Ich war damals einer der jüngsten Küchenmeister. Ich war in allem relativ schnell.

Sie waren ehrgeizig?

Und wie! Ich konnte vom Elternhaus her keine weiterführende Schule besuchen nach der damaligen Hauptschule.

Ihre Hochschule waren die Küchen der besten Köche.

Das war »learning by doing«. Dass es mal in diese Richtung geht, konnte ich in den Anfangsjahren nicht voraussehen. Als ich hier angefangen habe, da gab es die »Schwarzwaldstube« als Gourmetrestaurant noch nicht. Wolfgang Staudenmaier, der damals auch bei Eckart Witzigmann war, zusammen mit dem jetzigen Eigentümer des Hotels, mit Heiner Finkbeiner, war hier der junge Küchenchef. Wir waren dann sehr schnell erfolgreich. Nach einem halben Jahr hatten wir den ersten Michelin-Stern[1], nach dem zweiten Jahr den zweiten. Als Staudenmaier sich nach zweieinhalb Jahren zurückgezogen hat, aus einem Zwei-Sterne-Status sozusagen, kam die Anfrage von der Direktion, ob ich nicht Lust hätte, diese Aufgabe zu übernehmen. Da war mir klar: Ich konnte nur gewinnen.

Den Zwei-Sterne-Status haben Sie halten können?

Die zwei Sterne blieben, der Gästezulauf hat zugenommen, die Akzeptanz war da. Und dann habe ich natürlich Vollgas gegeben.

1992 gab es den dritten Stern – und den haben Sie bis heute behalten. Sie sind der einzige deutsche Koch, der über einen so langen Zeitraum mit drei Michelin-Sternen ausgezeichnet worden ist. Ihr Job ist ja unheimlich stressig.

Man muss belastbar sein. Heute komme ich mit der Situation zurecht. Vor zehn Jahren hätte ich mir das nicht eingestanden. Ein Rückwärts ist in meinem Kopf gar nicht verankert. Für mich gab es immer nur vorwärts.

Es gibt Sterneköche, die ihre Sterne zurückgeben und wieder ganz einfach kochen. Haben Sie jemals darüber nachgedacht?

Das bin nicht ich – ich bin immer Koch mit Leib und Seele gewesen! Ich wollte dieses Niveau, auch für mich selber. Das ist mein Ehrgeiz.

Einige Köche haben dem Druck nicht standgehalten und Drogen genommen – Kokain, Alkohol. Wie gehen Sie mit dem Stress um?

Irgendwann wurde mir freier Zugang zum Getränkebuffet eingeräumt – ich kann mir hier jederzeit eine Flasche Champagner nehmen. Aber an dem Tag, als mir der freie Zugriff gewährt wurde, hab ich gesagt: Lass es! Ich hab die Verfänglichkeiten

---

1   Bedeutendster Gourmetführer in Europa

anderer gesehen und was davon ausgeht. Was man nicht an-
fängt, muss man sich nicht abgewöhnen. Viele Menschen gehen sehr unachtsam mit ihrem Körper um. Genuss aber heißt
nicht Quantität – Genuss ist Konzentration.

Sie haben hier eine eigene Hochschule fürs Kochen!

Das kann man so sagen – aus unserem Nachwuchs sind drei der
Drei-Sterne-Köche Deutschlands hervorgegangen. Darüber hinaus haben wir eine Vielzahl von Zwei-Sterne-Köchen
– und weit über 30 Ein-Sterne-Leute. Das haben in Frankreich
nur wenige große Chefs geschafft.

**Was ist der Unterschied zwischen zwei und drei Sternen?
Ist das für einen Laien schmeckbar?**

Die Drei-Sterne-Restaurants, die ich kenne, sind in der Regel
alle Institutionen. Bis ein Restaurant mal drei Sterne bekommt,
ist es schon fast ein Mythos. Alles muss nahtlos funktionieren
und viele Flops darf man sich da nicht erlauben.

**Wenn man so mit Lebensmitteln umgeht wie Sie, also mit
dem Feinsten vom Feinsten, und man gleichzeitig Schwabe
ist – ist man dann nicht auch manchmal in der Versuchung,
beim Lidl oder Aldi einzukaufen?**

Ich erinnere mich: 1983 hatten wir mal Michelin-Tester im
Restaurant …

Kennen Sie die Tester?

In der Regel natürlich nicht. Ich stehe in meiner Küche und
koche. Aber in diesem Fall ging es um den dritten Stern. Und
Herr Bercher von Michelin erklärte mir, dass Michelin uns
eigentlich in der Ausgabe 82/83 schon den dritten Stern verlei-
hen wollte – aber dann gab es einen Abschlusstest mit Testern,
die aus Paris kamen. Es gab an diesem Abend Lammrücken.
Mit dem waren die Tester handwerklich auch total einverstanden. Aber mit dem Produkt, dem Lamm, waren sie nicht einverstanden. Das Lamm war ihnen nicht erlesen genug. Daraufhin habe ich dann wirklich so lange recherchiert, bis ich endlich
einen Produzenten gefunden habe, der mir das Lamm perfekt
und zuverlässig liefert. Wenn ich heute 100 Lammrücken
bekomme, dann sind 98 so, wie ich sie mir vorstelle. Vom

Gewicht, vom Aussehen, von der Größe. Der dritte Stern bedeutet also auch: Fehlerquellen abstellen. So habe ich für alle Produkte ein Bezugsquellennetz aufgebaut, das beste Qualität garantiert. Dabei kommt Aldi nicht vor. Das Qualitätskriterium steht für mich an erster Stelle, das steht für mich über dem Preis. Wenn ich ein tolles Produkt sehe, das will ich haben. Erst dann kommt der Preis. Sie müssen Ihr Schwabenbild überdenken, Herr Kienzle!

Bevor ich das mache, frage ich Sie nach Ihrem Lieblingsgericht!

Ich liebe den Gaisburger Marsch. Ich esse auch mal gerne Schlachtplatte – ich habe viele Lieblingsgerichte.

Die schwäbische Küche!

Damit ist man angefüttert worden, das ist geblieben.

Gaisburger Marsch ist ja ein typisch schwäbisches Resteverwertungsgericht. Ich finde das ja auch ziemlich gut – was mögen Sie daran?

Das ist suppig, die Spätzle sind drinnen, ein kräftig schmeckender Eintopf mit Rindfleisch. Aber es muss ein gutes sein! Dann ist das alles, was das Herz begehrt. Und es ist leicht.

Die gute schwäbische Küche geht ja langsam verloren. Ich war gestern in Stuttgart und habe in einem renommierten Hotel Gaisburger Marsch auf der Speisekarte gesehen. Das war etwas Furchtbares! Die haben einfach eine große Menge Spätzle aus einem Eimer in eine Brühe geschmissen, Fleisch dazu – und das nannten die Gaisburger Marsch! Es war enttäuschend.

Ich bin ein großer Liebhaber von Innereien. Das geht auch verloren. Also für eine Kalbsleber oder für eine Kalbsniere lasse ich vieles andere stehen.

Und warum kommt das nicht in Ihrer Küche vor?

Herr Kienzle – wir verarbeiten das! Ich habe jetzt Kalbskopf auf der Karte. Nieren machen wir meistens im Frühjahr, wenn wir weniger Fleischsorten haben. Im Sommer sind wir mit Wild gut bestückt. Aber wenn keine Wildzeit ist, dann gibt es Nieren und Leber. Wir kochen saisonal.

Wenn man das Fernsehen anmacht, sieht man immer einen Koch. Diese Kochshows sind eine lästige Mode geworden. Sie aber sind selten im Fernsehen zu sehen. Warum?

Das ist ja kein ernsthaftes Kochen, das ist Unterhaltung. Das ist wie mit dem Gaisburger Marsch, den Sie beschrieben haben: Eine Kalbsbrühe braucht einfach drei Tage, bis sie die Konsistenz hat, die wir brauchen. Ich betreue ein Restaurant, das im Schnitt 60 Gäste hat am Tag. Das ist so viel Arbeit, wenn wir das auf unserem Level halten wollen und uns auch immer weiter entwickeln wollen, da bleibt keine Zeit, um ins Studio zu gehen. Ich mache das schon hin und wieder. Aber nicht als Dauereinrichtung. Die Gäste wollen mich hier sehen und nicht abends um 22 Uhr auf dem Kanal.

Das heißt ja, dass die TV-Köche mehr im Fernsehen als in ihren Küchen stehen?

Da muss ich zur Ehrenrettung der Kollegen sagen: In der Regel liegt die Produktionszeit dieser Sendungen an Tagen, an denen sie geschlossen haben. Zum Teil werden ja bis zu drei Sendungen an einem Tag aufgezeichnet – da ist ja nichts live. Die Öffentlichkeitsarbeit, die dort für das Essen gemacht wird, ist für unseren Berufsstand wertvoll. Wenn die Menschen sensibilisiert werden, sich besser zu ernähren – dann ist alles wunderbar, damit kann ich leben.

Aber trotzdem: Sie machen sich rar.

Das ist nicht meine Welt. Ich bin gerne hier, ich bin gerne für meine Gäste da, ich stehe für eine andere Exklusivität. Ich stehe auch für eine andere Ernsthaftigkeit. Vielleicht hat das auch etwas mit meinen schwäbischen Wurzeln zu tun.

Als Drei-Sterne-Koch sind Sie Avantgarde – Sie bestimmen Trends, an Ihnen orientiert man sich. Wie spüren Sie hier in Baiersbronn, wo der Trend in der Welt da draußen gerade hingeht?

Man muss regelmäßig auch über den eigenen Tellerrand blicken. Denkanstöße, Impulse von außen bekommen. Da geht man einfach mal zu Kollegen essen. Und da kann keine Adresse weit genug sein.

Barcelona?

Ganz aktuell habe ich mir das »Noma« angeschaut in Kopenhagen.

Neu war ja die Molekularküche, das war ja eine kleine »Revolution«. Das hat Sie nie interessiert?

Also ich bin natürlich auch da gewesen – bei Ferran Adrià in Barcelona. Ich habe mir das angeschaut. Das ist eine für sich stehende Geschichte. Er kommt, wie ich, im Schnitt auf 60 Gäste am Tag. Dafür hat er 45 Mitarbeiter in der Küche. Ich habe 13 Mitarbeiter.

FC Barcelona gegen VfB Stuttgart.

Ich muss mit meinen Rahmenbedingungen, mit meinen Gegebenheiten, meinen Örtlichkeiten zurechtkommen.

Das ist schwäbisch bescheiden.

Mein Konzept ist so ausgerichtet, wie es der Betrieb braucht.

Aber konzeptionell hätte Sie diese Küche interessiert? Vom Genuss her – bietet sie so viel?

Es ist eine Kopfsache. Vieles in unserer Branche sind Momenterscheinungen.

Hokuspokus?

Wenn es etwas gibt, was die Küche weiterbringt, dann bleibt das nicht unentdeckt. Das ist wie beim Autobau – irgendwann hat einer den Katalysator gebaut, jetzt bauen ihn alle. Fragt heute noch einer, wer ihn entwickelt hat? Unser Restaurant ist eigentlich wie ein Formel-1-Wagen. Alles Hightech – die Küchengeräte, die besten Produkte sind da. Die Sensibilität, die der Koch am Produkt auslebt, die macht den Unterschied. Früher gab es einen Hype um »Steinbutt auf Kaviar« – in den alten großen Küchen von Fernand Point und Paul Bocuse. Heute spielt, sagen wir mal, ein Sauerklee oder eine wilde Brunnenkresse eine genauso große Rolle für mich wie der Kaviar. So eine wilde Brunnenkresse hat einen so unvergleichlichen, unverwechselbaren Charakter! Aber natürlich muss ich lernen, damit umzugehen. Bis ich an den Punkt komme: So schmeckt sie am besten. Heute geht für mich jedes Produkt gleichberechtigt an den Start. Es ist die Frage, was ich draus mache und wie ich es veredle, wie ich Streicheleinheiten für Mund und Gaumen schaffe, für den Geruch, für die Nase, für die Empfindung am Gaumen. Und das ist das, was die Kunst ausmacht. Die kann ich spüren am ganzen Körper. Es gibt keine Kunst, die man am eigenen Körper so spüren kann wie die Kochkunst.

Sie sind Künstler?

Wenn Sie sich ernsthaft damit beschäftigen, dann würde ich schon sagen, dass Kochen eine große Kunst ist.

Die Schwaben gelten ja als unheimlich unternehmungslustig. Sie sind aber immer Angestellter geblieben. Warum hat es Sie nie gereizt, ein eigenes Restaurant aufzumachen?

Der Reiz war da. Ich bin mindestens so viel Unternehmer wie ich Koch bin. Ich bin aber nur Abteilungsleiter im Haus hier. Und das ist auch ganz gut so.

Das eigene Restaurant hat Sie nie gereizt?

Ich konnte meine Frau für alles begeistern – aber nicht für die Selbstständigkeit. Meine Vorstellungen, was Niveau und Image anging, was ich gastronomisch im Kopf hatte – das wollte sie nicht mittragen. Und ich hätte mich mit einer bürgerlichen Küche, die im Anspruch nicht so hoch gewesen wäre, nicht zurechtgefunden. Wenn ich heute abends nach Hause komme, dann ist die Welt für mich in Ordnung. Ich habe immer einen guten Job gemacht und dass der so eine Außenwirkung bekommen hat, dass man so eine riesige Bestätigung erfahren hat, das ist wunderbar. Aber wissen Sie: Ich bin heute auch g'scheit genug um zu wissen, dass an dem Tag, wo der Erfolg nicht mehr da ist, egal wo Sie sind, egal wie lange Sie irgendwo waren …

… ist man weg vom Fenster.

Da muss ich sagen, dass ich verstehen kann, wenn junge Menschen, Fußballer zum Beispiel, auch hohe Forderungen stellen, solange sie ihre beste Zeit haben. Das war in meiner Generation noch etwas anders.

**Ich bin einer ganzen Kolonne von Luxusautos hinterherge-
fahren auf dem Weg zu Ihnen. Was bedeutet Luxus für Sie?**
Wenn ich mir das leisten würde, was ich mir leisten kann, dann
würde ich ein luxuriöses Leben führen. Da bin ich aber vielleicht tatsächlich Schwabe – das will ich gar nicht.

**Sie haben gesagt, dass Sie ein Genussmensch sind, das wird
auch deutlich. Wann und wie genießen Sie?**
Ich genieße den Moment. Gerade die Unterhaltung mit
Ihnen. Das ist doch ein nettes Gespräch! Vorhin war ich zu
Hause. Meine Enkelin ist gerade zu Besuch, die ist acht Monate alt. Mir geht das Herz auf, wenn ich das Kind sehe!
Es gibt so vieles, was man genießen kann, man muss es nur
sehen. Genuss ist auch eine Kopfsache. Und jetzt freue ich
mich, wenn gleich der Service beginnt und ich in der Küche
stehen kann – dann berausche ich mich an der Arbeit. Auch
das ist Genuss.

»Diese schwäbische Resteverwertungsküche liegt mir nicht so sehr.«

Rezzo Schlauch

Rezzo Schlauch
Der »Bud Spencer aus
Hohenlohe«

Bei einer Studentenveranstaltung wurde er einmal ironisch als »Rezzo *von* Schlauch« angekündigt. Irgendwie passt es zu ihm, dem schillernden »Ritter wider den tierischen Ernst«. Sein Name wurde Programm. Der stammt schließlich von einem leibhaftigen fränkischen Ritter aus Bächlingen. Dort, in Hohenlohe, am Nordrand Baden-Württembergs, wuchs er auf. Rezzo Schlauch – Dickkopf und Bonvivant, gerade und kantig – mischte als Realo die Grünen auf und brachte es zum Staatssekretär im Wirtschaftsministerium in Berlin. Ein Unikum.

»Zwei Zentner für Stuttgart«, warb er 1996 bei seiner OB-Kandidatur in der Landeshauptstadt. Und fast hätte er auch gewonnen. Die Ernte aber fuhr 16 Jahre später Fritz Kuhn ein. Die Strategie war aufgegangen. Schlauch: »Es macht keinen Sinn, nur die Stimmen zwischen Rot und Grün auszutauschen. Wir müssen ins bürgerliche Zentrum.« Ex-Ministerpräsident Oettinger nannte ihn in den 90er-Jahren den »Bud Spencer aus Hohenlohe«. Ähnlich unkonventionell wie der Filmheld schlug er gelegentlich in der Politik zu. Mit dem irrlichternden Oettinger hätte er gerne Schwarz-Grün in Baden-Württemberg gemacht. Aber der konnte sich in seiner CDU nicht durchsetzen. Die politische Landschaft in Baden-Württemberg würde heute anders aussehen. Auch eine Bonusmeilen-Affäre hat Rezzo Schlauch politisch überlebt. Er war First Class nach Thailand in den Urlaub gejettet. 2005, nach dem Ende von Rot-Grün, zog er sich aus der Politik in mehrere Aufsichtsräte zurück, was von seiner Partei kritisch beäugt wird. Ihm ist das ziemlich egal.

Jetzt sitzt er mir im italienischen Restaurant der Stuttgarter Markthalle gegenüber. Die Jugendstilhalle steht für südliche Lebenslust, für Multikulti und Genuss. Lange war sie eine Oase im früher eher tristen Stuttgart. Es gibt übrigens auch Maultaschen. Einen Stock tiefer. Rezzo Schlauch ist an diesem Morgen entspannt und gut drauf. Die Sonne scheint kräftig, trotzdem hat er einen dünnen blau-weiß-roten Schal um den Hals geschlungen. Ein Markenzeichen. Familiär hat er die italienischen Kellner, die die Tische eindecken für das Mittagessen, begrüßt. Gut gelaunt bestellt er einen Espresso und ein Glas frisch gepressten Orangensaft. Je weiter der Abstand zur Politik, umso schöner werden seine Geschichten.

HERR SCHLAUCH, guten Morgen – immer wieder schön hier in der Markthalle. Warum haben Sie ausgerechnet diesen Ort für unser Gespräch gewählt?

Das ist meine Insel hier in Stuttgart. Wenn ich früher von Bonn oder Berlin gekommen bin, am Wochenende, dann brauchte ich irgendwas G'scheit's zum Essen. Und deshalb bin ich immer hier einkaufen gegangen – die italienischen, spanischen, griechischen und sonstigen Köstlichkeiten. Dann habe ich hier noch einen Kaffee getrunken, manchmal vielleicht auch einen Prosecco. Und oft habe ich auch Freunde getroffen. Das ist das Tor zum Mediterranen in »Schtuggard«. Und das ist für mich wichtig! Diese schwäbische Resteverwertungsküche liegt mir nicht so sehr.

Sie gelten als Prototyp eines Schwaben. In Wirklichkeit aber sind Sie gar keiner?

Das ist richtig.

Sie sind ein verkappter Franke?

Nicht verkappt!

Was unterscheidet die Schwaben von den Franken?

Der Schwabe ist direkt und brutal – der Franke ist hälinga.
Diplomatischer. »So – samma a weng do?«[1] Vornehmer.
Vornehmer?
Die Hohenloher sind zurückhaltender.
Das heißt, Ihnen gehen die Schwaben auf den Wecker?
Manchmal. In ihrer Direktheit gehen sie mir manchmal auf
den Wecker.
Sie halten die »Haualauer[2]« für schlauer?
Sie sind diplomatischer. Und der viel gerühmte schwäbische
Fleiß – da sagt der Hohenloher Unternehmer: »Da sind un-
sere Leute besser!« Um Ihnen eine Geschichte aus der Wirt-
schaft zu erzählen: Reinhold Würth, Gerhard Sturm und
Albert Berner stammen aus Künzelsau. Der Berner und der
Sturm machen jeweils circa eine Milliarde Jahresumsatz,
die Würth-Gruppe hat mehr als 400 Unternehmen in 84
Ländern und erwirtschaftet fast zehn Milliarden Umsatz im
Jahr. Die drei waren Klassenkameraden – sie gingen in derselben Schule in Künzelsau in dieselbe Klasse! In keinem anderen
Landkreis Deutschlands gibt es so viele Weltmarktführer
wie in Hohenlohe.
**Jetzt versuchen Sie mir klarzumachen, dass die Hohenloher
die besseren Schwaben sind?**
Die IHK Heilbronn-Franken hat bruttosozialproduktmäßig
das gleiche Pro-Kopf-Aufkommen wie das Rhein-Main-Ge-
biet. Das ist eine der wirtschaftsstärksten Regionen Europas,
mit einer der niedrigsten Arbeitslosenquoten.
**Aber die Franken haben es nicht geschafft, ein eigenes Bun-
desland zu gründen.**
Das ist richtig.
Politische Versager.
Dank einer unseligen Koalition des Herrn Napoleon mit dem
Schwabenkönig. Der württembergische König hatte dem
Napoleon Soldaten gegeben – und im Gegenzug hat der

---

1 »So, sind Sie auch hier?«
2 Dialektal für: Hohenloher

Napoleon beim Reichsdeputationshauptschluss im Jahr 1803 Franken kastriert.

Und Ihr Vater ist als Pfarrer und schwäbischer Imperialist in den 1930er-Jahren in die Gegend gezogen und hat dort Schwäbisch verbreitet.

Der hat dann aber sehr schnell die Fahnen gewechselt!

… und Ihnen diesen merkwürdigen Namen Rezzo gegeben. Ist das nicht komisch, wenn man nach einem fränkischen Ritter benannt wird?

Ich habe mit dem Namen nur Glück gehabt. Das war übrigens nicht mein Vater, das war meine Mutter, die darauf bestanden hat.

Ihre beiden Eltern kommen aus Stuttgart-Obertürkheim und Eislingen/Fils. Urschwaben – und trotzdem verstehen Sie sich als Franke?

Meine Eltern waren begeistert vom Hohenlohischen und haben ihre schwäbische Identität schnell hinter sich gelassen. Wir haben früher immer gesagt: »Wir fahren heute von Bächlingen nach Stuttgart hinter.«

Hinter?

Stuttgart liegt »hinten« – für uns. In meiner Jugend, als dann irgendwann der erste VW-Käfer in der Garage stand, sind wir nicht nach Stuttgart zum Einkaufen gefahren – sondern nach Würzburg.

So weit geht die Abneigung gegen die Schwaben?

Das ist keine Abneigung! Mein Großvater hat bis zu seinem 75. Lebensjahr in Stuttgart-Obertürkheim gearbeitet. Das war ein Schwabe wie er im Buche stand. An seinem Schreibtisch stand geschrieben: »Pflicht, du heiliger Name.« Kant! Der war Prokurist in einer Kesselfabrik in Obertürkheim, die sich damals schon in amerikanischen Händen befand. Der hat bis zu seinem 75. Lebensjahr gearbeitet – nach der Rente jedes Jahr immer ein paar Stunden weniger. Mit 75 war er dann auf halbtags.

Das wäre ja ein Rentenmodell …
Mit 75 hat er aufgehört. Und weil er so lange geschafft hat und weil er eine gute Rente hatte, war das für mich ein absoluter Quell. Bei ihm habe ich immer mal den einen oder anderen Hundertmarkschein gekriegt als Student. Ich habe in Stuttgart-Obertürkheim auch immer meine Ferienjobs gemacht. So isch no au wieder.[3]

Die Schwaben gelten doch als geizig.
Das ändert sich – dazu gibt es eine schöne Geschichte von meinem OB-Wahlkampf. 1996 hatte ich als Grüner 300 000 DM Spenden.

Von wem?
Aus allen Lagern. Auch von der Wirtschaft.

Das heißt: Es gab damals subversive Kräfte bei den Konservativen, die Sie gefördert haben?
Natürlich! Ich hätte diesen Wahlkampf sonst gar nicht so führen können. Damals gab es den Schwerzmann, Chef einer Werbeagentur in Stuttgart. Der kam zu mir und sagte: »Rezzo, es ist alles recht und schön, was du da machst, aber du brauchst Geld! Ich hab da eine Idee: Wir machen ein Fundraising beim Vincent Klink. Wir haben mit dem Vincent schon g'schwätzt. Der macht das.«

Der Fernsehkoch von dem Sternerestaurant »Wielandshöhe«.
Dann hat der Schwerzmann einen brillanten Brief geschrieben – an 400 Adressen. Daraufhin haben sich 50 Leute angemeldet – 8 Mark für den Kellner, 80 Mark für den Vincent und 800 Mark für den Schlauch. 888 Mark.
Unser Essen brachte 50 000 Mark. Das war der Durchbruch dafür, dass ich dann in der Folge so viele Spenden erhalten habe. Mein Gegenkandidat, der Schuster von der CDU, hatte schwäbischer geworben: »Unser Kandidat isst Maultaschen mit dem Bürger!« *(Beide lachen.)*

---

3   Schwäbisch für: »Das ist die andere Seite.«

Sie behaupten, dass der Schwabe sich verändert hat? Genießen ist keine Sünde mehr?

Nach der Bürgermeisterwahl 1996 kam der Wahlkampf-manager vom Schuster zu mir und sagte, sie hätten sich granatenmäßig getäuscht. Fast wäre ihre Schuster-Kampagne ins Auge gegangen. Sie hätten mich als den barocken Genuss-menschen diskreditieren wollen, hätten dann aber gemerkt, dass der Schwabe sich offensichtlich verändert hat: Der feiert jetzt auch gerne.

Eine spannende Geschichte.

Das war schon 1996 so. Die Schwaben werden urbaner und sie werden ...

Hohenlohischer?

Auch polyglotter. Es hat sich viel getan. Man muss ja sehen: 1996 bei der Bürgermeisterwahl hatte ich knapp 40 Prozent!

Genau 39,3 Prozent.

Als Grüner in einer schwäbischen Autostadt! Und noch etwas hat sich verändert: Ich war zwei Monate nach der Land-tagswahl 2011 bei einer Wirtschaftsrunde eingeladen. Lauter Weltmarktführer. Die haben gesagt: »Herr Schlauch, wir sind so froh, dass es der andere nicht geworden ist!« Alles harte CDUler, teilweise hochrangige Parteileute. »Ihr braucht mir jetzt keinen Honig ums Maul schmieren«, habe ich ihnen geantwortet. »Nur weil wir jetzt mal einen grünen Minister-präsidenten haben.« Aber die meinten das ernst! »Wenn wir unseren Betrieb so führen würden wie der Mappus«, sagten sie, »dann würden wir nicht weit kommen!« Die Leute mögen kei-ne Konfrontation. Sie sagen: »Wenn es drauf ankommt, muss man Farbe bekennen.« Aber Konfrontation um der Konfron-tation willen – das lehnen sie ab. Es ist richtig, dass Fukushima und Stuttgart 21 bei der letzten Wahl eine bedeutende Rolle gespielt haben. Hauptgrund für den grünen Wahlerfolg war aber: Die Leute wollten den Mappus nicht.

Wenn man sich mit Menschen in Stuttgart unterhält, hört man immer wieder die These, dass dieses obrigkeitsstaatliche Denken, das noch in den schwäbischen Köpfen drin war, mit Stuttgart 21 verschwunden ist.

Da gab es auch schon Vorläufer. Zum Beispiel Boxberg.[4] Boxberg war von der Zusammensetzung der Protestleute, die das getragen haben, auch eine konservative Kiste. Und ging mindestens genauso scharf gegen die Obrigkeit. Das ging damals gegen den Späth.

Das waren keine Schwaben.

Das waren Franken!

Ausgerechnet der Stuttgarter aber als »Wutbürger« – das hätte ich mir vor 30 Jahren nie vorstellen können!

Ich kann Ihnen das erklären. Ich bin vorgestern extra in den Keller gestiegen – ich wollte nachschauen, ob mich meine Erinnerung nicht täuscht. Und es stimmt: Schon 1996 war das Hauptthema bei der Bürgermeisterwahl Stuttgart 21!

Schon damals?

In allen Berichterstattungen zum damaligen Wahlkampf war Stuttgart 21 das Topthema! Und das zentrale Motiv, das alle Berichte durchzog, war: Das ist einfach völlig überdimensioniert!

Also nicht zu teuer, sondern überdimensioniert?

Überdimensioniert! Das passt zu uns Schwaben nicht! Das ist einfach gesponnen!

Gesponnen?

Wir sind nicht New York und nicht London! Wir sind Schwaben! Das war damals so! Dieses Thema war damals das entscheidende Thema – und deswegen habe ich schon damals die Stimmen aus dem konservativen Lager bekommen. Weil die gesagt haben: »Des wellet mir auf gar koin Fall!«[5]

---

4   In den 1980er-Jahren wurde der tauberfränkische Ort Boxberg im Nordosten Baden-Württembergs bundesweit durch seinen Widerstand gegen eine vom Daimler-Benz-Konzern geplante Teststrecke bekannt. Die Teststrecke wurde schließlich nicht gebaut, weil das Bundesverfassungsgericht die dafür nötigen Enteignungen für unzulässig erklärte.

5   Schwäbisch für: »Das wollen wir auf gar keinen Fall!«

Schwäbische Bescheidenheit und schwäbischer Konservativismus. Sie sind eigentlich auch ein Konservativer – als Student waren Sie in einer »schlagenden Verbindung«?

Ich bin nicht konservativ. Aber ich war als Student in einer schlagenden Verbindung. In Freiburg 1968 – das ist richtig.

In einer »schlagenden Verbindung« war ich übrigens auch.

Echt?

Tübingen 1958 – aber ich bin ausgestiegen!

Ich natürlich auch!

Ich bin nach zwei Partien ausgestiegen.

Ich habe meine fünf geschlagen.

Haben Sie eine abgekriegt?

Nie!

Sie waren halt schon damals gut im Austeilen?

Die haben alle gekniffen. Wir waren zum damaligen Zeitpunkt ein relativ liberaler Klub. Und ich war politisch immer interessiert.

Wenn Sie politisch interessiert gewesen wären, dann wären Sie doch nie in einer »schlagenden Verbindung« gelandet! Ich bin damals als junger Mensch völlig unpolitisch da reingeraten.

Wir waren vom Elternhaus her politisch geprägt. Bei uns hat man diskutiert! Freiburg 68!

Dahrendorf!

Dahrendorf – Dutschke.[6] 1968 bin ich zu dem legendären Rededuell zwischen Dahrendorf und Dutschke gegangen, vor die Freiburger Stadthalle. Dort habe ich das Duell miterlebt, auf dem VW-Käfer. Mein Herz schlug für Dutschke! Aber ich hatte einen Riesenrespekt vor dem Dahrendorf. Der war so brillant! Und das war für mich lange Zeit der Impuls, FDP zu

---

6   Am 29. Januar 1968 wollten Demonstranten einen FDP-Parteitag in Freiburg stören. Der renommierte Soziologe und FDP-Politiker Ralf Dahrendorf stellte sich den Studenten, stieg zu Studentenführer Rudi Dutschke auf ein Autodach und diskutierte mit ihm darüber, wie man zu Veränderungen in der Gesellschaft kommen könne – über das Parlament oder über eine außerparlamentarische Opposition.

wählen. Ich habe sozialliberal gewählt. Erststimme SPD und Zweitstimme FDP. Wissen Sie, dass Hohenlohe der letzte Wahlkreis in ganz Deutschland war, wo die FDP ein Direktmandat hatte?

Der Müller! Der wurde betrunken mit Prostituierten im Dienstwagen erwischt. Den Polizisten hat er gesagt: »Ich bin immun!« Deshalb haben sie sich nicht getraut, ihm den Führerschein abzunehmen. Hinterher hat er dann freiwillig auf sein Landtagsmandat verzichtet. Das »Skandäle«[7] habe ich noch als »Abendschau«-Korrespondent verfolgt. Wenn Sie sozialliberal gewählt haben: Warum sind Sie eigentlich nicht in die SPD eingetreten?

Mir waren die zu eng.

Zu eng – in welchem Sinn?

Als ich ins Parlament gekommen bin, 1984, hier in den Landtag, da habe ich mit meinen Kollegen irgendwann nach zwei Monaten einen Test durchgeführt – den habe ich später übrigens immer wieder wiederholt. Ich habe gefragt: »Mit wem von den anderen habt ihr eigentlich Lust, ein Bier zu trinken?« Vor dem ersten Sozi kamen fünf, sechs Schwarze infrage!

Eine interessante Methode – sind Sie Biertrinker?

Im Hohenlohischen gibt es viele kleinere Brauereien, heute noch.

Haben Sie mit dem Uli Maurer mal ein Bier getrunken?

Mit dem Herrn Maurer – furchtbar.

Der hat verhindert, dass Sie zum Stuttgarter OB gewählt wurden.

Genau, der war das.[8]

Warum hat er das verhindert? War das Kleingeistigkeit?

Nein – der Herr Maurer hat immer eine politische Erklärung. Maurer hat gesagt, wenn ein Grüner hier OB wird, dann

---

7   Schwäbisch für: »kleiner Skandal«

8   Bei der OB-Wahl in Stuttgart im Jahr 1996 erhielt Grünen-Kandidat Rezzo Schlauch im ersten Wahlgang 30,6 Prozent. Der SPD-Kandidat kam auf 22,6 Prozent. Dennoch zog SPD-Landeschef Maurer seinen Kandidaten im Wahlgang nicht zurück. Schlauch verlor deshalb im zweiten Wahlgang gegen CDU-Kandidat Schuster.

landen wir auf Jahre hinaus vom zweiten auf dem dritten Platz. Sie wissen ja, wo die SPD heute steht …

Sie haben einmal gesagt: »Der Rommel und der Späth haben die Schwaben von ihrer Spießigkeit befreit.«

Die haben das Fenster aufgemacht. Die haben Frischluft reingelassen.

Warum ist Schwarz-Grün in Baden-Württemberg bis heute nicht zustande gekommen?

Weil mein lieber Freund Oettinger …

Zu schwach war?

… keine Traute hatte. Und weil ihm Mappus die Prügel zwischen die Beine geschmissen hat. Der Oettinger hatte bei seiner ersten Wahl über 44 Prozent – das war das letzte gute Wahlergebnis der CDU. Mit einem solchen Ergebnis hätte er es machen können! Er hätte die einmalige Chance gehabt.

Ich habe dem Oettinger gesagt – dem ich mich befreundet fühle: »So einen Typ wie den Kretschmann bekommst du von niemandem. Nicht einmal von deinem eigenen politischen Lager kriegst du einen solchen verlässlichen, loyalen Typen, der intellektuell Substanz hat. Mach das!« Aber er hat es nicht gemacht.

Warum nicht? Woran ist das gescheitert?

Der Mappus hat seine konservativen Truppen in die Schlacht geschmissen, unter anderem in Oberschwaben. Er hat zur Schlacht gerufen: »Ich konzentriere mich auf die Konservativen!« Während der Oettinger unser stärkster Konkurrent in den urbanen Zentren war, hat der Mappus gesagt: »Stadt interessiert mich nicht, ich hole die konservativen Wähler auf dem Land!« Ich habe damals einem Staatsminister der CDU gesagt: »Eure Rechnung geht nicht auf. Das, was ihr an ein paar Konservativen irgendwo auf dem Lande gewinnt, das verliert ihr in der Stadt dermaßen, dass euch das blaue Wunder kommt!« Da sagte er: »Da hast du schon recht, und es kommt noch schlimmer. Oberschwaben ist heute auch nicht mehr das Oberschwaben von vor zehn Jahren!«

Zu Oberschwaben – was halten Sie von Ihrem ehemaligen Kollegen, dem Oberschwaben Oswald Metzger?

»Und jährlich kandidiert das Murmeltier!«, kann ich dazu nur sagen. Das ist ein Egomaniac. Den habe ich in meiner Zeit als Fraktionsvorsitzender immer wieder geschützt. Der ist ja x-mal ausgerastet. Einmal hat er den Schröder in den »Tagesthemen« als »europapolitischen Geisterfahrer« bezeichnet! Nachts um zwölf Uhr klingelte bei mir das Telefon: Joschka Fischer. »Du musst sofort rüber zum Alten!« – »Schau mal auf die Uhr!«, hab ich ihm gesagt. Darauf fragte er mich: »Hast du nicht den Metzger in den »Tagesthemen« gesehen?«

Es war immer so: Wenn es kritisch wurde, musste ich die Kohlen aus dem Feuer holen. Wenn die Emo-Schiene[9] lief, war ich dran. Die beiden Chefs durften nicht gegeneinander auflaufen. Also bin ich nachts um eins ins Kanzleramt. Ganz cool hat mich der Schröder begrüßt: »Ich habe einen Journalisten gebrieft, der wird morgen den Regierungssprecher fragen, ob diese Aussage von Metzger ein Koalitionsfall sei. Und dann wird mein Regierungssprecher ›Ja!‹ sagen.«

Das hätte das Ende der rot-grünen Koalition bedeutet! »Lass uns erst mal ein Glas Rotwein trinken!«, habe ich versucht, ihn zu beruhigen. Dann haben wir zwei Stunden lang geredet: »Das kann auch gegen dich gehen!«, habe ich ihm gesagt. »Das ist nicht sehr souverän. Lass doch den Metzger! Du weißt doch, dass der ein Terrier ist, der immer ein bisschen kläfft! Du musst doch nicht auf jeden Kläffer reagieren. Wollen wir nicht morgen zusammen frühstücken? Vor der Bundespressekonferenz!« Am nächsten Morgen bekam ich dann einen Anruf vom Kanzler: »Wir haben es eingesammelt.«

9 Wenn es emotional wurde

Baden-Württemberg als Hochburg der Liberalen und Sie als Dahrendorf-Fan – warum sind Sie nicht zur FDP gegangen?

Da gab es nichts, was mich gepfupfert[10] hätte. Ich bin nicht in eine Partei gegangen, um Karriere zu machen.

Sondern?

Ich bin 1975 hier Rechtsanwalt geworden. Ich hatte eine gut gehende Anwaltskanzlei. Ich war damals getrieben davon, dass das, was ich als Anwalt gemacht habe, die sozialen und ökologischen Themen, dass ich die sozusagen vom individuellen Fall weghole, auf eine breitere Ebene stelle. Das war meine Motivation.

Und jetzt will ich Ihnen noch was sagen – von wegen Karriere: Ich wollte immer hier im Land bleiben! Ich war eigentlich jemand wie der Kretschmann – auch weil ich in dieser Kombination meinen Beruf ideal weitermachen konnte. Ich war in den ganzen zehn Jahren als Landtagsabgeordneter immer aktiver Rechtsanwalt.

Irgendwann aber hat dann Joschka Fischer seinen Ministeranzug in Hessen ausgezogen und sein Amt als hessischer Umweltminister niedergelegt. Er war der Meinung, die Grünen müssten es nochmal versuchen, in den Bundestag zu kommen. »Es bedarf der grünen Kraft auch auf Bundesebene.« Nur deshalb bin dann in die Bundespolitik gegangen.[11]

Hat Joschka Fischer denn einen Bezug zu dem Land, in dem er aufgewachsen ist?

Ganz eng.

Schwätzt Fischer schwäbisch?

Kann er! Er ist ja in Oeffingen bei Stuttgart aufgewachsen.

---

10 Schwäbisch für: angesprochen, interessiert

11 Im Oktober 1994 legte Joschka Fischer sein Amt als hessischer Umweltminister nieder, nachdem die Grünen bei der Bundestagswahl den Wiedereinzug in den Bundestag geschafft hatten. Auch Rezzo Schlauch wurde 1994 Mitglied des Bundestages. Bei der Bundestagswahl im Herbst 1998 verlor die damalige Bundesregierung unter Helmut Kohl ihre Mehrheit. Es kam zur Bildung der ersten rot-grünen Koalition auf Bundesebene. Rezzo Schlauch wurde gemeinsam mit Kerstin Müller Vorsitzender der Bundestagsfraktion Bündnis 90 / Die Grünen.

Seine Eltern waren Flüchtlinge, Donauschwaben, katholisch. Sein Vater hatte ursprünglich eine Metzgerei in Langenburg im Hohenlohischen. Weil er aber Katholik war, ist er in Langenburg nicht hochgekommen. Hohenlohe ist protestantisch, da ist man damals noch zum protestantischen Metzger gegangen. Als der Joschka sieben war, ist die Familie Fischer deshalb nach Oeffingen bei Stuttgart gezogen. Dort in Stuttgart hat sich der alte Fischer im Schlachthof buchstäblich zu Tode geschuftet. In unserer Kindheit haben wir im Hohenlohischen nur drei Kilometer voneinander entfernt gelebt – und wir hatten die gleiche Hebamme. Im Oberamtskrankenhaus Gerabronn.

Joschka Fischer hat seine politische Karriere mit einem schwäbischen Schlüsselwort begonnen.

Arschloch!

In einer Bundestagsdebatte hatte er zu Bundestagspräsident Stücklen gesagt: »Mit Verlaub, Herr Präsident, Sie sind ein Arschloch!«

Der Jurist sagt, »Arschloch« sei eine Formalbeleidigung. Aber im Schwäbischen nicht.

War der Fischer damals ein Arschloch?

Persönlich konnte er ein Arschloch sein. Aber trotzdem eins, dem man immer alles vergeben hat! Der hat bei uns immer die ausführlichsten Wahlkampftouren gemacht als hessischer Umweltminister. Nach Baden-Württemberg ist er immer gern gekommen. Aber er hatte eine Bedingung: Wir mussten ihm zum Abschied mindestens ein Kilo Maultaschen mitgeben, wenn nicht sogar zwei. Das war seine Bedingung. Zum Schluss jedes Besuchs hat er also immer ein Päckchen Maultaschen gekriegt – dann ist er wieder glücklich nach Hessen abgedampft.

Wenn der Joschka im Hohenlohischen ist, da wird der weich und sentimental bis zum Gehtnichtmehr – bei dem harten Hund, der er sonst ist, schon erstaunlich.

Bei seiner letzten Wahl hat er sein Sommer-Interview als grüner Spitzenkandidat auf der Wehrweide an der Mosesmühle gemacht – das ist eine Halbinsel in Bächlingen, eine tolle Szenerie. Die ARD suchte für den Fall, dass es regnet, eine Innenlocation. In Langenburg ist ja das Fürstenhaus. Da hat ihm der Fürst von Hohenlohe angeboten: Das können sie dann im Schloss machen. Aber der Joschka war skeptisch: »Ein Grüner im Schloss?« Es hat dann zum Glück nicht geregnet. Das Wetter blieb schön.

Der Joschka kennt noch Namen von Leuten aus unserer Kindheit, die kenne ich überhaupt nicht mehr! Nach der Sendung fragte er den Mosesmüller, das ist ein netter Kerle: »Gibt es den noch und den?« Im Hohenlohischen wird er vollkommen sentimental.

Er lebt ja heut ein bisschen abgehoben. Dort erdet er sich?

Irgendwann hockten wir an der Mosesmühle direkt am Wehr und die Jagst plätscherte so vor sich hin, wunderschön grün alles, da sagt er: »Eigentlich sollte man sich hier ein Haus kaufen.« Da habe ich gesagt: »Jetzt mach mal halblang! Das glaubst du doch selber nicht! Du bist doch ein urbaner Mensch!« »Doch«, sagte er. »Hier könnte man schreiben.«

Der schwäbische Wunsch nach dem Häusle – das haben also auch die Hohenloher. Aber sagen Sie: Obwohl Sie sich klar als Franke outen, ist Ihre Sprache eindeutig schwäbisch. Sie sprechen nicht hohenlohisch.

Wenn ich daheim bin, schon.

Sie haben ein Identitätsproblem?

In dieser Beziehung werde ich immer wieder gescholten. Wenn ich daheim bin und zwei, drei Tage brauche, bis ich umschalte. Mein Bruder zum Beispiel, der zu Hause ist und der als hohenlohischer Journalist Hohenlohe aus dem

Effeff kennt und dort diesen legendären Holundersekt produziert – ein sagenhaftes Getränk –, der sagt immer: »Du bist ein Beute-Schwab, ein eingeschwäbelter. Du bist kein Richtiger mehr!«

Die Sprache geht verloren.

Ja, die Sprache geht verloren.

Also sind die Hohenloher, wie die Schwaben, ein Auslaufmodell?

Im Gegenteil: Dazu sind sie zu erfolgreich!

»Schwäbisch ist auch,
nicht zu protzen
mit dem, was man hat.«

Sibylle Lewitscharoff

⌐

Sibylle Lewitscharoff
Die Sprachtüftlerin

Der Schreibtisch ist penibel aufgeräumt. Die Schreibwerkzeuge liegen in Reih und Glied bereit – kein Stäubchen, kein Zettel weit und breit, alles wohlgeordnet. Man denkt unwillkürlich an das Wirken einer schwäbischen Hausfrau. Aber der Schreibtisch steht nicht in Stuttgart, sondern in einer liebevoll eingerichteten Altbauwohnung in Berlin-Wilmersdorf. Und an diesem fast klinisch sauberen Ort wird höchst fantasievolle deutsche Prosa produziert.

Sibylle Lewitscharoff lebt in dieser großen Maisonette-Wohnung mit Dachterrasse, die einen Blick über die Dächer von Berlin erlaubt, in einer ruhigen Nebenstraße gemeinsam mit ihrem Mann, einem Maler. Fast alle deutschen Literaturpreise hat sie in den letzten Jahren abgeräumt. »Blumenberg« sorgte für Furore in der Literaturwelt. Ein Roman über einen Philosophieprofessor, dem ein leibhaftiger Löwe erscheint. »Der Löwe war da. Habhaft, fellhaft, gelb.« Sie nennt ihn einen Zuversichtsgenerator. Sie liebt ungewöhnliche Wortkreationen.

Die Literaturkritik überschlägt sich – von der »NZZ« bis zur »Welt«. Und die »Zeit« nennt sie eine »literarische Extremtüftlerin«. Stilsicher bewegt sich die erfolgreiche Schriftstellerin in den Gefilden des Hochdeutschen, und ebenso selbstbewusst in den Niederungen des Dialekts. Wenn es sein muss. Man kann hören, dass sie Schwäbin ist – und sie steht dazu. In Stuttgart ist sie aufgewachsen, im Haus einer pietistischen Großmutter. Auch deshalb bin ich mit ihr zum Gespräch verabredet. Auf der Suche nach der »schwäbischen Seele«. Mit ihrem bulgarischen Vater und dessen Heimat hat sie literarisch abgerechnet. Das ist die eine Seite. Die andere: ihre schwäbische Identität. Es ist eindrucksvoll, was sie aus ihrer Kindheit und über Schwaben zu erzählen hat und wie selbstverständlich ihr »Entaklemmer«[1] noch heute über die Lippen kommt.

FRAU LEWITSCHAROFF, dass ich ausgerechnet jemanden, der Lewitscharoff heißt, nach der »schwäbischen Seele« befrage ... Sind Sie denn Schwäbin?

Ein klares »Ja«!

So ein klares »Ja« habe ich auf meiner Reise bislang selten gehört.

Sogar ein feuriges »Ja«! Ich habe mich immer damit identifiziert. Mein Vater war Bulgare und ich liebte meinen Vater, ich verehrte ihn auch. Aber mit Bulgarien war überhaupt keine Identifikation möglich. Meine schwäbische Identifikation war, glaube ich, sogar stärker als bei den meisten meiner schwäbischen Mitschülerinnen.

Und wie erklären Sie sich das?

Das ist schwer zu deuten. Dass ein Kind, das mit einem doch etwas fremderen Vater aufwächst – obwohl der Mann sehr, sehr gut Deutsch sprach, aber kein Schwäbisch natürlich –, dass ein solches Kind vielleicht doch versucht, sich massiver in die Umgebung einzuleben und so zu tun, als gehörte es ausschließlich hierher ...

Sie versuchten sich anzupassen, um dazuzugehören?

Und das habe ich sehr weit betrieben – die Dazugehörerei.

Sie haben ja mal geschrieben: »Ich bin ein schwäbisches Ordnungskind.«

Die schwäbische Familie war natürlich dominant. Wir wohnten bei meiner Großmutter im Haus, mütterlicherseits. Sie hatte zwölf Geschwister! Die Schwaben waren also die erdrückende Mehrheit – der Vater war da nur ein bunter Vogel, der komisch hinzugekommen war. Der schwäbische Ordnungssinn und natürlich auch bestimmte religiöse Vorstellungen waren sehr stark. Von der Großmutter geprägt.

---

1   Schwäbisch für: Geizkragen

Pietistisch?

Ja, pietistisch. Und sie hatte auf mich höchsten Einfluss, weil ich sie sehr liebte. Sie war sehr, sehr großzügig und ein liebenswürdiger Mensch. Es gibt ja auch liebenswürdige Fromme. Hin und wieder.

Die Pietisten sind ja etwas eigenwillige Leute?

Die sind eigenwillig und keineswegs immer nur auf der liebenswürdigen Seite. Aber die Großmutter war es, und das spielt für mich eine große Rolle.

Die Pietisten waren ursprünglich progressiv: Sie haben die Bibel individuell ausgelegt, von Luther weg. Jeder kann bei den Pietisten die Bibel selbst interpretieren.

Sie haben ganz stark auf das Volkserzieherische gesetzt: Jeder lebt in dieser Welt, jeder hat dazu etwas zu sagen, jedes Gemeindemitglied ist gleich wichtig. Das ist natürlich auch ein demokratischer und ein sehr populärer Zug.

Und ein egalitärer. Der Pietismus ist ja eine recht merkwürdige religiöse Richtung. Und Ursache für diese ungeheuer schwäbisch-konservative Haltung.

Ob man das immer nur konservativ nennen kann? Wenn man das im besten Sinne erlebt hat … Ich habe den Pietismus nicht aggressiv, ich habe ihn von einer großzügigen Seite erlebt.

Der Pietismus ist doch eher genussfeindlich. Alles, was Spaß macht, ist verboten.

Ja – und die schwäbischen Redewendungen lassen das ja auch immer noch durchblitzen. Wenn man einer Mutter begegnet und ihr Kind lobt, es sei hübsch. Dann kann eine Schwäbin sagen: »Es hätte schlimmer kommen können.«

Negativ loben.

Das Gute erst einmal abweisen. Es könnte gleich die Strafe folgen, wenn man das Gute einfach so annimmt. Das ist ganz typisch. Und auch: seinen Reichtum nicht ausstellen, wenn es ihn gibt. Meine Großmutter war die Jüngste, ihre älteste Schwester war mehrfache Millionärin. Eine Frau nur mit Volksschulbildung. Eine absolute Kriegsgewinnlerin. Im Krieg hat sie vom Land Schweinehälften in die Stadt gefahren –

im Kinderwagen! Und hier hat sie sie verhökert. Mit ihren Gewinnen hat sie Häuser gekauft. Ganze Straßenzüge hat sie zusammengekauft.

Geschäftstüchtig! War sie auch fromm?

Nein, diese ältere Schwester meiner Großmutter war nicht fromm. Sie hat auch meine Großmutter dafür verachtet. Sie war mehrfache Millionärin – was in den 60ern etwas hieß, damals war das noch viel Geld! Wir reden von 1963, 1964.

In Stuttgart?

In Stuttgart.

Aber sie hat ihren Reichtum nicht gezeigt?

Sie hat in einer Drei-Zimmer-Wohnung gelebt – und zwei Räume waren grundsätzlich nicht beheizt.

Diese Sparsamkeit hatte ja einmal einen Grund: Württemberg war früher eine der ärmsten Regionen in Europa. Die Leute haben gelernt, mit wenig zu leben. Und wenn sie etwas hatten, es mit niemandem zu teilen, sondern den Besitz aufzusparen für die Zeit, wenn man ihn braucht.

Dabei war diese Tante durchaus großzügig. Sie hat schon mal was rausgerückt, Tante Luise, die nobelste Figur unserer Verwandtschaft. Mein Vater war damals noch ein kleiner Arzt im Robert-Bosch-Krankenhaus und hat noch nicht viel verdient. Tante Luise kam immer so reingerauscht – toll hat sie ausgesehen mit ihrem Charakterkopf. Wie eine Indianerin. Einmal hat sie sich pompös verabschiedet und gesagt: »Do en d'r Zuckerdos', do henn' er no äbbes!«[2] Da lag der Autoschlüssel eines VW! Um 1949, 1950 ein Riesengeschenk!

Eine beeindruckende Großzügigkeit. Auf der einen Seite also diese Sucht, möglichst viel Besitz anzuhäufen. Auf der anderen Seite diese Großzügigkeit.

Und selber ganz sparsam leben.

Eigentlich blöd, oder?

Ich bin sehr froh darüber, dass meine Familie großzügig war. Dass sie keine »Entaklemmer« waren. Das sind sie wirklich nicht gewesen. Und gleichzeitig hat dieses Nicht-protzen-

---

2   »Da in der Zuckerdose, da ist noch etwas für euch!«

Dürfen für mich auch seinen Reiz. Sein Geld nicht so zur Schau stellen dürfen.

Noch heute gelten die Schwaben im Rest der Republik als geizig und sparsam.

Ich sehe die Schwaben auf der Tugendseite. Ich kann dem Negativklischee wenig abgewinnen. Ich finde, dass es eine hervorragende schwäbische Eigenschaft gibt: sein Licht unter den Scheffel zu stellen, nicht zu protzen mit dem, was man hat. Auch nicht mit seinem Können zu protzen. Das ist doch immer eine alte Erziehungsregel gewesen – und diese finde ich nicht so schlecht.

Die führt aber auch zu diesem schwäbischen Minderwertigkeitskomplex.

Den kann man doch schnell überwinden, wenn man wirklich etwas kann. Das ist doch lächerlich! Diese gesellschaftliche Haltung, nicht ständig von Angebern umgeben zu sein, die mir erzählen wollen, dass sie die Größten sind, das ist doch sehr angenehm. Es ist doch angenehmer, mit jemandem zusammen zu sein, der nicht permanent von sich als dem Größten spricht. Es tut mir leid: Mir ist das angenehmer. Das erleichtert das Leben ungemein.

Sind Sie an dieser Stelle schwäbisch-pietistisch geprägt?

In gewisser Weise schon. Es gibt sicherlich auch Hamburger, die so denken – das ist nicht allein schwäbisch. Als Kind gab es für mich eine Demütigung, die auf mich stark gewirkt hat: Ich habe, ich glaube in dreimonatiger Arbeit, Kerne gesammelt und der reichen Tante Luise ein Mosaik gemacht. Da war ich sieben. Alles habe ich penibel in Kleinarbeit geschaffen und es dann der Tante zum Geburtstag geschenkt. Tante Luise guckt das Ding stirnrunzelnd an und stellt es umgedreht an die Wand. Das war's.

Umgedreht, damit es nicht kaputtgeht?

Nein! Bei uns galt in der Erziehung, dass man sich nichts darauf einbildet: »Ich kann das alles … « Kindlicher Stolz, kindliche Emotionen, kindliche Arbeit – und dann ein kleiner, aber entscheidender Dämpfer.

In Ihren Büchern ist das Schwäbische eine feste Größe. Warum brauchen Sie diesen engen Bezug zu Schwaben?

Da bin ich auf der sicheren Seite. Jeder Schriftsteller, glaube ich, kann die Kindheit stark befeuern. Dieses merkwürdige Reich, das man nicht mehr erkennen kann, weil es verschwunden ist und worüber auch trügerische Fantasien existieren. Meistens stimmt es ja nicht, was man sich im Kopf zusammenbastelt. Aber trotzdem ist die Kindheit stark als Erlebnis – und man profitiert als Schriftsteller von starken Erlebnissen. Und die Kindheit ist schwer zu übertreffen in dieser Hinsicht.

Auf der anderen Seite rechnen Sie kräftig ab mit den Schwaben.

Das stimmt nicht ganz. Ich bin eigentlich immer gnädig mit ihnen umgegangen. Mit Bulgarien ist es scharf, das stimmt. Aber die Schwaben kommen immer ganz gut weg.

Sie beschreiben in Ihrem Roman »Montgomery« das Schwäbische als »fest verbackenen schwäbischen Filz«.

Dabei geht es um die Nazivergangenheit. Das hätte in jedem deutschen Landstrich so ausgesehen.

Wie Sie das Thema »Jud Süß« in »Montgomery« verarbeiten, ein Thema, das hier schwer anzugehen ist, ist sehr geschickt.

Dafür gibt es übrigens einen interessanten Auslöser: Nicht weit von uns gab es ein großes Grundstück mit einer kleineren Villa. Dort gab es ein schmiedeeisernes Gitter. Das ist das Gitter vom Galgen, an dem Süß erhängt wurde. Kurios, dass sich das erhalten hat. Als Parkgitter.

Eine sehr schwäbische Geschichte?[3]

---

3   1736 wurde Joseph Süß Oppenheimer, ein Jude, zum Geheimen Finanzrat und politischen Ratgeber von Herzog Karl Alexander ernannt. Da Karl Alexander lange vorher vom protestantischen zum katholischen Glauben übergetreten war, gab es in Württemberg die kuriose Situation, dass ein katholischer Herrscher, der von einem Juden beraten wurde, über eine protestantisch-pietistische Bevölkerung regierte. Das führte zu erheblichen Spannungen, und als Karl Alexander 1737 durch einen Schlaganfall starb, entlud sich der Unmut der Pietisten: Oppenheimer wurde festgenommen. Um Beweise für eine Anklage zu sammeln, bedienten sich die Pietisten der Aufforderung zur Denunziation, die öffentlich verlesen und an den Rathäusern in ganz Württemberg ausgehängt wurde. Im Februar 1738 wurde Oppenheimer an dem Galgen, der am heutigen Südeingang des Stuttgarter Pragfriedhofs stand, erhängt.

Die »Jud Süß«-Geschichte ist schon sehr blamabel für unser Stuttgart. Als der unbeliebte Fürst gestorben war, hat sich das Volk ein Ersatzopfer geholt.

Ein Kritiker hat geschrieben: »›Montgomery‹ bewegt sich in Rom, aber es endet immer wieder in Stuttgart-Degerloch.«
Ich gehe in meinen Büchern ganz gerne von etwas Sicherem aus – und das ist das Schwabenland. Ich kenne die Charaktere gut. Ich kenne sie über mehrere Generationen, weil ich in einer großen Familie aufgewachsen bin. Ich habe da sicheres, verlässliches Stoff-Futter. Man kann eigentlich nur darüber schreiben, worin man sich auskennt. Und es dann in eine andere Welt tragen. Aber die Probierlust ist schon groß – ich gehe immer auch sehr schnell weg davon. Überhöhung, das Woandershin-damit, erfundene Charaktere …

In »Montgomery« rechnen Sie auch mit dem schwäbischen Statussymbol ab. Ich zitiere: »Wie alle Schwaben aus besserem Haus war er mit einem Mercedes groß geworden, der dem Großvater gehört hatte. Speiübel war ihm jedes Mal geworden auf der Neuen Weinsteige hinab in die Stadt. Er hasste diesen gepanzerten Käfig mit den starren Polstern, hasste ihn bis heute in sämtlichen Modellen.«
In unserer Familie war die Abscheu vor dem Daimler einfach groß. Mein Vater hätte nie im Leben einen Mercedes gekauft. Ein Mercedes – das war für ihn das Letzte. Er ist einen großen Citroën gefahren.

Warum?
Der Vater war ein Snob – soweit man zu einem Bulgaren Snob sagen kann. Er hat seine Anzüge in Paris gekauft. Er war frankophil – und wollte sich auch absetzen.

Völlig unschwäbisch.
Völlig unschwäbisch! Die schwäbische Familie hat auf das Geld aufgepasst – und war trotzdem sehr großzügig. Und der Vater hat es rausgeworfen. Nach seinem Tod war nichts mehr übrig – obwohl er sehr, sehr gut verdient hatte. In den 60er-Jahren war er ja selbstständiger Arzt mit Klinikanbindung.

Das spricht für Ihren Vater!

Vieles spricht nicht für ihn!

Er konnte genießen und ohne schlechtes Gewissen Geld ausgeben!

Das unbedingt! Aber auch das wurde von den Schwaben in der Familie nicht inkriminierend aufgenommen. Im Gegenteil. Oft ist er nach der Arbeit in die Markthalle gegangen und hat riesig eingekauft. Die Großmutter war begeistert, weil er vom Einkaufen etwas verstanden hat. Diese tollen Spezereien, die er mitgebracht hat, haben sie gemeinsam ausgebreitet und sich darübergebeugt. Und dann haben sie überlegt, was sie daraus machen und wen sie einladen könnten. Ein sehr gastfreundliches Haus.

Sie vermitteln mir ein völlig neues Bild eines pietistischen Haushalts. Eigentlich heißt es in einem solchen Fall doch: »Des duat mer ned, des g'hört sich ned!«[4]

Meine Großmutter war anders: Sie liebte ihn. Sie hat sogar angefangen, bulgarisch für ihn zu kochen, sie wollte es ihm recht machen. Sie war auch neugierig. Beide hatten Interesse am guten Essen und daran, wie man es zubereitet. Oft haben die beiden in der Küche die Köpfe zusammengesteckt – diese Großmutter war halt ein zutiefst freundlicher Mensch, ganz herzlich!

Sie sind in einem schwäbisch-bulgarischen Haushalt aufgewachsen. Jetzt in der Eurokrise, die ja auch eine Europakrise ist: Was können die Schwaben von den Bulgaren lernen?

Von den Bulgaren? Um Gottes Willen – gar nichts! Eine abstruse Idee! *(Sie lacht.)*

Lebensfreude?

Na ja, die ist in Bulgarien sehr vergällt mit Korruption und der Unfähigkeit, zu wirtschaften.

Das schreiben Sie in »Apostoloff«.

Das, was ich da geschrieben habe, ist noch harmlos. Da könnte man noch mehr die »schwingende Faust« draufhalten.

---

4   »Das tut man nicht, das ziemt sich nicht!«

Griechen, Italiener und auch Spanier sagen uns Deutschen ständig, wir könnten von ihnen Lebensfreude lernen.

Das halte ich für Popanz. Über den privaten Bereich kann man selbstverständlich nicht reden, aber über die Wirtschaft: wer so eine Verwahrlosung und Korruption schafft! Kein Mensch kann mir erzählen, dass das vorbildhaft sein kann!

Ist das anarchisch?

Das ist nicht anarchisch, sondern auf bösartigste Weise gesellschaftszerstörend. Das Gleiche in Bulgarien: Dort gibt es die Superreichen, die ihr Zeug irgendwo auf der Welt verticken. Und der Rest schaut in die Röhre. Das ist doch entsetzlich! In Griechenland ganz genauso. Ich finde nicht, dass man das in irgendeiner Form schön reden sollte.

Sie sind in Ihren Büchern und auch in Ihren Äußerungen oft schonungslos gradlinig. Im Schwäbischen gibt es den Begriff »Schwärdgosch«[5] – ist das für eine Schwäbin eine Beleidigung oder eher ein Kompliment?

Das ist ein Kompliment! Ich selber bin eine Terrier-Natur – durch und durch. Liebenswürdig und brav im Privaten. Und kampflustig in der Öffentlichkeit. Wehe ein Feind kommt mir vor die Flinte!

Und gleichzeitig schreiben Sie einen feinen Humor. Im Gegensatz zum schwäbischen Humor – der ist eher brutal und direkt. Ist der Ihnen vertraut?

Ich habe mich in meiner Jugend gerne im Wirtshaus aufgehalten. Ich hatte immer, auch in meinen persönlichen Freundschaften, oft und gerne mit einfacheren Leuten zu tun. Ich habe mich nicht immer nur nach dem Höheren verzehrt. *(Sie lacht.)* Ich war schon als Kind neugierig auf verschiedene Lebensweisen, auf Leute, die anders lebten als wir. Insofern erschreckt mich das Derbe nicht. Aber es gibt auch sehr feine Formen des Humors von schwäbischen Dichtern.

Mörike?

Ja – zum Beispiel. Mörike ist ja ein sehr feiner Geist.

5 Schwäbisch für: scharfe Zunge

Aber der Volkshumor ist ja eher derb. Diese wunderbare Erklärung der Einstein'schen Relativitätstheorie – kennen Sie die?

Erzählen Sie!

»Wenn du dei Nas in mei Arsch nei stecksch, dann hoscht du a Nas im Arsch und i hann a Nas im Arsch. Aber i ben relativ besser dro!«[6]

Herr Kienzle!

Unheimlich derb. Und immer auch anal.

Das ist der Witz in Deutschland sowieso. Die Analsphäre ist in Deutschland die Witzsphäre. Das ist in anderen Ländern anders. Ich bin natürlich ein bisschen vorsichtiger aufgewachsen.

Behütet?

Bei uns waren derbe Sprüche verpönt. Auch religiös verpönt. Bestimmte Dinge durfte man nicht sagen.

Zum Beispiel?

Wenn ich als Kind »Arschloch« gesagt hätte, dann hätte ich, glaube ich, eine gefangen. Wir wurden nicht geschlagen – aber das hätte meine Großmutter sehr verstimmt.

Sie sprechen heute noch, ohne sich zu verstellen, mit einem deutlich schwäbischen Akzent.

Ich habe keinen Sinn darin gesehen, das zu ändern. Ich rede natürlich nicht mehr so wie in meiner Jugend in Stuttgart – aber für Berliner Ohren ist es klar schwäbischer Dialekt. Ich sah einfach keine Veranlassung, das zu ändern. Außerdem: Ein Schriftsteller lebt auch vom Dialekt. Nicht, dass man dialektal schreibt, aber die Dialekte sind ja wortschöpferisch viel blumenhafter entwickelt. Die haben sehr viel mehr im Gepäck als die Hochsprache.

Fällt Ihnen ein Beispiel ein?

Das sind nicht unbedingt bestimmte Redewendungen – es ist vielmehr so, dass mir Leute sagen, in meinen Texten kämen

---

6   »Wenn du deine Nase in mein Hinterteil steckst, dann hast du eine Nase im Hinterteil und ich habe eine Nase im Hinterteil. Aber ich bin relativ besser dran!«

bestimmte Formulierungen aus dem Schwäbischen. Ich kann das selber gar nicht bestimmen, weil es für mich das Natürliche ist.

Kann man sich im Dialekt präziser ausdrücken als auf Hochdeutsch?

Es gibt schlicht und ergreifend mehr Wörter. Die Dialekte sind gelenkiger. Ich hatte übrigens gerade eine ganz tolle Dialekterfahrung. Bezaubernd! Ich hatte ein Theaterstück geschrieben, worin ein Oberkellner, der im Jenseits bedient, die Hauptrolle spielt. Das kann nur ein Wiener sein, ist ja klar. Ich habe das aber auf Schwäbisch geschrieben, weil ich des Wienerischen nicht mächtig bin. Dann habe ich den Text einem Freund geschickt, der ihn ins Wienerische übersetzt hat.

Das hat funktioniert?

Ich bin vom Stuhl gefallen vor Lachen! Dieser Unterschied der Dialekte! Das Schwäbische ist ein Kleinbürgerdialekt – aus der Enge heraus in die Vielfalt. Das Wienerische entstand in einem Großreich, Habsburger Reich, ein Weltreich, das von ganz hoch oben sofort in die Kaschemme runter geht. Das kann der schwäbische Dialekt gar nicht.

Ist das Schwäbische provinziell?

Im Vergleich zum Wienerischen ja. Was nichts Abwertendes ist. Da sind natürlich auch interessante andere Entwicklungen eingeflossen im Schwäbischen.

Fluchen kann man natürlich auch wunderbar auf Schwäbisch.

Und man kann die Nuancen besser herausbringen. Die Hochsprache liefert die grammatischen Bindungen – das ist vollkommen klar. Aber der Dialekt darunter hat die Würze der Anschauung, wie bestimmte Dinge überhaupt gesehen werden – nicht unbedingt das einzelne Dialektwort, sondern die Art, wie es im Dialekt metaphorisch verpackt wird. Das ist auch dialektal jeweils ein bisschen verschieden.

Sehen Sie sich denn in der Tradition der schwäbischen Poeten?

Mein Hausheiliger ist Franz Kafka – und der ist ja nun wirklich woanders her. Ich habe den wichtigen Kranz der schwäbischen Dichter und Denker schon sehr früh gelesen. Und ich liebe Mörike. Aber so ganz identifiziere ich mich nicht damit. Für einen Autor spielt doch ein Autor, der im selben Jahrhundert gelebt hat, eine bedeutendere Rolle. Und im 20. Jahrhundert ist in Baden-Württemberg außer Hermann Lenz nicht viel da.

Die Schwaben hatten ja mal eine richtige Dichterrevolution, im 18. Jahrhundert – und plötzlich war es weitgehend weg. Woran liegt das?

Das gibt es in allen Regionen. Das gibt es übrigens auch in Ländern. Denken Sie an Italien. Die hatten in den 50er-Jahren Schriftsteller zum Küssen, zum Niederknien. Und heute würde ich sagen: tote Hose.

Es sind immer wieder Wellenbewegungen?

Es gibt eine zufällige Mischung in einer Generation, die dann befruchtend wirkt und andere mitzieht. Aber irgendwann ist das halt wieder vorbei. Das ist so.

Schreiben Sie für irgendeinen bestimmten Leser oder schreiben Sie für sich?

Ich schreibe natürlich für eine Art von Leser, der ich selber bin. Ich schreibe für Leute, die viel lesen, die in der Literatur wirklich zu Hause sind, einfach, weil ich selber so gestrickt bin. Ich habe beim Schreiben aber nicht den Gedanken an den Leser. Wenn das Buch dann fertig ist, überlege ich mir schon manchmal, ob das jemand versteht, der meine Winkelzüge oder Reflexionen nicht kennt.

In »Blumenberg« erscheint dem Protagonisten ein Löwe …

Weil Blumenberg, der Philosoph, sehr viel über den Löwen geschrieben hat und den Löwen liebte. Als großer Heiligenbegleiter hat sich der Löwe bewährt. Um einem bedeutenden Philosophen einen würdigen Begleiter oder ein Heim zu geben, da ist der Löwe natürlich das Größte, was man tun kann. Nicht irgendein Geselle oder ein Adlatus, sondern der Löwe.

Da ist man doch woanders, wenn man einen Löwen neben sich hat! Und von einem Löwen in eine andere Welt entrückt zu werden …

Glauben Sie an diese andere Welt?

Ja.

Glauben Sie, dass Sie da hinkommen?

Ich hoffe es. Ja. Das ist kein ausgedachtes Paradies, sondern eher ein bisschen konventioneller.

Sie waren ja schon mal im Himmel?

Ich war schon ein bisschen im Himmel.

Mit LSD?

(Sie lacht.) Mit LSD geht es sofort in die Gottesregion – ein bisschen LSD und schon bin ich da oben!

Sie haben bereits als 13-Jährige LSD konsumiert.

Ja. Ich habe dann aber die Finger davon gelassen. Das ist schon sehr stark.

Diese Halluzinationserlebnisse beschreiben Sie als sehr wichtig für Ihre schriftstellerische Arbeit.

Es ist für mich eine wichtige Lebenserfahrung, von der ich schriftstellerisch sehr profitiere. Wenn Sie das mehrmals in so einer Schärfe, wie ich es erlebt habe, praktiziert haben, welche Assoziationen durch das Hirn schießen können, was Sie fühlen, was Sie sehen, was Sie riechen, was für Assoziationsgewitter Sie durchherrschen, das können Sie später im Schreiben fruchtbar machen.

Ein Kind der Hippiezeit.

Ja, das war diese Zeit. Die Gefährlichkeit dieser Sache ist mir vollkommen klar. Hätte ich ein eigenes Kind gehabt, mir hätten sich die Haare gesträubt, wenn es mit zwölf oder 13 Jahren an LSD geraten wäre!

Hat Ihre Mutter das erfahren?

Meine Mutter hat nur gearbeitet, die hat das nicht mitbekommen. Die Gefährlichkeit ist mir klar, und dennoch war es für mich eine Erfahrung, von der ich bis heute zehre – ohne dass ich sie wiederholen wollte. Es reicht, wie es damals war.

Die Intellektuellen, gerade die Schriftsteller, spielen im öffentlichen Diskurs heute nicht mehr die Rolle, die sie zu anderen Zeiten hatten. Kaum macht Herr Grass den Mund auf, gibt es kleinere Erdbeben. Ansonsten ist es relativ still.

Das Gegenteil ist der Fall: Ich finde, die Schriftsteller plappern zu viel über Dinge, von denen sie nichts wissen. Ich könnte jeden Tag einen Artikel schreiben über irgendein Thema. Aber ich finde es töricht, sich ständig einzumischen.

Sie haben sich intensiv mit Philosophie auseinandergesetzt und mit grundlegenden ethischen Fragen. Eine Stimme aus dieser Ecke könnte den einen oder anderen Disput durchaus befruchten.

In ästhetischen Belangen, die das Ethische streifen, habe ich auch etwas zu sagen. Da bin durchaus politisch gestrickt. Aber ich werde zum Beispiel regelmäßig gefragt, was ich von den aktuellen ägyptischen Verhältnissen halte. Da halte ich doch die Klappe! Sie kennen sich da doch viel besser aus! Da haben manche Schriftsteller einen fürchterlichen Hochmut gegenüber den Journalisten, die das meistens sehr viel besser wissen.

»Teilnahmslos schaute die Vergangenheit auf die Gegenwart.« Mit diesem Satz beschreiben Sie in Ihrem Buch »Blumenberg« Kairo. Das hat mich sehr beeindruckt. Das ist eine der schönsten Beschreibungen von Kairo, die ich bislang gelesen habe. Sehr genau beobachtet. Waren Sie da?

Ja, öfters.

Diese Teilnahmslosigkeit der Ägypter, in der es keine Beziehung zu geben scheint zwischen ihrer Vergangenheit und der Gegenwart ...

Das fällt auch nur einem Fremden auf – weil diese Gegenwart natürlich so bestürzend ist. Und man denkt: »Die wuseln da herum als wäre da nichts.«

Für mich ist Kairo ja die faszinierendste Stadt, die ich kennengelernt habe.

Für mich auch. Mein damaliger Freund ist Schweizer und

spricht perfekt arabisch. Er hat für die Gesellschaft für Technische Zusammenarbeit gearbeitet. Deswegen war ich in den 1980ern öfter in Kairo und habe ihn besucht. Er war in der Regel nur mit Ägyptern zusammen.

Heute sind auch Fachleute über die Entwicklungen im Nahen Osten verwirrt.

Dann muss man als Schriftsteller ned au no dumm rumschwätza.[7] Weil wir zu wenig wissen und zu wenig Verbindung zu dem Thema haben. Es gibt einzelne Schriftsteller, die kennen sich da wirklich aus, wie mein doch sehr verehrter Herr Mosebach, der über viele Dinge schreibt, weil er die Welt auch wirklich bereist und sehr genau hinschaut. Der ist ein interessanter Korrespondent. Oder zum Beispiel Navid Kermani, der lange Artikel über Afghanistan, Usbekistan, über Indien geschrieben hat. Das ist große Klasse. Aber er setzt sich dem aus und er kennt das. Bei vielen, die da so rumplappern, denke ich: »Haltet die Klappe! Da habt ihr nichts zu sagen.«

Sie haben erzählt, dass Sie deshalb so eine flammende Schwäbin geworden sind, weil Sie sich angepasst haben. Heute verlangt man von Menschen mit einem multikulturellen Hintergrund, dass sie sich deutlich zu Deutschland bekennen. Der ehemalige Kultusminister Mayer-Vorfelder und andere fordern von Fußballnationalspielern das Singen der Nationalhymne vor Länderspielen. Beruhigt es Sie, dass von Poeten nicht verlangt wird, Nationalhymnen zu singen?

Ich würde wahrscheinlich mitsingen im Ernstfall. Ich spiele aber auch nicht Fußball. Ich finde den Herrn Löw sehr schön, aber das ist eher eine außerfußballerische Sicht. Und wenn Herr Mayer-Vorfelder sänge – das fände ich das Allerschlimmste.

7 Schwäbisch für: dumm daherreden

»Wenn du einen Schwaben mal zum Freund hast, dann hast du ihn für immer.«

Fredi Bobic

Fredi Bobic: Der Multikulti- Schwabe

Das Vereinsheim des VfB Stuttgart ist ein bescheidener Bau. In der Eingangshalle findet man, in winzigen Lettern versteckt, Hinweise, dass der Verein fünfmal Deutscher Fußballmeister und dreimal Pokalsieger war. Fast verschämt, fast so als würde man sich wegen der ehemaligen Erfolge genieren. Eine Nachbildung des »Potts« und die Meisterschale stehen in einer Vitrine. Diese Zurückhaltung hat sympathische Züge – wirkt aber im Bundesligazirkus fast exotisch. Schwäbische Bescheidenheit oder einfach Knausrigkeit? Das ist schwer auszumachen. Der VfB ist ein merkwürdiger Verein. Während andere Stuttgarter Marken wie Mercedes, Porsche und Bosch Weltruf genießen, wirkt der VfB provinziell. 1963 war er Gründungsmitglied der Bundesliga – und blieb behäbig traditionell. Während andere Vereine schon in den 60er-Jahren professionelle Strukturen aufbauten, setzte man in Stuttgart aufs Sparen und Bewahren.

Es ist irritierend: Gelten die Schwaben doch als Musterbeispiel für Beständigkeit – ihr Vorzeigeklub steht für das genaue Gegenteil. Seit Jahrzehnten geht es auf und ab, wie auf einer Achterbahn. Es gab Jahre, da wurde das »Magische Dreieck« begeistert gefeiert, in anderen dümpelte der Verein in der Abstiegszone. Mal machen die »Jungen Wilden« Furore, oft mosern die Fans über Standfußball. Im Herbst 2012 rastete deshalb der Trainer Bruno Labbadia aus und zitierte seinen hessischen Landsmann, den Dichter des »Götz von Berlichingen«: »Am Arsch geleckt!«

Seit 2010 ist Fredi Bobic Sportdirektor beim VfB. Kein einfacher Job. Wieder einmal muss ein Sparprogramm durchgezogen werden. Der junge Manager hat schon in der Jugend für den VfB gespielt. 1994 begann er hier seine erfolgreiche internationale Fußballerkarriere – Torschützenkönig, Pokalsieger, Europameister. Bobic ist im Stuttgarter Stadtteil Hallschlag aufgewachsen. Über 41 Prozent der Menschen dort sind Ausländer – und auch beim VfB stehen heute Spieler aus 15 Nationen auf dem Platz. Multikulti sei tot, hat Angela Merkel 2010 verkündet. Auf dem Fußballplatz gilt das offensichtlich nicht.

HERR BOBIC, im Reporterjargon sind die Stuttgarter einfach »die Schwaben«. Wenn ich mir den VfB aber angucke: Der Manager heißt Bobic, der Trainer heißt Labbadia, der Mittelstürmer Vedad Ibišević, der Abwehrchef Serdar Taşçi, ein Ivorer spielt mit, zwei Japaner und sogar Österreicher. Ist das noch ein schwäbischer Verein?
Natürlich – von den Tugenden her auf jeden Fall. Und Stuttgart ist natürlich längst auch multikulti – Serdar Taşçi zum Beispiel ist in Stuttgart geboren. Ich bin hier aufgewachsen. Der Schwabe heute ist anders als der vor 100 Jahren.

Dass Sie Schwabe sind – war das für Sie auch als Junge keine Frage?
Ich habe mir damals schon die Frage gestellt: Was bin ich? Bin ich Deutscher oder bin ich Jugoslawe?

Ihre Antwort?
Damals war ich Jugoslawe.

Welche Sprache haben Sie gesprochen?
Ich habe mit meinen Eltern deutsch geredet – und sie mit mir in ihrer Muttersprache.

Ihr Vater ist Slowene, Ihre Mutter Kroatin – sind diese beiden Sprachen so verwandt, dass man sich versteht?
Die sind schon sehr ähnlich. Und das Interessante war: So habe ich ihnen Deutsch beigebracht und sie mir ihre Sprachen.

Haben Sie mit ihnen damals deutsch oder schwäbisch geredet?

(Er lacht.) Eigentlich mehr schwäbisch, Sie haben recht. Wenn ich mich an mein erstes Interview erinnere, das ich mal dem Fernsehen gegeben habe! Das habe ich immer noch im Kopf. Das war in Degerloch oben, als ich noch bei den Kickers gespielt habe in der Zweiten Liga. Da rede ich so breit schwäbisch, dass ich mich heute selber kaputtlache darüber. Aber so habe ich früher geredet: breitestes Schwäbisch.

Deshalb haben die Fans Sie auch nicht als Ausländer wahrgenommen?

Sie wussten ja, woher ich komme, dass ich hier groß geworden bin und mich auch absolut mit der Stadt identifiziere.

Aber auf dem Bolzplatz waren Sie der Jugoslawe?

Auf dem Bolzplatz habe ich für die jugoslawische Nationalmannschaft gespielt. *(Er lacht.)* Ich bin auf dem Hallschlag oben aufgewachsen. Der Ausländeranteil war da hoch.

Stuttgart hat einen außergewöhnlich hohen Ausländeranteil.

Deshalb haben wir da auch Länderspiele gemacht auf den Bolzplätzen. Unter den Jungs war ich »der Jugo«, ein anderer war »der Italiener« und das war »der Deutsche« – das war ganz normal.

Multikulti – schon damals?

Natürlich.

Haben Sie da mal eins auf die Nase gekriegt?

Natürlich auch mal! Aber dadurch, dass ich immer gut Fußball spielen konnte, haben mich meine Jungs sehr gut beschützt. Weil ich immer die Tore gemacht habe.

Sie haben sich mit Klasse durchgesetzt?

Das war mein großer Vorteil.

Ihr Vater hat beim Daimler geschafft. Ihre Mutter war Putzfrau. Und Sie mussten gelegentlich aushelfen. Haben Sie sich als Junge geniert?

Nein! Weil das ganz normal war bei uns. Es war ein rigoroses Regiment im Endeffekt. Aber ich habe von meinen Eltern alles bekommen – sie haben mich überall rumgefahren, auf jeden Fußballplatz. Und ich habe sie so lange genervt, bis ich die

Fußballschuhe bekommen habe, die ich wollte. Das hat auch richtig viel Geld gekostet.

Und Sie mussten mithelfen, Geld zu verdienen?

Ja – aber ich bin so erzogen worden, dass es für uns Kinder ganz normal war mitzuhelfen. Das war halt so. Das war nichts Außergewöhnliches.

Waren Sie nicht enttäuscht, als Sie Schwäbisch konnten – und feststellen mussten: Das ist ja gar nicht Hochdeutsch?

(Er lacht.) Ich bin ja damals nicht über die schwäbische Landesgrenze rausgekommen. Ich kannte Berlin nicht, Hamburg nicht, Köln nicht – das alles war für mich ewig weit weg.

Aber Pula?

(Er lacht.) Ja, in den Ferien sind wir immer nach Jugoslawien gefahren. Mein erster Flug war dann nach Berlin, zum Pokalfinale mit den Kickers. 1988 – das Pokalendspiel gegen den HSV. Das war für mich ein Riesenabenteuer! Im Flugzeug zu sitzen und dahin zu fliegen!

Sie haben gezeigt, dass man durch Leistung aufsteigen kann. Sind Sie stolz darauf?

Ja – da bin ich stolz drauf. Und das sage ich auch den Jungen, die bei uns in der Jugend spielen. Wenn sie den Antrieb haben, die Geduld und den Willen – dann werden sie sich am Ende auch durchsetzen. Sie müssen nur dran glauben. So bin ich erzogen worden – ich habe nichts geschenkt bekommen, ich war kein Jugend-Nationalspieler, kein Auswahlspieler. Ich habe halt einen anderen Weg gewählt. Ich habe eine Lehre gemacht. Das war ganz wichtig, sonst hätte mir meine Mutter das Fußballspielen nie erlaubt.

Ziemlich schwäbisch!

Mein Vater hat eine typisch schwäbische Eigenschaft: Pünktlichkeit. Er hat es gehasst, wenn ich unpünktlich war.

Für einen Südländer eher untypisch?

Er ist Slowene, die gehören ja zu den Steirern.[1] Die haben

---

1   Die Steiermark ist ein österreichisches Bundesland und war bis zum Ende des Ersten Weltkriegs im Jahr 1918 ein Kronland der österreichisch-ungarischen Monarchie. Diese umfasste auch die heute zu Slowenien gehörende Untersteiermark.

schon eine andere Disziplin als die Kroaten. Meine Mutter sieht das ein bisschen lockerer. *(Er lacht.)* Mein Vater ist stringenter. Deshalb bin ich nie zu spät gekommen. Immer pünktlich – auch in der Schule. Das war für mich Disziplin.

Das ist Ihrer Meinung nach typisch schwäbisch?

Ja – dass man ordentlich ist. Dass man schafft – und redlich ist. Das sind die typischen schwäbischen Eigenschaften, die ich auch mag.

Und was ist an Ihnen schwäbisch?

(Er denkt nach.) Wenn man mich als Freund bekommt, dann bleibt das auch. Das sagt man vom Schwaben ja auch: Wenn du sie mal hast, dann hast du sie für immer.

Sind Sie ein richtiger Schwabe?

Auf jeden Fall. Jeder nimmt mich auch so wahr. Selbst als ich im Ausland unterwegs war: Jeder weiß, wo ich herkomme.

Wie haben Sie sich denn mit dem schwäbischen Essen zurechtgefunden? Sie waren doch sicher jugoslawisches Essen gewöhnt?

Linsen und Spätzle: Das ist mein Leibgericht. Wir haben so viele Nudeln gefuttert als Fußballer! Meine Schwester hat so oft Linsen und Spätzle gemacht – da habe ich immer gesagt: Ich bin schon mittags da! Meine Frau macht das übrigens auch fantastisch.

Ist Ihre Frau Schwäbin?

Sie ist auch neig'schmeckt. Sie ist in Düsseldorf geboren, aber mit sechs Jahren hierhergezogen. Sie ist Schwäbin – sie schabt die Spätzle selber. Wir haben in Berlin ja einen großen Bekanntenkreis. Die wollen alle immer bloß zum Essen kommen – mal 'nen richtigen Kartoffelsalat essen. Und gute Kässpätzle zum Beispiel. Da haben wir ein bisschen Esskultur reingebracht. *(Er lacht.)* Ich liebe das schwäbische Essen.

Die jugoslawischen waren ja die ersten »exotischen« Restaurants, die es in Stuttgart gab!

Balkanplatte, genau. Im »Opatija«. *(Er lacht.)* Die einheimischen Gerichte meiner Mutter, die unheimlich gut kocht – die esse ich schon auch sehr gerne.

Reden wir über Fußball. Sie haben gesagt, Sie sind nicht bereit, zehn Millionen für einen Spieler zu bezahlen – selbst wenn Sie könnten. Ist das schwäbische Knausrigkeit?

Als ich die Aussage getroffen habe, wusste ich, dass wir es eh nicht können in nächster Zeit. *(Beide lachen.)*

Der Jens Lehmann, der ja früher mal beim VfB gespielt hat, kritisiert den VfB als knausrig. Ist das unfair – oder hat er recht?

Er hat vor allem, glaub ich, kritisiert, dass wir die große Wirtschaftsregion …

… nicht nutzen?

Wir nutzen sie schon – nur sie will sich teilweise auch nicht nutzen lassen. Wenn man sich die großen schwäbischen Unternehmen mal anschaut, die es hier gibt. Weltmarktführer! Aber am Fußball haben viele kein großes Interesse.

Daimler, Porsche, Bosch. Das sind ja alles Weltmarken – und der VfB bleibt irgendwie provinziell.

Wenn man zum Beispiel Bosch sieht, was eine tolle Firma ist. Ein Riesenunternehmen – aber die haben ihre Stiftung. Darauf konzentrieren sie sich.

Und die Stiftung rückt nichts raus?

Die hat einen anderen Ansatz. Auch Würth: Dieses Unternehmen geht mehr in die Kultur. Was ja auch richtig wichtig ist – es müssen auch andere Sachen unterstützt werden. Jedes Unternehmen hat seine eigene Strategie. Das hat, glaube ich, weniger mit dem VfB zu tun – sondern einfach mit der Ausrichtung. Und manchmal auch mit dem Interesse des Vorstandsvorsitzenden.

Dabei könnte doch auch der VfB eine Weltmarke sein – wie Barcelona?

Wenn wir das Kapital dazu hätten. Wenn wir wüssten: Wir haben garantiert immer so viel zur Verfügung, dass wir auch mithalten können. Aber wir haben einen Personaletat – der umfasst grademal ein Drittel dessen, was Bayern München zur Verfügung steht. Der ist halb so hoch wie der von Wolfsburg …

Das Erste, was mir aufgefallen ist, als ich hier reinkam, war, dass im Foyer ganz bescheiden steht: VfB – fünfmal Deutscher Meister, dreimal Pokalsieger. Ganz klein.

Wir sind halt schwäbisch bescheiden.

Bei den Bayern würde das in Riesenlettern dranstehen.

Wir sind stolz sind auf das, was wir erreicht haben. Aber wir müssen es nicht groß herausprahlen.

Aber muss man im heutigen Fußball nicht auch Show machen?

Fußball ist auch Show. Fußball hat sich entwickelt, in den 90ern ging es mit der Show los. Das ist eine sehr aufregende Zeit gewesen für den Fußball – als diese öffentlich-rechtliche Dominanz durchbrochen wurde. Mit dem Privatfernsehen kamen neue Konzepte.

Ich erinnere mich noch an die 1950er-Jahre, als der Schlienz noch gespielt hat, ein Kriegsversehrter mit nur einem Arm. Wir sind damals mit dem Fahrrad von Neckarrems zum Spiel gefahren. Das waren noch Amateure, da ging's ums Spielen und nicht ums Geld. Und das ist die Frage, die heute so unentschieden ist: Ist Fußball noch ein Spiel oder ist es nur noch Show?

Am Ende ist es immer ein Spiel. Die Show wird drumherum gemacht.

Uli Hoeneß hat ja vieles aus Amerika importiert.

Beim Marketing sage ich: »Ja, richtig!« Was man sich mittlerweile alles kaufen kann, um sich mit seinem Verein identifizieren zu können! Sogar eine Badeente mit dem Vereinslogo drauf.

Das braucht der VfB hoffentlich nicht. Der wird doch nicht baden gehen!

Es gibt natürlich auch Dinge, die übertrieben sind ... *(Er lacht.)* Was sich verändert hat ist, dass die Vereine nicht mehr normale Vereine sind. Das sind auch Unternehmen geworden. Und deshalb, das sehen Sie vollkommen richtig, wird auch viel Show drumherum gemacht. Weil man es auch attraktiv machen muss – für den Fan, der in der Kurve steht, aber auch für den Businesskunden.

Wohin tendieren Sie?

Ich bin für einen gesunden Mix. In den 90ern hat oft noch eine Band gespielt – vor den Spielen. Da wurde meiner Meinung nach ein bisschen zu viel ums Spiel herum gemacht.

Insgesamt ist die Lautstärke in den Stadien gestiegen!

Das liegt auch an der Architektur – das sind ja keine Stadien mehr, wir reden ja heute von Arenen. Ich habe Mitte der 90er-Jahre ein Interview gegeben, das habe ich kürzlich mal wieder gelesen – ich habe damals davon gesprochen, dass ich mich wie ein Gladiator fühlte. Auch die haben ja in Arenen gekämpft.

... und sind darin gestorben. Auch der Fußball ist brutaler geworden – Selbstmord, Herzversagen, Spieler werden von Fans bedroht!

Der Fußball wird heute anders, oft leider sehr extrem, wahrgenommen – wichtiger als das normale Leben manchmal.

Für viele Fans ist er Lebensinhalt?

Absoluter Lebensinhalt. Und manchmal muss man sich überlegen: Haben wir denn keine anderen Werte – außer das nackte Ergebnis? Fußball wird aber trotzdem aus Spaß gespielt. Sie müssen eins sehen – und das war bei mir auch so: Als kleiner Junge willst du Fußballer werden! Du fängst auf dem Bolzplatz an. Dort träumst du von diesem großen Stadion – dort willst du spielen. Das fängt bei jedem Fußballer gleich an – bei Messi, Ronaldo, Beckenbauer, Hoeneß und wie sie alle heißen. Da hast du nicht den Antrieb des Geldes, sondern den Antrieb: Ich möchte Fußball spielen.

Und auch bekannt werden?

Das kommt dann dazu. Das ist auch ein Antrieb, das ist doch klar. Das ist doch bei Ihnen, den Journalisten, nicht anders. Sie schreiben doch nicht unbedingt für sich, sondern um gelesen zu werden! Das ist beim Fußball genauso. Du willst in den großen Stadien spielen vor vielen, vielen Leuten!

Kinder möchten spielen – aber heute werden oft schon Kinder verkauft!

Es gibt schon Spielerberater für 14-Jährige. Die Grenze geht nach unten.

Das ist doch Wahnsinn, oder?

Ich halte das auch nicht für gut. Wie Sie richtig feststellen: Es gibt Eltern, die setzen ihre Jungs unter Druck. Das ist oft kein bewusster Druck. Sie machen das unbewusst, weil sie in ihren Söhnen irgendetwas sehen, was sie selbst nicht haben erreichen können. Und es ist für die Jugendlichen in ihrer Pubertät natürlich schwer, das auch richtig zu filtern und zu kanalisieren. Neben der Schule trainieren sie sehr viel. Es ist nicht einfach für diese jungen Burschen. Und am Ende bleiben viele auf der Strecke – von denen redet dann keiner mehr.

Sie haben es geschafft, ganz nach oben zu kommen. Sie waren Nationalspieler. Was haben Sie empfunden, wenn die Nationalhymne ertönte?

Das war ein besonderes Gefühl. Ich weiß noch, beim ersten Mal haben wir in Budapest in Ungarn gespielt. Das war schon ergreifend. Du hast so einen langen Weg hinter dir …

Das Jugoslawische hat keine Rolle mehr gespielt?

Ich hatte zum ersten Mal ein komisches Gefühl, als ich gegen Kroatien bei der Europameisterschaft 1996 in England gespielt habe. Im Viertelfinale. Die Jungs von den Kroaten hab ich alle verstanden, ich kannte ja die meisten. Und dann lief erst die deutsche Hymne und dann die kroatische. Und irgendwie war das ein komisches Gefühl.

Der ehemalige Präsident Mayer-Vorfelder[2] hat ja das Singen der Nationalhymne sozusagen zur Pflicht erklärt …

---

2   Ehemaliger baden-württembergischer Kultus- und Finanzminister sowie Ex-VfB- und Ex-DFB-Präsident

Ich habe nicht gesungen.

Sie haben nicht gesungen?

Nein.

Konnten Sie oder wollten Sie nicht singen?

Ich kann die Hymne.

Aber Sie sind ein schlechter Sänger?

Erstens bin ich ein schlechter Sänger, zweitens habe ich das immer als aufdringlich empfunden, wenn die Mikrofone einen Meter von deiner Nase weg sind. Und drittens habe ich mich dagegen entschieden.

Spielt man besser, wenn man vorher gesungen hat?

Schauen Sie mal auf die WM 1990, den letzten deutschen Weltmeisterschaftstitel. Oder auf die Europameisterschaft 1996: Da haben die deutschen Mannschaften gewonnen, obwohl gar nicht so viele Spieler gesungen haben. Damals war das gar keine Diskussion. Jetzt müssen alle singen, weil die Italiener besonders brav gesungen haben[3] – deswegen haben sie gegen uns gewonnen, sagen die sogenannten Fußballfachleute. Ich bin dafür, es jedem Einzelnen zu überlassen, ob er öffentlich singen will.

Keine so gute Idee von Mayer-Vorfelder?

Heute haben wir Spieler mit Migrationshintergrund in der Mannschaft – und plötzlich wird's zum Thema. Ich weiß, was er damals damit bezwecken wollte – Nationalstolz et cetera …

Gibt es den noch bei so einer Mannschaft?

Sie können davon ausgehen, dass jeder glücklich ist, für Deutschland zu spielen. Weil Deutschland dir eine Chance gegeben hat und deine Heimat ist. Die Türkei hätte sich doch die Hacken wund gelaufen, wenn sie Mezut Özil bekommen hätte. Er hat sich aber für Deutschland entschieden. Alle spielen voller Stolz für Deutschland, weil sie sich sagen: »Hey, das ist meine Heimat hier.« Das war bei mir genauso – aber das Heimatland meiner Eltern werde ich deshalb nicht verleugnen.

---

3   Im Halbfinale der Fußball-Europameisterschaft 2012 verlor das deutsche Team gegen Italien. Während die italienischen Spieler beim Abspielen der Nationalhymne inbrünstig sangen, blieben viele deutsche Spieler bei der deutschen Hymne stumm.

Die Forderung kommt ja nicht nur von Mayer-Vorfelder, auch Ihr ehemaliger Nationalmannschaftskollege Kahn macht sich dafür stark. Er sieht die »deutschen Tugenden« verschwinden.

Ich kenne ihn noch, da hat er fast alles getan, um überhaupt mal spielen zu dürfen in der Nationalmannschaft. Aber in diesem Fall gebe ich ihm sogar recht: Die Tendenz, dass »deutsche Tugenden« abnehmen, ist erkennbar.

Gott sei Dank?

Wir haben viele Nationalspieler mit Migrationshintergrund in der A-Mannschaft. Und in den Jugendmannschaften sind noch viel mehr. Das ist genau das, was ich versucht habe, zu beschreiben: Es gibt die Tugenden, die man hier in Deutschland gelernt hat, die man auch absolut braucht, um hier klarzukommen, die man voll in sich drin hat. Und auf der anderen Seite ist dieses Südländische nicht zu verleugnen. Deswegen sieht unser Fußball heute besser aus. Auch deswegen ist er weltbekannt. Wir haben zwar noch keine Titel gewonnen bei den letzten Turnieren, aber wir haben die Menschen unheimlich begeistert. Weltweit. Der deutsche Fußball steht jetzt nicht mehr nur für grätschen, ackern, laufen, kämpfen ...

Nicht so verbissen wie Oliver Kahn?

Das ist ein richtig gutes Fußballspiel geworden. Technisch versiert. Und das hat viel mit den Jungs zu tun, die aus verschiedenen Ländern kommen, aber hier in Deutschland aufgewachsen sind. Die sind sicher manchmal hin und her gerissen in ihren Gefühlen – aber trotzdem sind sie stolz darauf, die Farben zu repräsentieren.

Sami Khedira hat sich zu einem Führungsspieler entwickelt. Können Sie sich vorstellen, dass ein Spieler mit Migrationshintergrund irgendwann auch Nationalmannschaftskapitän wird?

Das könnte so kommen. Er ist sicherlich einer dieser Spieler, die einen unheimlichen Führungsanspruch haben, die sich hochgearbeitet haben. Er ist ja auch in Stuttgart geboren – und beim VfB groß geworden. Sami Khedira ist heute ja ein total typischer schwäbischer Name! *(Beide lachen.)* Und er wird vielleicht irgendwann einmal die Nationalmannschaft anführen. Ich hoffe das, weil er ein fantastischer Fußballer und vor allem auch ein Mensch ist, der sich alles selbst erarbeitet hat.

Es heißt ja immer: Multikulti ist tot. Aber offensichtlich gibt es da einen Unterschied zwischen dem Fußball und der politischen Wirklichkeit?

Ich weiß nicht, wie man auf die Idee kommen kann, dass das tot sein soll! Schauen Sie doch mal auf unsere Straßen. Das prägt doch die Gesellschaft. Es ist doch normal, dass es viele verschiedene Kulturen gibt, die in einem Land leben. Und die leben friedlich miteinander. Das ist doch nicht nur im Fußball so! Was gibt es denn Schöneres?

Was haben Sie denn als ehemaliger Jugoslawe eingebracht?

In manchen Drucksituationen eine gewisse Lockerheit. Über Dinge auch mal zu lächeln, wenn die anderen sich einen Kopf machen! Dann heißt es: »Da grinst er wieder ...« Aber das Leben ist so. Auch in schwierigen Phasen musst du nach vorne schauen.

Ist das nicht ein Widerspruch zu den von Ihnen vorhin beschrieben deutschen Tugenden?

Wenn ich mich auf einen Punkt konzentrieren muss, brauche ich diese deutschen Tugenden. Aber um Dinge zu verarbeiten, da brauche ich das andere.

Es braucht die Mischung?

Da brauche ich genau das, was ich aus dem Balkan habe. Dass ich dann auch noch lächeln kann. Richtig, wenn andere das halbleere Glas sehen, sehe ich das halbvolle.

Haben Sie den Eindruck, dass die Schwaben auch was von dem ehemaligen »Jugo« annehmen?

Ich glaube schon, dass sie was annehmen können – wenn sie wollen. Aber das sind manchmal auch Riesensturköpfe, wenn es sein muss. Dann sind sie verbohrt. Das ist ja nicht nur im Fußball so. Über Stuttgart 21 können Sie ja hier mit fast keinem mehr normal reden. Da ist auf beiden Seiten die Meinung verfestigt.

Schwarz oder weiß?

Es gibt aber auch grau. Es gibt Pro und Contra. Bei allen Themen. Auch beim VfB Stuttgart. Alles nur schlecht zu sehen, wenn man mal ein Spiel verloren hat – und dann ist alles wieder gut, weil man ein Spiel gewonnen hat? Wir sollten auch Demut lernen. Gerade die Bundesliga beginnt jedes Wochenende offen – das ist ein super spannender Wettkampf.

Was kann man vom Fußball lernen?

Toleranz und Respekt vor anderen. Wie man miteinander umgehen kann. Gewiss auch Fairplay. Wenn man mal in eine Bundesliga-Kabine reingeht und sieht, wie viele verschiedene Nationalitäten da sind und wie die miteinander umgehen: Da wird fast nur deutsch geredet – weil es jeder versucht. Sicherlich wird mal mit Englisch ausgeholfen oder mit Französisch. Aber eigentlich ist das ein Traum! Das muss man ganz ehrlich sagen. Dass so was möglich ist! Was bei uns im Alltag vielleicht noch nicht so gesehen wird. Da wird »der Ausländer« vielleicht manchmal noch argwöhnisch betrachtet. Im Fußball ist das total normal und es macht unglaublich viel Spaß zu sehen, wie so was funktionieren kann.

Es gibt tatsächlich keine Schwierigkeiten in einer Mannschaft?

Man hat Respekt vor anderen Religionen oder Nationalitäten. Die Jungs gehen wirklich sehr gut miteinander um. Wenn man überlegt, dass wir hier 15 Nationen haben in unserer Mannschaft.

Es gibt mittlerweile schwule Politiker. Das hat man sich vor 15 Jahren nicht vorstellen können …

Wowi[4] hat es geschafft.

Aber der Fußball scheint das nicht zu akzeptieren. Ist das unter den Spielern anders?

Wir haben das Thema noch nicht gehabt. Aber es wird wahrscheinlich kommen – früher oder später.

Hatten Sie denn schon mal einen schwulen Mannschaftskollegen?

Zu meiner aktiven Zeit habe ich das nicht mitbekommen. So wie es ja viele Dinge gibt, die vor zehn, zwanzig Jahren undenkbar waren. Wir sind eine moderne Gesellschaft geworden. Wir akzeptieren heute viele Dinge. Dass das auch im Fußball kommen wird, da bin ich mir sicher. Ich hoffe und ich glaube aber auch, dass wir sehr vernünftig damit umgehen werden. Vielleicht wird es Irritationen am Anfang geben, auch bei den Fans. Aber ich hoffe: bei den Spielern eher weniger.

Fußball als Schule der Nation?

Es ist interessant, wo das alles hinführt. Es gibt so viele Veränderungen in unserer Gesellschaft …

Früher war die Armee die »Schule der Nation«. Heute der Fußball?

Keine schlechte Entwicklung, oder?

Es gab ja ein Riesenbuhai um Ex-Bundeskanzler Kohl, der eine Briefmarke bekommen hat.

(Er grinst.) Die habe ich natürlich schon lange.

Genau: Sie haben schon lange eine eigene Briefmarke. Auf den Färöer-Inseln. Was haben Sie denn da empfunden, als Sie plötzlich auf einer Briefmarke waren?

Ich musste schmunzeln, weil ich davon nichts wusste. Ich bekam einen Anruf von einem Journalisten, der sagte: »Du bist auf einer Briefmarke.« Sage ich: »Was für eine Briefmarke?« – »Auf den Färöer-Inseln.« – »Das ist ja wie die Blaue Mauritius!«, sagte ich. *(Beide lachen.)*

---

4   Der SPD-Politiker Klaus Wowereit ist seit 2011 Regierender Bürgermeister von Berlin. Er ist der erste deutsche Spitzenpolitiker, der sich offen zu seiner Homosexualität bekannte.

Sammeln Sie Briefmarken?

(Er lacht.) Nein, überhaupt nicht! Aber *die* habe ich schon zu Hause. Das ist klar. Und ich habe mich auch gefreut, dass die Färöer mir sie zugeschickt haben, mit einem netten Brief.

Wissen Sie, warum gerade Sie ausgewählt wurden?

Das war zum 100-jährigen FIFA-Jubiläum. Das hat viel mit Zufall zu tun. Ein gutes Foto von einem deutschen Nationalspieler, den ein Färöer versucht zu attackieren …

Der aber den Kürzeren zieht?

(Er lacht.) Zum Glück!

»… Tüfteln
ist nichts
anderes als
Bruddeln
im Mechani-
schen.«

Mathias Richling

Mathias Richling
Vom Bruddler
zum Wutbürger

Er ist kein Kabarettist, erst recht kein Comedian. Er ist Mathias Richling. Ein ganz spezieller Typ des Humorarbeiters. Seine Art, über Prominente, vor allem aber über die Sprachlosigkeit der Politiker, zu lästern, ist singulär. Er macht das nicht nur mit Sprachwitz wie die Kabarettisten. Richling setzt seinen Körper ein. Er parodiert und persifliert. Mal mosert er auf Hochdeutsch, mal schlüpft er in die Rolle des schwäbischen Bruddlers. Er will sich nicht festlegen lassen. Auf der Suche nach dem schwäbischen Wesen ist Richling eine wichtige Quelle – als Parodist, der aus Schwaben kommt.

Überraschend für mich: Er wünschte sich den Stuttgarter Bahnhof als Ort für unser Gespräch. Der ist für ihn schon zu einem historischen Platz geworden. Ich treffe ihn im Cafe »Bonatz«, hoch oben im Bahnhofsturm. Hier hat man einen schönen Überblick über das riesige Gleisgewirr, das verschwinden soll – eine große Versuchung für Bodenspekulanten. Er trägt einen grauen Anzug, ein dunkelgraues Hemd mit Pepitamuster und dazu eine schmale, schwarz gepunktete Krawatte. Modisch mutig lässt er das Hemd über die Hose hängen.

Bei allen wichtigen Satiresendungen war er dabei: im »Scheibenwischer«, im »Satire-Gipfel«. Jetzt hat er mit »Studio Richling« eine eigene Sendung im Dritten des SWR. Seine Parodien sind manchmal humoristische Gratwanderungen – im letzten Augenblick verhindert er den Absturz. Dann ist er grandios. Oder haargenau daneben. Richling ist ein schwieriger Schwabe. Hochpolitisch und unberechenbar. Er kommt schließlich aus dem Remstal. Von dort kommen auch die beiden einzigen Rebellen, die es im Schwäbischen in den letzten 500 Jahren gegeben hat: der »Geißpeter« aus Beutelsbach, der im Jahr 1514 den Bauernaufstand des »Armen Konrad« angeführt hat. Und Helmut Palmer, der Bürokratenschreck, der in den 1960er- und 70er-Jahren gegen Behördenwillkür rebellierte. Aber nicht nur Rebellen lebten hier – das Remstal war auch eine Hochburg des Pietismus. Mittlerweile hat sich unter den Pietisten herumgesprochen: Jesus kam nicht aus Endersbach. Aber Mathias Richling. Der hat die Szene jesasmäßig[1] aufgemischt mit seiner ganz eigenen Art des Humors. Übrigens: Jesus wird im Schwäbischen gern zur Steigerung verwendet. Schwäbische Grammatik.

HERR RICHLING, wir haben gemeinsame Wurzeln. Beide haben wir bei der SDR-»Abendschau«[2] angefangen.
Die »Abendschau« war wichtig für meine Karriere. Ich habe dort eine ganz neue Auffassung von meinem Beruf entwickelt. Die »Abendschau« wollte von mir einen 14-tägigen Beitrag haben, drei Minuten »Richling«. So ein Format kann man über einen längeren Zeitraum nicht mit Themen wie Essen, Schlafen und Spazierengehen füllen. Also entstand der Wunsch, diese Dreiminüter mit aktuellen Themen zu bestücken. Und das war das erste Mal, dass ich mich mit politischen oder gesellschaftlichen Themen kontinuierlich auseinandersetzte. Und es war auch das erste Mal, dass ich dies sozusagen im Auftrag getan habe.
Ihre Geburtsstunde als politischer Kabarettist?
Das kann man so sagen. Früher waren die Texte, die ich Strauß oder Kohl in den Mund legte, nicht direkt auf konkrete Umstände bezogen. Mein »Strauß« hätte auch von Valentin sein können. Und Kohl habe ich das Buch der Heinzelmännchen anpreisen lassen. Weil ich ihn selbst als solches sah. Aber dennoch waren auch diese Nummern eher literarisches Kabarett. Damals war immer meine Sorge: Wenn denen was passiert

---

1   Schwäbisch für: sehr

2   TV-Magazin-Sendung im Vorabendprogramm des Süddeutschen Rundfunks Stuttgart (heute SWR), die Ulrich Kienzle von 1968 bis 1972 leitete

oder sie aus der Politik verschwinden, dann kann ich den Text wegschmeißen. Durch die Hinwendung zum Aktuellen hat sich das dann aber noch potenziert: Manchmal musste ich meine Programme innerhalb eines Tages zur Hälfte entsorgen – weil die Aktualität den deutschen Bürger schon wieder eingeholt hatte. Da waren die Beiträge für die »Abendschau« ein hervorragendes Training. Denn ich habe ja in diesem Rahmen allein mindestens 250 Sendungen gemacht in knapp zehn Jahren.

Eins meiner schönsten Programme für den »Bruddler«,[3] den ich für die »Abendschau« entwickelt hatte und der ja der Vorgänger Ihrer Figur war, ist an einem heißen Sommertag entstanden. Wir saßen in der Redaktion zusammen, es ist uns überhaupt nichts eingefallen. Da sagte irgendwann einer: »Leut', Leut', Leut'!« Das war die Lösung! Wir haben den Bruddler dann eineinhalb Minuten lang nur diese drei Worte sagen lassen: »Leut', Leut', Leut'!« Das war eine der erfolgreichsten, schönsten Nummern. Es war sensationell. Die Leute haben sich halb totgelacht. Und es passte in die Stimmung dieses heißen Sommertages. Wenn man aktuell sein muss, wird man auch kreativ.

Na klar. Das Gehirn ist auch vor allem ein Muskel, der täglich trainiert werden muss. Die kreativste Zeit für mich war 1989/1990. In dieser Wendezeit habe ich die Programme manchmal im Halbstundentakt komplett umschreiben müssen. Die Ereignisse haben sich überstürzt.

Sie haben Ihre Karriere als »Fernsehschwabe« begonnen.

Die Karriere in der politisch aktuellen Satire, ja. Aber angefangen hatte ich ja schon einige Jahre vorher. Als die »Abendschau« bei mir anklopfte, hatte ich bereits mein fünftes Soloprogramm geschrieben. Dieser »Fernsehschwabe« für die »Abendschau« aber, da haben Sie recht, war ein weiterer

---

3   90 Sekunden lang räsonierte der Stuttgarter Schauspieler Werner Veidt als »Bruddler« einmal wöchentlich über gesellschaftlich und politisch aktuelle Themen. Der »Bruddler« ist im Schwäbischen ein schimpfender Mensch, der seine Unzufriedenheit halblaut zu verstehen gibt.

Beginn. Ich habe übrigens dieser Figur absichtlich keinen Namen gegeben, damit es mir nicht ergeht wie anderen mit ihren Kunstfiguren. Jürgen von Manger wurde beispielsweise stets als »Tegtmeier« angesprochen. Ich wollte auch noch was anderes sein als eine Figur aus meinem Repertoire.

Außerdem beinhaltet diese Figur des »Fernsehschwaben« in sich sogar mehrere Figuren. Sie hat sich im Lauf der Jahre stark entwickelt. Am Anfang war sie noch ganz langsam. Fast lethargisch. Der Grundtenor war, nachzuweisen, dass das Fernsehen den dauerkonsumierenden Zuschauer reduziert und eindimensional macht. Je aktueller die Themen dann aber wurden, desto agiler wurde diese Figur auch.

Dazu gab es die Vorgabe, dass der Beitrag immer nur drei Minuten lang sein durfte. Und bevor ich kürzen sollte, redete ich lieber schneller. Am Schluss habe ich potenzielle fünf Minuten in die drei Minuten gepresst. Was ich allerdings bald wieder verlangsamen musste, da ich mich oft bei späterem Anhören selbst nicht mehr verstanden habe.

Sie haben also die Entwicklung des Schwaben vorweggenommen – vom langsamen »Bruddler« zum »Wutbürger«. Was ist denn passiert mit den Schwaben?

Nun, wenn Sie die Erweiterung des demokratischen Bewusstseins beim Schwaben, ausgehend von Stuttgart 21, ansprechen, so ist es tatsächlich so, dass wir uns – ich sage ganz bewusst: wieder einmal! – bewiesen haben als wach und widerstandsfähig und renitent, wenn man uns hinters Licht führen will. Was dem Schwaben nachgesagt wird als Biederkeit und Behäbigkeit ist etwas, was wir nur als Deckung benutzen, um andere in Sicherheit zu wiegen. Für Fremde mag hier Erstaunliches passieren. Für den Schwaben ist es eigentlich normal. Wir haben nur zu lange Geduld praktiziert.

Eine revolutionäre Situation?

Ganz gewiss. Aber die gab es im Ländle schon oft. Denken Sie an Schiller, denken Sie an … ach, denken Sie einfach an die Schwaben.

Aber es hat nie gelangt zur Revolution.
Wenn Sie die umstürzlerische, radikale Revolution meinen,
vielleicht nicht. Wir sind eher für die schleichende, die lang
angelegte Veränderung – und die funktioniert dann auch.

**Hat sich der Schwabe am Stuttgarter Sackbahnhof neu
erfunden – oder war dieses Rebellische schon immer Teil
von ihm?**
Wenn wir in zehn Jahren zurückblicken, dann wird diese Zeit
2010/11 als Umbruchzeit gelten für das, was an Veränderung
gerade passiert ist in unserer Gesellschaft. Es verändert sich
ein Bewusstsein für demokratische Beteiligung. Und es entsteht ein viel intensiverer Wille, Politik mitzugestalten oder
zumindest gehört zu werden von denen, denen der Wähler die
Gestaltung anvertraut hat. Natürlich hat das zu tun mit den
neuen Möglichkeiten der Information und den neuen Möglichkeiten der Mitteilung durch das Internet. Es ist eine Zeit
des Wunsches nach mehr oder auch nach anderer Demokratie.
Und es ist damit eine Zeit ähnlich wie die von 1989. Vom
Osten her schwappte zu uns ein unglaublicher Wille nach
Demokratie und Bürgerbeteiligung. Damals gab es nur einen
Unterschied: Die Ossis wollten Freiheit und wir haben sie
vollgestopft mit Videorekordern und Gebrauchtwagen. Damit waren sie schnell befriedigt und haben denen, die die
Wende erstritten haben, wie Bärbel Bohley zum Beispiel, bei
der ersten gemeinsamen Bundestagswahl nur ein paar Prozent
gegeben.
So leicht funktioniert das heute nicht mehr. Wir sind alle ziemlich satt und können uns nachhaltiger an ideellen Werten
festhalten.

Ist auch für Kabarettisten Stuttgart 21 noch ein Thema?
Für mich ist es ein Thema, weil es mich zutiefst umtreibt, wie
mit falschen Angaben, Tricksereien und Umgehung von
Gesetzen und Normen, auch EU-Normen, der gesunde Menschenverstand zerstückelt, gemixt und unkenntlich gemacht
wurde. Wahrscheinlich können nur noch Katastrophen den
Bahnhof stoppen – wenn eine Wasserquelle aufsprudelt zum

Beispiel und ganz Stuttgart als großes Pissoir oder als Spaßbad endet. Die politischen Möglichkeiten sind ausgeschöpft.

Aber Sie sagen doch: Es geht eigentlich gar nicht um den Bahnhof.

Der Bahnhof ist das auslösende Moment. Es geht um unser Demokratieverständnis und das der Regierenden. Wir fragen uns doch auf internationaler Ebene, wie es sein kann, dass Griechenland sich den Weg in den Euro erschlichen und erlogen hat und es trotzdem nicht rausgeschmissen wird? Ich weiß: Die Lissabonner Verträge sehen Ausschluss oder Strafen wegen vorsätzlich falscher Angaben nicht vor. Aber vielleicht ist das mit ein Grund, warum Europa vielen immer unverständlicher vorkommt.

Die Griechen waren doch pfiffig!

Pfiffig? Auf dieselbe Weise hat sich die Bahn Stuttgart 21 erschlichen. Mit falschen und unrichtigen Angaben, mit Weglassungen – ob es jetzt die Signalanlagen oder die elektrischen Leitungen im Tunnel sind oder ob die Bahnsteige eine Steigung vom ersten bis zum letzten Wagen haben, die zwei Stockwerken entspricht, also über sechs Meter, sodass Rollstuhlfahrer und Kinderwägen[4] dann die Bahnsteige nur so runterrattern.

Aber es gibt noch etwas Weiteres, was zerstört wurde mit diesem Mammutprojekt. Nicht nur das Vertrauen in die Politik. Ich kenne Familien, die sich 30 Jahre lang jede Woche zum Essen verabredet haben. Jetzt sprechen sie nicht mehr miteinander. Und das ist sehr unschwäbisch. Herr Kretschmann bemüht sich darum, das wieder zu kitten. Er beruft sich vernünftigerweise auf den demokratischen Beschluss mit der Volksbefragung zu Stuttgart 21 vom November 2011. Und Demokratie heiße eben nicht, dass man Lügen nachweist, sondern dass man Kompromisse findet. Das ist eine sehr philosophische und ethische Grundsatzhaltung, die jedem gesunden Menschenverstand zu widersprechen scheint – aber mit seiner

---

4   Schwäbischer bzw. süddeutscher Plural: der Wagen – die Wägen

neuen Art, die Menschen an die Hand zu nehmen, könnte es Kretschmann gelingen, sie zu überzeugen.

Der schwäbische Bruddler ist ja ein Individualist, der kein Publikum braucht. Plötzlich aber tauchten hier Zehntausende von Schwaben auf – was ist da in den Köpfen passiert?

Es ist gewiss ein merkwürdiges Phänomen. Sogenannte Konservative, Unternehmer, die ihr Geschäft auf der Königstraße haben, die ihr Leben lang CDU gewählt hatten, sind plötzlich aufgestanden. Aber der Schwabe ist eben auch international. Auch er ist nur Teil unserer neuen Informationsgemeinschaft. Sie erleben das an vielen anderen Beispielen. Früher war es möglich, Dinge zu vertuschen oder einfach wegzukehren. Das ist heute undenkbar. Stellen Sie sich die Wulff-Affäre vor 15 Jahren vor: Nach zwei Wochen hätte keiner mehr danach gefragt. Danach wäre Herr Wulff vermutlich sogar noch mal wiedergewählt worden. Das ist heute nicht mehr möglich.

Ist der Schwabe ein Auslaufmodell?

Also bitte! Der Schwabe wird im Gegenteil immer internationaler. Wir sind zwar immer schon international gewesen – »Made in Germany« ist ja vor allem »Made in Schwaben«. Diese deutsche Zuverlässigkeit ist doch hier in Schwaben noch potenziert worden – von Mercedes bis Bosch. Wir sind kein Auslaufmodell.

Das heißt, Sie halten das Modell, das Grün-Rot darstellt, für fortsetzbar?

Das Wahlergebnis spricht übrigens auch für eine große Cleverness des Schwaben, der sogar bis auf die Stelle hinter dem Komma unglaublich raffiniert und knitz[5] wählt. Den Grünen ein Prozent mehr zu geben als der SPD war von großer politischer Weitsicht!

Wobei Mappus als Ministerpräsident für Sie als Kabarettist doch reizvoller gewesen wäre.

---

5   Schwäbisch für: liebenswert gewitzt

Das würde bedeuten, dass man hofft, die Unseligen bleiben lange am politischen Ruder, nur damit man als Kabarettist etwas zu mäkeln hat. Das wäre ja dann wirklich l'art pour l'art. Das kann Satire nicht sein. Satire und Kabarett zielen auf Veränderung. Und dass Mappus geht, dafür haben auch wir Kabarettisten immerhin gekämpft. Also wäre es natürlich nicht reizvoller, wenn er noch da wäre. Aber keine Sorge: Auch Herr Kretschmann hat ja, wenn auch aus völlig gegensätzlichen Gründen, mittlerweile Kultstatus erreicht. Ich habe ihn von Anfang an in meinen Programmen. Und das ist für die Zuschauer ausgesprochen »reizvoll«.

Nach dem »Fernsehschwaben« wurde das Schwäbische immer weniger in Ihren Programmen. Ist Ihnen der Dialekt zu provinziell?

Erstens täuscht das und zweitens nein! In meinen Programmen gab und gibt es immer viele Figuren, auch schwäbische. Aber als »ich« habe ich auf der Bühne noch nie schwäbisch gesprochen.

Haben Sie ein Problem mit Schwäbisch?

Wieso das denn? Im Gegenteil: Ich häng's ja überall raus. Gerade eben auch in der aktuellen Zeit hänge ich es überall raus. Ich nutze das Schwäbische, aber durchaus auch andere Dialekte, darüber hinaus so viel wie möglich, weil ich in den Figuren sehr viel drastischer sein kann, als wenn ich es selbst sagen würde.

Kann man im Dialekt bösartiger sein?

Viel bösartiger. Wenn die Leute einen Text im Dialekt hören, können sie in schockierenden Momenten sich immer auf die nicht reale Figur rausreden, statt abzuschalten. Deshalb ist der Dialekt sehr hilfreich, um Dinge unter Umständen auch brutal und schonungslos auszudrücken. So wie die Wahrheiten eben oft brutal sind. Andererseits muss man im Dialekt sich aber auch viel drastischer ausdrücken – sonst wird es leicht als harmlos abgestempelt.

Sind Sie ein richtiger Schwabe?

Natürlich. Darüber hinaus: Was ist ein richtiger Schwabe? Wir wissen ja, dass die Deutschen, die nach Italien ziehen, noch

italienischer sind als die Italiener. Und umgekehrt gilt das
auch. Diejenigen, die einwandern, sind ja meistens die 100-
prozentigen Eingeborenen.

Weil sie überzeugt sind …

Oft mehr als die, die dort aufgewachsen sind. Natürlich bin ich
Schwabe! Aber meine Eltern waren keine Schwaben.

Wo kommt Ihre Familie her?

Meine Urgroßmutter kommt aus Frankreich, mein Großvater
kam aus Österreich, Tschechei damals. Meine Mutter kam
aus dem hannoverschen Raum, sie sprach also das perfekte
Hochdeutsch. Mein Vater ist aufgewachsen in Frankfurt. Und
so weiter.

Wo haben Sie Schwäbisch gelernt?

Von schwäbischen Nachbarskindern. Meine Eltern sprachen
es ja nicht. Dazu kam, dass ich auf die Merz-Schule gegangen
bin, ein privates Gymnasium hier in Stuttgart. Da wurde
natürlich auch wenig schwäbisch gesprochen, weil dort
Schüler aus der ganzen Bundesrepublik und teilweise aus
dem Ausland waren.

Das heißt, Schwäbisch war für Sie die erste Fremdsprache?

Ich habe mit fünf Jahren so schwäbisch gesprochen, dass meine
Mutter mich nicht verstanden hat. Danach bin ich zweisprachig aufgewachsen.

**Also Ihr Ehrgeiz war es nie, ein Vorzeigeschwabe zu werden
wie der Willy Reichert.**

Nein. Auch, weil ich das für mich für problematisch hielt. Je
mehr die Leute ein festes Bild von einem haben, und wenn
es das des Vorzeigeschwaben ist, desto schwieriger ist es, aus
diesem Bild wieder rauszukommen.

**Viele Witzbolde haben das schwäbische Image über Jahr-
zehnte mit ihren »Kehrwochen-Witzen« geprägt.**

Es gibt bestimmte Bilder, die man nicht los wird im Leben –
und so wird man auch diese Kehrwoche nicht los. Auch da
haben sich die Schwaben längst verändert und sind internationaler geworden.

Es waren und sind vor allem Schwaben, die diese blöden Witze verbreiten.

Ich fühle mich nicht berührt durch diese Witze. Außerdem gibt es einen natürlichen Urwitzmechanismus, in dem vieles einfach ausgetauscht wird. Wir wissen, dass die meisten Ostfriesen-Witze auch als Österreicher-Witze funktionieren. Und als Witze über die Schwaben kennt man sie dann auch irgendwann.

Auch viele jüdische Witze.

Was den jüdischen Witz angeht, da muss ich sagen: Diese Hintergründigkeit, diese unglaubliche philosophische Genialität eines jüdischen Witzes, mit kurzen Sätzen oder manchmal mit einem Wort etwas zu präzisieren – da hat sich der Schwabe sehr viel abgeschaut.

Es gibt ja den wunderbaren Witz über den Pietisten, den kennen Sie wahrscheinlich ja auch?

Erzählen Sie!

Ein Pietist liegt auf dem Sterbebett und ruft im letzten Augenblick nach einem katholischen Pfarrer. Die Familie ist verzweifelt: »Um Gottes Willa, worom denn dees?«[6] Seine Antwort: »Besser, 's stirbt oiner von dene als oiner von ons!«[7]

Das ist ein jüdischer Witz!

Genau – das ist ursprünglich ein jüdischer Witz.

Wie jüdisch sind wir eigentlich, muss man da fragen?! Als ich klein war, zogen wir irgendwann mal um und die schwäbische Vermieterin schenkte mir eine Schachtel voller Silberpapierchen – zum Spielen. Die hatte sie schön glatt gestrichen. Und ich fragte: »War da Schokolade drin?« Worauf sie erstaunt ausrief: »Ja, wie der Junge das weiß! Ja, da war Schokolade drin!« Das waren sogenannte Katzenzungen. Die hatte sie vorher rausgefressen. Und mir gab sie das Verpackungsmaterial – zum Spielen. Jetzt verstehen Sie, warum ich Kabarettist werden musste.

---

6 »Um Gottes Willen, warum denn das?«

7 »Besser, es stirbt einer von denen als einer von uns!«

Ist das schwäbisch?

Das ist schwäbisch!

Es gibt ja diesen schönen Witz: »Des isch äbes args, was i Wurscht fresse muss bis meine fünf Kender von der Haut satt werdet!«[8]

Genau das ist es! Sehr hintergründig. Es ist eben immer so eine Doppelheit in uns.

»So isch no au wieder!«[9] **Sie meinen diese Haltung?**

Auf der einen Seite gelten wir als sehr bieder und sehr langsam – und trotzdem bauen wir die schnellsten Autos in Deutschland. Warum ist der Schwabe so? Weil er das, was er am Stammtisch tut, nämlich bruddeln, eben auch im Erfinden macht. Tüfteln ist nichts anderes als Bruddeln im Mechanischen.

Ned schlecht![10]

»Mei Alde!«[11] Das sind Koseworte im Schwäbischen. »Du alds Arschloch!« Das ist kein Schimpfwort. Man beleidigt nicht. Und man ist auch nicht beleidigt. »Wo kommsch denn du alds Arschloch her?« Das ist sehr freundlich gemeint. Denn es bedeutet, dass der Schwabe eigentlich immer in der Lage ist, das Menschliche zu sehen. Jeder weiß ja von sich, dass er selbst auch mal ein Arschloch sein kann, irgendwann im Leben. Dann darf es der andere ebenso sein. Und dann kann man ihn auch so nennen. Der Schwabe weiß: Wir sind alle fehlbar.

---

8   »Schon schlimm, was ich an Wurst essen muss, bis meine fünf Kinder von der Haut satt werden!«

9   »Alles hat zwei Seiten!«

10   Schwäbisch für: Nicht schlecht. Im Schwäbischen ein ausgesprochen großzügiges Kompliment

11   Schwäbisch für: meine Frau

»Die Österreicher
sind genauso
Deutsche wie die
Schwaben.«

Heiner Geißler

Heiner Geißler
Vom »Hetzer«
zum Schlichter

THE SQUAIRE hat eine eigene Postleitzahl. Der 660 m lange Gigant, an manchen Stellen bis zu 65 m hoch, ist der futuristische Teil des Frankfurter Flughafens. Direkt über dem ICE-Bahnhof. Mit Hotels, Restaurants und Konferenzzentren. Hier treffe ich ihn – denn auch als mittlerweile 82-Jähriger ist er noch ständig auf Achse: Heinrichjosef Georg Geißler, genannt Heiner. Als CDU-Generalsekretär war er für mich ein ziemlicher Kotzbrocken. Mit Totschlagargumenten versuchte er damals, seine politischen Gegner niederzumachen. Die Nationalsozialisten seien auch Sozialisten gewesen, lästerte er einst – mit einem Seitenblick auf die Sozis. Erst mit dem gescheiterten »Putsch« gegen Helmut Kohl 1989 begann seine wundersame Wandlung. Aus Saulus wurde langsam Paulus. Eine mediale Meisterleistung. Es ist ihm gelungen, das Image des Brachialpolemikers abzustreifen und als kritischer, nachdenklicher Mann zu erscheinen.

Die Methode war raffiniert: Er kritisierte immer häufiger Helmut Kohl und dessen Kurs in der CDU – ohne aus der Partei auszutreten. Das sicherte ihm prominente Schlagzeilen, Geißler blieb im Gespräch. Und während er sich an Kohl und seiner Partei abarbeitete, entstand das Image des Querdenkers und Schlitzohrs. Zu guter Letzt wurde er sogar Mitglied bei der globalisierungskritischen »Attac«. Heute ist er ein heftiger Kritiker des Kapitalismus, Lafontaine wirkt gelegentlich fast zahm verglichen mit ihm. So pflegt er sein Image als unabhängiger Geist – Voraussetzung, um als Schlichter gerufen zu werden. Zuletzt bei Stuttgart 21.

Heiner Geißler besetzt seither die Rolle des weisen alten Mannes. Er schreibt Buch um Buch. In seinem letzten, »Sapere aude!«, wurde der Jesuitenzögling sogar noch zum späten Aufklärer. Er ist angekommen. Montagvormittag, 11 Uhr. Aus Berlin.

HERR GEISSLER, Sie waren schon fast alles: Richter, Bundestagsabgeordneter, Minister, CDU-Generalsekretär, Buchautor, Bergsteiger, Gleitschirmflieger, Querdenker, Schlichter und Dauergast in Talkshows. Als Ort für unser Gespräch haben Sie den Frankfurter Flughafen vorgeschlagen. Und Sie müssen gleich weiter. Sie sind ein Rastloser. Wann leben Sie eigentlich?

Leben? Immer! Dauernd! Ich bin jetzt 82 Jahre alt. Natürlich denkt man da schon mal drüber nach, wenn im Frühling der Kirschbaum blüht: »Wie oft siehst du das noch?« Das sind schon Überlegungen, die ich anstelle. Und wenn man dann sagt: »Das sieht man höchstens noch viermal oder fünfmal«, dann ist das ja trostlos! Deswegen habe ich gedacht: »Das musst du selber in die Hand nehmen. Es hängt von dir ab, ob du das noch fünfmal siehst oder fünfzehnmal.« Und deswegen habe ich mit mir einen Pakt geschlossen. Einen »Pakt Eins Null Zwo«. Keine »Agenda 2010«, sondern 102. Das heißt: Ich habe beschlossen, mein Herz, meine Nieren, meine Leber und mein Hirn als meine Freunde zu betrachten, die ich weder durch Alkohol noch durch Faulheit zerstöre. Und da ich überhaupt keinen Anlass bei mir finde, warum ich in nächster Zeit sterben sollte, sage ich mir: »Das lasse ich jetzt nicht drauf ankommen.« Ich begnüge mich also nicht damit, nur noch mit dem Rasenmäher im Garten rumzufahren und Leberwurst zu essen und Wein zu trinken. Ich nehme mein Leben selber in die Hand. Und dazu gehört, dass man körperlich, seelisch und geistig fit bleibt. Das heißt, ich mach es wie Sie: Ich schreibe Bücher, halte Vorträge. Und außerdem treibe ich Sport. So lebe ich – und das finde ich gut so. Ich bin mit mir zufrieden.

Ihr vorletztes Buch hatte einen griechischen Titel. Das letzte war lateinisch – schwätzen Sie eigentlich noch schwäbisch?
Wenn ich in Württemberg bin, falle ich sofort ins Schwäbische.

Kennen Sie noch schwäbische Ausdrücke?
Ist ja klar! Das Schwäbische hat mir übrigens auch in der Politik geholfen, weil es einige Redensarten im Schwäbischen gibt, die man in der politischen Diskussion gut gebrauchen kann.

Zum Beispiel?
Es gibt schwäbische Sprichwörter, die kann man nur gegenüber Schwaben verwenden. Ich habe einmal zu einer Kollegin, die sich in einer politischen Auseinandersetzung furchtbar aufgeregt hat, gesagt: »Vorsicht! Kleine Häfele laufed bald über!«[1]

Das war fies! *(Er lacht.)*
Ich habe öfters schwäbische Sprichwörter in der politischen Auseinandersetzung verwendet, weil die sehr treffend sind. Aber letztendlich doch nicht verletzen.

Nicht verletzen? Schwäbisch kann doch auch sehr brutal sein!
Es wird aber durch den Dialekt abgemildert. Manchmal, da haben Sie schon recht, wird es durch den Dialekt aber auch verschärft. Was mich immer gestört hat: Die männlichen Schwaben haben eigentlich ein weitgehend gestörtes Verhältnis zum anderen Geschlecht. Die behandeln ihre Frauen manchmal – also das geht so nicht ...

Sie meinen Ausdrücke wie »mei Alde«?
Die Frau mutiert ja im allgemeinen Sprachgebrauch des Schwaben – am Ende ist die Ehefrau entweder »en Gassa-Engel«[2] oder »en Hausdeifel«.[3] Der Schwabe steht auf dem Standpunkt: »Vor der Hochzeit sagt man Mulle[4] und nach der Hochzeit sagt man Katz!« Dazu passt auch das Sprichwort: »Warum soll i a wüschts Weib heirate? A Schöne frisst au ned

---

1   Schwäbisch für: »Kleine Krüge quellen schnell über!«

2   Schwäbisch für: eine Frau, die in der Öffentlichkeit freundlich wirkt, zu Hause aber tyrannisch sein kann

3   Schwäbisch für: eine im ehelichen Bereich streitbare Frau

4   Liebevolles, schwäbisches Kosewort für Kätzchen

meh!«[5] Die Schwaben haben es immer ein bisschen mit der Ernährung.

Die Schwaben haben es auch mit dem Analen. In den »Gôgen-Witzen«[6] zum Beispiel.

Oh ja! »So. Dut m'r 's Arschloch schona?«[7], hat der Gôg g'sagt, als er dem Studenten begegnet ist, der sich auf der Neckarbrücke übergeben hat. *(Beide lachen herzhaft.)* Das ist kein Witz – das ist tatsächlich so passiert!

Also ich merke: Sie sind schon noch im Schwäbischen drin.

Das ist klar. Aber politisch gesehen war ich nie ein Württemberger! Ich bin Vorderösterreicher.

Sie sind in Oberndorf geboren. Oberndorf ist doch Württemberg!

Oberndorf war vorderösterreichisch! Und im Reichsdeputationshauptschluss …

1803 …

… ist das ganze Gebiet Vorderösterreichs, samt Klöstern und Reichsstädten, von Napoleon an die damaligen südwestdeutschen Fürsten verteilt worden. Der damalige Markgraf von Baden wurde Großherzog, der Herzog von Württemberg wurde König und der bayerische Herzog wurde auch König.

Und das bayerische Schwaben kam zu Bayern.

Das heißt also: Die wurden befördert durch Landraub! Anders kann man das nicht bezeichnen. Beförderung mithilfe der Besatzungsmacht. So ist das Königreich Württemberg entstanden. Deswegen habe ich mich davon immer distanziert.

Jetzt sind Sie plötzlich auf altbadischer Seite?

Ich bin gar nicht auf der altbadischen Seite – ich bin überzeugter Anhänger der Alpenrepublik! Und ich bin der Auffassung, dass die Österreicher genauso zu Deutschland gehören wie die Mecklenburger.

Au!!!

---

5   »Warum soll ich eine hässliche Frau heiraten? Eine Schöne isst auch nicht mehr!«

6   Tübinger Weinbauern, die früher in einer leidenschaftlichen Dauerfehde mit Studenten und Professoren standen

7   »So. Schont man den Verdauungstrakt?«

⌐

Aber das ist doch klar! Das kann man nicht bestreiten. Die Trennung gibt es doch erst seit Königgrätz.[8] Das war die dümmste Schlacht der Weltgeschichte! Die Österreicher hatten kein Zündnadelgewehr[9], sondern haben noch mit dem Vorderlader gekämpft. So ist das Kleindeutsche Reich[10] entstanden. Und der Krieg mit den Franzosen, und dieses jämmerliche »Kaiserreich von 46 Jahren«[11] – Kaiser Wilhelm ist im Grunde genommen doch eine Katastrophe für Deutschland gewesen. Österreich gehörte natürlich zu Deutschland! Mozart zum Beispiel war ein Deutscher und hat sich immer als solcher gefühlt und bezeichnet.

Zurück nach Oberndorf – das ist ja katholisch. Gibt es einen Unterschied zwischen katholischen und evangelischen Schwaben?

Scho a bissle.[12] Das können Sie an einer sehr wichtigen Art Folklore festmachen: Die evangelischen Schwaben haben keine Fasnet.[13]

Alles, was Spaß macht, wurde von den Pietisten verboten.

Dafür waren die Pietisten die Ersten, die CDU gewählt haben.

---

8   In der Schlacht bei Königgrätz trafen am 3. Juli 1866 die Truppen Preußens auf die Armeen Österreichs und Sachsens. Durch den Sieg in dieser kriegsentscheidenden Schlacht wurde Preußen Führungsmacht in Deutschland. Auf Seiten Österreichs standen u. a. die deutschen Mittelstaaten mit Bayern, Hannover, Sachsen, Württemberg, Baden.

9   Das Zündnadelgewehr konnte im Vergleich zu den bis dahin gebräuchlichen Vorderladern nicht nur wesentlich schneller, sondern auch im Liegen, also in Deckung, nachgeladen werden.

10 Ein in der Frankfurter Nationalversammlung von 1848 verabschiedetes Modell für die Vereinigung der Mitgliedstaaten des Deutschen Bundes unter Führung des Königs von Preußen und unter Ausschluss des Kaiserreiches Österreich. Es stand im Gegensatz zur Großdeutschen Lösung, welche den überwiegenden Teil des deutschen Sprachraums vorsah und die deutschsprachige Bevölkerung des Habsburgerreichs einschloss.

11 Deutsches Kaiserreich ist die Bezeichnung für das Deutsche Reich zwischen 1871 und 1918. Während dieses Zeitraums war der deutsche Nationalstaat eine bundesstaatlich organisierte, konstitutionelle Monarchie.

12 Schwäbisch für: schon ein wenig

13 Schwäbisch für: Karneval

Erhard Eppler hat in unserem Gespräch gesagt, dass damals die Pietisten nicht CDU gewählt haben, weil sie mit der CDU Adenauer assoziierten – und der war Katholik. Und deshalb wählten viele Gustav Heinemanns GVP. Weil der Protestant war.

Nicht überall. Als ich Abgeordneter war im Wahlkreis Reutlingen/Tübingen, in Immenhausen, haben die Pietisten immer CDU gewählt!

Eppler hat also nicht recht?

Doch. Erhard Eppler hat schon recht. Das hat sich aber schlagartig geändert, als der Erfinder der sozialen Marktwirtschaft, Ludwig Erhard, als württembergischer Abgeordneter 1965 zur Wahl als Bundeskanzler angetreten war. Diese Bundestagswahl hat die politische Landschaft in Baden-Württemberg vollkommen verändert. Vorher, da hat Eppler recht, war das nicht so eindeutig. Die CDU hat bis dahin eigentlich eher in katholischen Gebieten gewonnen. Als der Protestant Ludwig Erhard hier antrat, haben die Protestanten begonnen, auch CDU zu wählen. Mit der Bundestagswahl 1965, nachdem die CDU einen evangelischen Bundeskanzler hatte, sind die ganzen Wahlkreise gekippt – Böblingen, Nürtingen, Leonberg, Pforzheim, Heilbronn bis Ulm. Das war die Wende.

Heute ist der Westen erschrocken über den Einfluss, den die Religion im Nahen Osten auf die Politik hat – und man vergisst, dass auch bei uns vor 40, 50 Jahren nicht in erster Linie nach politischen Kriterien, sondern nach religiösen gewählt wurde. Gibt es denn außer der Fasnet noch andere Unterschiede zwischen den schwäbischen Katholiken und den Protestanten – war das bloß Folklore? Oder war auch die Lebenseinstellung anders?

(Er überlegt lange.) Also, ich glaube, dass die evangelischen Schwaben mit Moral und Gesetz strenger umgehen oder zumindest umgingen als die katholischen. Es gibt ja im Schwäbischen den Ausdruck »knitz«. Den gibt es sonst in der deutschen Sprache nicht. Und er ist auch sehr schwer zu übersetzen.

Das ist mehr als schlau.

Es ist ein bisschen überschlau. Das kommt zum Beispiel in der Redensart zum Ausdruck: »Ehrlich währt am längsten. Doch wer nicht stiehlt, der kommt zu nichts.« Auch das ist ein schwäbisches Sprichwort.

Das ist ein schwäbisches Sprichwort?

Das ist »knitz«. Und ich glaube, das kann eher ein katholischer Schwabe sagen als einer aus Calw. Insofern gibt's schon Unterschiede.

In Ihrem neuen Buch fordern Sie ja eine neue Aufklärung. Und nur wenige Kilometer von Oberndorf entfernt ist die Aufklärung bis heute nicht angekommen – in diesen pietistischen Dörfern. Das wäre ein interessantes Missionsgebiet für Sie!

Die Aufklärung hat da schon gewirkt. Die haben sich dort der Aufklärung nur nicht ganz geöffnet. Kant, der oberste Anführer der Aufklärer, war ja auch nicht katholisch. Und wenn man an die großen Schwaben denkt: Die waren alle evangelisch und gleichzeitig Aufklärer – Schiller, Hegel …

Aber die sind auch abgehauen.

Ja gut, die mussten gehen. Die wurden hier verfolgt – zumindest Schiller.

Auch Sie sind ein Schwabe – leben aber seit Jahrzehnten in der Pfalz.

Ich denke in meinem Leben ab und zu darüber nach, ob es damals richtig war zu gehen. Denn ich war ja Bundestagsabgeordneter in Reutlingen/Tübingen und hatte den Wahlkreis glanzvoll gewonnen damals.

Was lässt Sie zweifeln?

Wer weiß, was aus mir geworden wäre, wenn ich in Baden-Württemberg geblieben wäre. Ich war hier immerhin Landesvorsitzender der Jungen Union.

Waren Sie den Stuttgartern zu progressiv?

Damals war Filbinger[14] in Baden-Württemberg Ministerpräsident. Die Junge Union war damals in Rebellion gegen Adorno[15] und Filbinger. Damals kam ich in den Bundestag. Wir jungen Abgeordneten hatten dort nichts zu sagen. Ich war vorher Richter gewesen – aber der Gerstenmaier[16] hat uns behandelt wie kleine Kinder.

Gerstenmaier war sehr autoritär?

Das kann man sagen. Wir waren zu zweit in einem Zimmer und hatten ein gemeinsames Telefon. Hansjörg Häfele und ich. Die alten Schwaben haben uns behandelt wie den letzten Dreck als junge Abgeordnete. Da habe ich mir gedacht: »Das ist mir jetzt zu dumm!«

Und dann sind Sie in die Pfalz gegangen. War's da anders?

In der Pfalz haben sie mir einen Ministerposten angeboten. Der Gerd Weng[18] hat damals gesagt: »In der Partei möchte ich nicht sein, wo d' Lausbuba Minischter werdet!«

Die Schwaben sind Neuem gegenüber oft sehr skeptisch – und dennoch denken Sie noch heute manchmal darüber nach, ob es richtig war zu gehen?

Was mich beschäftigt hat, war eine ethische, eine Gewissensfrage. Ich hatte meinen Wahlkreis aufgegeben für ein Ministeramt. Das hat mich schon nachdenklich gemacht.

Das würde einen Politiker heute doch nicht mehr jucken?

Ich habe das Amt des Abgeordneten immer als Berufung angesehen. Und das sage ich jetzt ganz im ernst.

14 Hans Karl Filbinger war von 1966 bis 1978 Ministerpräsident Baden-Württembergs. 1978 wurden vier Todesurteile bekannt, die Filbinger, ehemals NSDAP-Mitglied, als Marinerichter 1943 und 1945 beantragt oder gefällt hatte. Am 7. August 1978 trat er als Ministerpräsident zurück.

15 Eduard Adorno war von 1961 bis 1972 für die CDU Mitglied des Deutschen Bundestages und von 1972 bis 1980 Minister für Bundesangelegenheiten des Landes Baden-Württemberg.

16 Eugen Karl Albrecht Gerstenmaier war von 1954 bis 1969 mit einer Amtszeit von über 14 Jahren der am längsten amtierende Bundestagspräsident.

17 Hansjörg Häfele war von 1965 bis 1990 Mitglied des Deutschen Bundestages und von 1982 bis 1989 Parlamentarischer Staatssekretär beim Bundesminister der Finanzen.

18 Gerd Weng, von 1964 bis 1988 CDU-Abgeordneter im Landtag von Baden-Württemberg, unter anderem kulturpolitischer Sprecher der CDU-Fraktion

Also kein Job?

Eine Berufung! Ein Mandat. Fast so, wie wenn einer Priester wird.

Aber sehr christlich ist Ihre Partei dennoch nicht.

Christliche Politik kann es nicht geben – dann wären wir ja Ajatollahs! Wir sind aber keine Ajatollahs. Wir haben ein Bild vom Menschen, das unterscheidet sich von einem liberalen Menschenbild. Oder auch von einem sozialistischen oder kapitalistischen Menschenbild.

Aber das verschwimmt doch heute alles!

Die Frage nach dem Humanum in der Politik, nach der Gerechtigkeit, nach der Solidarität – das verschwimmt nicht! Die CDU ist ja keine konservative Partei, und auch keine liberale Partei. Die CDU ist, außerhalb der alten Kategorien, eine Partei neuen Typs. Ich sage immer: »Wir sind christliche Demokraten.« Aber keine Konservativen! Gerhard Schröder hatte das schon kapiert. Er hatte die CDU im Bundestag immer mit »die Konservativen« angeredet. Er wollte uns auf das Niveau der Tories in England reduzieren. Das versuchen auch einige Verirrte bei uns in der CDU bis heute immer wieder. Aber das ist nicht die Gründungsperspektive der CDU!

Wer in der CDU versucht das zum Beispiel?

Das war zum Beispiel Friedrich Merz. Und es sind die Wirtschaftsliberalen wie der nicht mehr ganz ernst zu nehmende Josef Schlarmann.[19] Er vertritt mit Sicherheit nicht die Mehrheit der Mittelständler in Deutschland. Und es sind leider auch einige aus der Führungsgruppe der Jungen Union.

Sind denn heute die verschiedenen gesellschaftlichen Interessen in einer Volkspartei noch organisierbar?

Man muss nicht die Interessen organisieren, sondern auf einen Nenner bringen.

Und dennoch ist es schwierig, die Konservativen zu integrieren?

---

19 Josef Schlarmann ist seit November 2005 Bundesvorsitzender der CDU Mittelstands- und Wirtschaftsvereinigung. Er gehörte zum »Zukunftsteam« des damaligen Ministerpräsidentenkandidaten Christian Wulff für die Landtagswahl in Niedersachsen 2003.

Einige haben noch bestimmte Vorstellungen von der Ehe und von der Familie.

Sind diese Vorstellungen denn falsch?

Diese alte Rollenverteilung zwischen Mann und Frau funktioniert heute nicht mehr. Wir müssen die conditio humana[20] berücksichtigen – so wie sich die Dinge entwickelt haben.

Ist das politisch nicht opportunistisch?

Politik muss sich nach den Menschen richten. Die Politik muss den Menschen dienen. Und die wirtschaftliche Lage der Menschen sieht heute eben so aus, dass beide Eltern Geld verdienen müssen. Familien muss es aber trotzdem geben. Und deshalb muss die Gesellschaft dafür sorgen, dass das organisierbar ist. Ich habe als Sozialminister in Rheinland-Pfalz das erste Kindergartengesetz geschaffen – schon im Jahr 1970!

Ihr Image hat sich in den letzten Jahrzehnten ja dramatisch gewandelt. Heute sind Sie »Attac«-Mitglied.[21] In Ihrer Zeit als CDU-Generalsekretär hat Willy Brandt Sie noch als den »schlimmsten Hetzer« seit Goebbels bezeichnet.

Willy Brandt. Wenn es einen Himmel gibt – das weiß man ja nicht so genau – und er ist drin, dann muss er das tief bereuen.

Es ist doch unbestritten, dass Sie damals ein sehr schlechtes Image hatten. Wie haben Sie das weggekriegt?

Aber nicht bei der Mehrheit der Leute. Die Sozialdemokraten und Grünen lagen einfach inhaltlich falsch in den 1980er-Jahren. Egon Bahr zum Beispiel sagte, der Friede sei der oberste Grundwert. Aber der Friede ist überhaupt kein Grundwert. Der Friede ist ein politischer Zustand, der dann eintritt, wenn die wirklichen Grundwerte realisiert sind: Freiheit, Gleichheit, Brüderlichkeit. Wenn ein Land nicht frei ist, dann gibt es auch keinen Frieden. Sondern Kirchhofsfrieden. Die haben einfach falsch gedacht.

Sie meinen, die anderen haben sich verändert – nicht Sie?

---

20 Die Grundbedingung menschlicher Existenz

21 Eine globalisierungskritische Nichtregierungsorganisation

Ich habe mich in den Prinzipien, was Menschenrechte anbelangt, nicht verändert. Ich habe in der eigenen Partei den größten Krach gehabt wegen der Menschenrechtsverletzungen in Chile und in Südafrika. Zusammen mit Norbert Blüm bin ich dort hingefahren als Bundesminister. Strauß hat getobt. Damals habe ich gesagt: »Wir sind nicht auf einem Auge blind. Wir sind für die Menschenrechte in der Sowjetunion und in der DDR – aber genauso sind wir für die Menschenrechte in Lateinamerika.«

Nach Stuttgart wurden Sie im Bahnhofsstreit als Schlichter berufen. Waren Sie überrascht?

Ich hätte es zunächst mal nicht für möglich gehalten. Ich bin ja auch nicht von der CDU vorgeschlagen worden, sondern von den Grünen.

Nur haben die Grünen ein anderes Ergebnis erwartet. Sie schreiben in Ihrem Buch, Ihr Faktencheck habe dazu geführt, dass nach der Schlichtung 60 Prozent der Bevölkerung für den neuen Bahnhof waren. Vorher waren es nur 25 Prozent. Haben sich die Grünen da verrechnet?

Durch den Faktencheck wurden diese Denkblockaden aufgelöst. Alle kamen endlich an einen Tisch. Das war fast das Schwierigste. Es war alles verhärtet. Beide Seiten konnten gar nicht mehr richtig denken! Da ging es nur noch um Sieg oder Niederlage. Fast um Leben und Tod. Ich habe damals gesagt: »Ich mache es – aber alle Beteiligten müssen an einen Tisch und alle Fakten auf den Tisch. Und es muss totale Transparenz bestehen – in der Argumentation und in den Sachverständigengutachten, verbunden mit der Finanzierung der Projektgegner durch das Land Baden-Württemberg.« 500 000 Euro aus dem Landesetat wurden für das Aktionsbündnis[22] bereitgestellt! Außerdem war klar: Wenn ich das mache, herrscht während der Schlichtung Friedenspflicht, also: Baustopp – und

---

22 Zum »Aktionsbündnis gegen Stuttgart 21« gehören vor allem die Bürgerinitiative »Leben in Stuttgart«, der Bund für Umwelt und Naturschutz Deutschland (BUND) und der Kreisverband von Bündnis 90/Die Grünen.

Vergabestopp! Die CDU-Leute und die Bahn haben gedacht, eine Welt bricht zusammen.

Der Verkehr unter die Erde. Und der Mensch ans Licht – eigentlich eine geniale Idee?

Die Entstehung dieses Bahnhofs war in der Tat das Ergebnis einer genialen Idee. Gar keine Frage. Da sind in den 1990er-Jahren vier Leute im Hubschrauber über das Gleisvorfeld geflogen: der damalige Bundesverkehrsminister Tiefensee, der damalige Bahnchef Dürr, Ministerpräsident Erwin Teufel und der Stuttgarter OB Manfred Rommel. Die saßen alle im Hubschrauber und haben diese 100 Hektar gesehen – von Bad Cannstatt bis Stuttgart Mitte. Aber alles nur Gleise und Weichen. Eine Gleiswüste. Noch im Hubschrauber kam die geniale Idee: Wir drehen den Bahnhof um 90 Grad und legen ihn zehn Meter tiefer.

Also ging es gar nicht um den Bahnhof?

Doch schon, aber nicht nur. Sie ahnten schon, dass es teuer wird. Jetzt werden 54 Tunnelkilometer gebaut mit zwölf unterirdischen Verzweigungsbauwerken. Ziemlich teuer. Aber sie haben halt – Schwaben, die sie waren – gesagt: »Das macht uns nichts aus. Wir können alles! Außer Hochdeutsch.« Aber von da an wurde ziemlich viel falsch gemacht!

Warum waren die Politiker nicht in der Lage, den Leuten das Projekt zu vermitteln?

Das ist nur auf dem Hintergrund einer allgemeinen Entwicklung zu verstehen. Die Finanzkrise – die Leute hatten das Gefühl: Wir werden inzwischen von Interessen beherrscht, von denen wir gar nicht wissen, woher die gesteuert sind. Die Undurchschaubarkeit der politischen und ökonomischen Vorgänge – über das ganze letzte Jahrzehnt hat sich das hingezogen. In Stuttgart kulminierte das dann in diesem Bahnhofsvorschlag. Und hinzu kam die völlig falsche Informationspolitik. Die Leute fühlten sich verschaukelt.

Ausgerechnet der Schwabe als »Wutbürger« – das hat die Welt irritiert.

Das war dem Projekt adäquat! Die Stuttgarter haben gesagt: Bei uns in den Schulen fehlt Geld! Bei den Krankenhäusern fehlt Geld! Aber da wird das Geld rausgeschmissen – ohne, dass man vernünftig überlegt. Die lassen uns ja nicht mal über Alternativen diskutieren! Die Leute wurden abgebügelt. Das hat sie auf die Barrikaden gebracht.

Haben Sie diese Reaktion der Stuttgarter erwartet?

Mein zweitältester Sohn, er ist Chefarzt in Esslingen am Klinikum, hat mitgemacht. Auch seine Frau. Das Schwäbische an dieser ganzen Geschichte war doch: Sie waren radikal. Aber gleichzeitig waren sie in der Argumentation gegenüber der ganzen Bahnhofsbürokratie und den politischen Parteien ebenbürtig. Da waren intelligente Leute dabei von Ärzten bis zu Rechtsanwälten.

Aber das Ergebnis war: Es wird gebaut.

Nein, das war nicht das Ergebnis. Das Ergebnis ist: Es kann nur gebaut werden, wenn zwölf Bedingungen erfüllt werden. Und diese zwölf Bedingungen stammten alle vom Aktionsbündnis.

Sie haben Mappus den Wahlsieg doch auf dem Silbertablett serviert. Hat der es vermasselt?

Ich habe überhaupt nichts auf dem Silbertablett serviert. Ich habe ein Ergebnis zusammengefasst. Das hätte auch anders ausgehen können. Das ist die typische Geschichte bei Journalisten – sie können alles nur unter der Brille sehen: wer nützt wem. Aber so ist die Schlichtung nicht abgelaufen. Neun Tage lang, über neun Wochen, von morgens bis abends, in jeder Sekunde, wurde vor einem Millionenpublikum gezeigt, wie Demokratie funktioniert: Argument und Gegenargument. Da war nichts zu verheimlichen.

Sie sagen, sowohl dieser Protest als auch die Schlichtung waren typisch schwäbisch. Weil es überlegt war, weil es nicht chaotisch war. Es war im Prinzip eine ordentliche schwäbische Revolte. Was ist denn schwäbisch an Ihnen? Eigentlich sind Sie auch ein Bruddler, oder?

Bei mir ist das überhöht. *(Er lacht.)*

Was verbindet Sie heute noch mit dem Schwäbischen?

Die Schwäbische Alb, der Bodensee, der Neckar, die Landschaft, die Sprache. Aber ich habe das Grab meiner Eltern in Oberndorf nicht aufgegeben. Mein Bruder, der im Krieg gefallen ist, liegt dort.

Sie wollen dort auch beerdigt werden?

Ich glaube nicht. Ich bin auch Pfälzer. Ich wohne jetzt seit einem Vierteljahrhundert in Gleisweiler.

Würden Sie die Pfalz heute als Ihre Heimat bezeichnen?

Ja, eindeutig. Ich habe jetzt eine neue Heimat: die Pfalz. Das Neckartal auch. Südtirol gehört auch ein bisschen dazu. Wissen Sie, was das ist? *(Er zeigt auf ein Abzeichen an seinem Revers.)* Das ist das goldene Parteiabzeichen der Südtiroler Volkspartei. Ein Edelweiß. Ich bin wahrscheinlich der einzige Ausländer, der dieses goldene Parteiabzeichen hat. Für meine unermüdlichen Verdienste um die Freiheit der Südtiroler. *(Beide lachen.)*

Ich verstehe Heimat im historischen, europäischen Kontext. Verstehen Sie: Wenn ich bei mir zu Hause in der Pfalz zwischen Hainfeld, Gleisweiler und Edenkoben am Straßenrand stehe, dann sehe ich im Nordwesten das Hambacher Schloss, die Wiege der bürgerlichen Revolution. Im Nordosten sehe ich die Türme des Speyerer Doms, wo acht deutsche Kaiser begraben sind und zehn deutsche Könige mit Kaiserinnen und Königinnen. Und im Südwesten die Burg Trifels, in der Zeit der Staufer, die Schwaben waren, die Reichsfeste, wo die Reichskleinodien[23] aufbewahrt worden waren – die heute in der Schatzkammer der Wiener Hofburg liegen, weil sie da auch hingehören! Allein diese drei Monumente haben mit der deutschen Geschichte tausendmal mehr zu tun als das dümmste Monument, das in Deutschland herumsteht,

---

23 Die Reichskleinodien sind die Herrschaftsinsignien der Kaiser und Könige des Heiligen Römischen Reiches. Dazu gehören als wichtigstes Teil die Reichskrone, die Heilige Lanze und das Reichsschwert. Die Reichskleinodien sind der einzige fast vollständig erhaltene Kronschatz aus dem Mittelalter.

mitten in dieser Reichshauptstadt: die Siegessäule.[24] Da sind die Kanonenrohre eingelassen, mit denen die Preußen auf die Württemberger, auf die Badener, die Hessen, die Franzosen und die Österreicher geschossen haben. **Der Hitler hat sie ja für seinen städtebaulichen Wahn versetzen lassen.[25] Die könnte man gut wieder versetzen!** Man kann manchmal am Schicksal verzweifeln. Die Amerikaner und die Engländer haben in Berlin alles zerbombt. Aber die Siegessäule haben sie stehen lassen.

24 Anlass zur Erbauung einer Siegessäule war der Sieg Preußens im Deutsch-Dänischen Krieg 1864. Innerhalb weniger Jahre kamen zwei weitere siegreiche Kriege hinzu: 1866 der Krieg Preußens gegen Österreich sowie der Deutsch-Französische Krieg 1870/1871.

25 Adolf Hitler plante, Berlin zur »Welthauptstadt Germania« umzubauen. Die Planungen sahen ein Kreuz von zwei breiten Verkehrsachsen vor. Ein sieben Kilometer langes Teilstück der Ost-West-Achse wurde zu Hitlers Geburtstag 1939 fertiggestellt. Die Siegessäule wurde dafür vom Königsplatz vor dem Reichstag auf den Großen Stern versetzt, wo sie heute noch steht.

»Mit dem Dialekt
ist man näher
an der Seele dran.«

Herbert Knaup

Herbert Knaup
Der Schwabe als
Charmeur

Eine lange Schlange drängelt sich vor dem kleinen Theater. Kreuzberg, Mehringdamm 34. Hier ist das Berliner Off-Theater »BKA« zu Hause. Aber nicht Kultur ist die Attraktion, sondern eine heiß begehrte Wurst. Im Nebenhaus befindet sich das »Curry 36«, Berlins Kult-Currybude. Und ganz in der Nähe wohnt er, seit zehn Jahren – Herbert Knaup, einer der meistbeschäftigten deutschen Charakterschauspieler. Große Bühnen- und Filmrollen hat er gespielt – in makellosem Hochdeutsch. Zuletzt hat er in einem Film des Bayerischen Rundfunks den Kommissar Kluftinger gespielt, einen nörgelnden, übergewichtigen und behäbigen Allgäuer, der über weite Strecken des Films breiten Dialekt spricht. Kluftinger liebt schwäbisches Essen und hat deshalb schon reichlich Pfunde angesammelt.

Für seine Kluftinger-Rolle hatte Herbert Knaup eigens zwölf Kilo anfuttern müssen. Jetzt kommt mir im »BKA«, der »Berliner Kabarett Anstalt«, ein schlanker, großer Mann entgegen. Jeans, dunkler Sakko, sportlich. Mit einem Trolley im Schlepptau, direkt vom Flughafen. Von den Salzburger Festspielen ist er an diesem sonnig-heißen Vormittag eingeflogen. Der »Spiegel« hatte vor seinem Kluftinger-Film gewarnt: völlig unverständlich! Aber überzeugend: »So echt klang die deutsche Provinz im Fernsehen schon lange nicht mehr.« Kluftinger war ein überraschender Erfolg. Dialekt, im Fernsehen lange verpönt, scheint wieder im Kommen zu sein. Der Einheitssprech, der lange die Krimiszene beherrscht hat, ist wohl langweilig geworden.

Betriebsam geht es zu in dem kleinen Theater über den Dächern Berlins. Getränke für die Bar werden angeliefert, auf der Bühne wird das Stück des Abends eingerichtet. Für Herbert Knaup nichts Ungewohntes. Völlig entspannt sitzt er mir an einem alten Bistrotisch gegenüber.

HERR KNAUP, nett, Sie kennenzulernen!
Das kann ich nur zurückgeben, Herr Kienzle! Ich habe ein paar Freunde, die kommen aus dem Libanon.
Ich habe ja lange Jahre in Beirut gelebt ...
Ja, eben! Aber meine Freunde sind Armenier.
Die armenischen Libanesen stecken alle anderen Libanesen in die Tasche. Die sind unglaublich clever und charmant.
Ich habe mal im Libanon gedreht. Es war irgendwie schön, aber es war auch hart – dieses Fanatische!
Mich faszinieren beide – die Schwaben und die Araber. Beide sehr rätselhaft. Die Schwaben haben eins mit den Arabern gemeinsam: Sie haben kein politisches Zentrum. Aber sagen Sie: Wo waren Sie im Libanon?
In Nabatäa, in der Hochburg der Hisbollah.
Im Südlibanon!
Da bin ich um mein Leben gerannt.
Was haben Sie da gemacht?
Ich spielte einen Fotografen. Einen Kriegsfotografen. Der sucht sozusagen sein bestes Bild. Wir hatten eine Drehgenehmigung zum Aschura-Fest in Nabatäa.
Das ist etwas Grausames.
Zum ersten Mal in meinem Leben habe ich so etwas gesehen. Da waren Hunderttausend Menschen ...
... und hauen sich die Köpfe blutig.
Hauen sich mit dem Krummschwert und bluten wie die Schweine. Und brüllen immer: »Haydar! Haydar! Haydar!«[1]
Und ich war da mitten drin, denn wir haben dort gedreht.

---

1 Arabisch für: Löwe (Kosename des Enkels des Propheten Mohammed)

Ich habe dort auch mal gedreht – für die ARD. Mir ist schlecht geworden. Das Blut und die Hitze – nach zwei Stunden stinkt es wie im Schlachthof.

Alle Generationen laufen da ja durch. Auch die kleinen Buben kriegen eins auf die Fontanelle. Und dann kamen die 20- bis 30-Jährigen. Die haben zu unserem Übersetzer gesagt: »Wenn ihr nach der nächsten Runde immer noch da seid, dann seid ihr nicht mehr da!« Die haben mit Kalaschnikows in die Luft geballert. Und die Fahnen brannten, die israelische und die amerikanische. Und dann sind wir um unser Leben gerannt.

Wann haben Sie das gedreht?

In den 90ern war das. »War Shots« hieß der Film. Kriegsbilder.

Das Aschura-Fest ist ja das wichtigste Passionsfest im schiitischen Glauben, immer am zehnten Tag des islamischen Monats Muharram. Das ist der Jahrestag, an dem Hussein ibn Ali in der Schlacht von Kerbala fiel und damit die Nachfolge des Propheten verlor. Mit diesen Selbstgeißelungen spielen die Gläubigen sein Leiden nach. Passionsspiele gibt es ja auch bei uns in katholischen Gegenden, vor allem in Bayern. Sie sind im Allgäu aufgewachsen – und schon mit 17 oder 18 von dort abgehauen. Warum?

Ich komme aus ganz einfachen Verhältnissen. Meine Oma hat noch auf dem Feld gearbeitet und »g'huibett«.[2] Von der mütterlichen Seite kommen wir von einem Bauernhof. Da kennst du natürlich die Landschaft, weil deine Mama mit dir immer auf die Felder geht und dir sagt: »Das Schönste, was es gibt, ist diese moränen-hügelige Landschaft.« Wo du irgendwelche Bauern siehst – früher haben die noch mit der Sense gemäht. Jetzt fahren sie mit Handmähern hoch. Wahnsinnig. Das ist so anstrengend! Und da dachte ich mir: Was willst du da werden?

Skilehrer.

---

2   Schwäbisch für: das gemähte Gras wenden und in der Sonne trocknen

Ich war kein guter Skifahrer. Aber wenn Sie's ansprechen: Mein Spielgefährte war der Frank Wörndl.[3] Der wurde immer von seinem Vater abgeholt – zum Skitraining. Mitten aus dem Spiel raus. Dann rief er: »Frank! Du kommscht jetzt!«

Jetzt sind Sie richtig ins Schwäbische verfallen.

Ja, das passiert, wenn ich einem Schwaben gegenübersitze. Dann rede ich schwäbisch.

Ist Sprache für Sie so etwas wie Heimat?

Ja klar! Das Schöne ist ja, dass einem die Augen aufgehen, wenn einer diesen Dialekt kann. Wenn ich mit meiner Mutter unterwegs bin, verstehst du gar nichts mehr! Dann wird's richtig urig. Dann kommen plötzlich diese alten Menschen raus: »Herrgottsack, wo kommscht jetzt du her bei dem Sturm?« Und dann wird das unglaublich fremdsprachig. Da heißt dann zum Beispiel »klettern« »klimsen« – »Ge' mer klimse?« Von »to climb« wahrscheinlich. Oder: »Du bischt doch a Botscha!« »Botscha« – das heißt »Hausschuh«.

Waren Sie als junger Schauspieler im Allgäu akzeptiert – oder ein Fremdling?

Ich war ja schon immer so ein bisschen ein Fremdling – man wird ja ein Fremdling, wenn man Schauspieler wird. Als ich anfing und auf der Schauspielschule war und am Wochenende nach Hause kam, haben sie gesagt: »Herrgott – was hoscht denn du do g'macht?« Dann hab ich geantwortet: »Ich war auf der Schule. Wart, ich sprech dir mal vor, was ich dort gelernt habe: »Ich komme langsam, dir ein Werk zu bringen!« – »Hä? Was schwätzescht du denn da für en Scheiß daher?!« So fing es an.

Ich bin Schauspieler geworden, weil bei uns zu Hause eigentlich die Sprache fehlte. Der Allgäuer redet ja nicht viel, der Schwabe spricht insgesamt eher weniger. Früher war ich total verklemmt und schüchtern. Ich brauchte die Worte, brauchte

---

3   1987 Ski-Weltmeister im Slalom. Silbermedaillengewinner bei den Olympischen Spielen 1988 von Calgary in derselben Disziplin

die Sprache, brauchte die Theaterstücke, damit überhaupt etwas rauskam aus mir – deshalb habe ich eigentlich diesen Beruf ergriffen. Damit etwas aus mir spricht. Jetzt rede ich ja gerade ohne Punkt und Komma. Das kann ich mittlerweile. Früher waren es nur irgendwelche Theater-Helden, die aus mir sprachen.

Der Allgäuer ist also auch eher maulfaul – wie der Schwabe insgesamt?

Ja klar. Der schwätzt doch nicht. Der sagt: »Aha«. Urlaute. Dieses »Mhm«.[4]

»Ha?«[5]

»Joo. Schoo.«[6]

»Aha!«[7] *(Beide lachen.)*

Permanent kannst du da solche Dialoge führen, die kein anderer versteht. Maulfaul – klar.

War es für Sie schwierig, das Sprechen an der Schauspielschule zu lernen? Oder war das eine Befreiung?

Ich merkte: Irgendetwas passiert da oben. *(Er tippt sich an den Kopf.)* Und ich will es in Worte fassen. Diese ganze Gedankenwelt. Das Sprechen lernen war nicht sehr schwierig, weil ich musikalisch bin. Sprache hat ja auch mit Musikalität zu tun. Und natürlich hat der Beruf auch mit Nachahmung und Hören zu tun. Aber man kann überall glücklich werden. Ob man jetzt viel redet oder wenig. Ob man zur Post geht oder zur Eisenbahn. Ich habe meinen Beruf und meine Gabe gefunden. Weil ich eben Sprachen und Sprechen liebe! Ende gut, alles gut.

Die Verwurzelung mit der Heimat, die Sie beschreiben – damit verbindet man zunächst mal keinen Menschen, der gerne in andere Rollen schlüpft.

---

4   Schwäbisch für: durchaus möglich
5   Schwäbisch für: wie bitte?
6   Schwäbisch für: ja, durchaus
7   Schwäbisch für: ach so

Vielleicht fällt es auch leichter – weil du eine Basis hast. Dann kannst du dir alles Mögliche ausdenken und einfallen lassen – du hast das Vertrauen in dich selbst. Da ist ein Zentrum, auf das du zurückfallen kannst im besten Falle. Ich glaube, das ist auch schwäbisch: bei sich zu sein.

Es gibt heute Leute, die trainieren sich den Dialekt regelrecht ab. Die haben Angst vorm Dialekt. Verstehen Sie die?

Na ja, ich musste das aus Berufswegen tun. Bei Shakespeare, Schiller und Goethe kommst du als Allgäuer, mit dieser Färbung, nicht weiter. Ich kann Leute verstehen, die Hochdeutsch lernen, weil sie beruflich weiterkommen wollen.

Ist das provinziell?

Schrecklich, wenn es das wäre. Aber wenn einer seinen Dialekt wirklich durchzieht, ist mir das schon auch sehr sympathisch – weil ich so ein Gefühl habe: Der ist wirklich bei sich.

Was können Sie mit dem Dialekt ausdrücken, was Ihnen auf Hochdeutsch nicht gelingt?

Ich glaube, man ist näher an der Seele dran. Man ist tiefer bei sich und kommt näher zu sich, weil es, wenn man damit aufgewachsen ist, natürlich die Muttersprache ist. Es ist eine Verbindung zum Selbst und …

… zur Kindheit.

Das Tor öffnet sich mehr – zu den ganz emotionalen und vielleicht archaischen Erlebnissen in der eigenen Biografie. Da schließt einen der Dialekt mehr auf und bringt einen sich näher.

Haben Sie ein Lieblingswort im Allgäuerischen?

Da fallen mir gleich Worte ein von meiner Oma. Ein Lieblingswort ist das nicht, aber sie hat immer gesagt: »Du bischt heut wieder ahdthär.« Ahdthär – das heißt, man ist so ein bisschen störrisch. »A Schwarzblatt« – das ist eine Amsel. Das mochte ich immer: »A Schwarzblatt hocket auf dem Baum«, da gab es in meiner Kindheit ein Lied.

Sie mochten den Vogel?

Die Amsel ist die Allgäuer Nachtigall. Die singt ja auch gar nicht so schlecht, so eine Amsel. Anstatt »Hast du Feuer?« sagt der Allgäuer: »Hascht a Fuurr?« Verstehen Sie: das »R«! »Hascht a Fuurrrrr?« Da bist du ganz nah am Neandertal. Da hast du schon fast den Knüppel in der Hand, am offenen Feuer, und denkst: »Jetzt kommt er glei. Und wenn er frech wird, dann hau i em abrr oine!«[8]

Sie gehören zur Spitze der Schauspieler in Deutschland und Sie haben den Mut, Dialekt zu sprechen. Das ist ungewöhnlich. Ihr Film über den Allgäuer Kommissar Kluftinger war ja ein großer Erfolg im Fernsehen.

Das war überraschend. Weil in den Büchern eigentlich kein Dialekt vorkommt, nur so andeutungsweise. Ich habe dann aber mit dem Team entschieden, diese ganzen Figuren Dialekt sprechen zu lassen. Und es machte einen Riesenspaß, im Dialekt zu spielen.

Dabei ist der Dialekt doch eher ein Auslaufmodell.

Es erforderte Mut, das Allgäuerische in die ARD zu bringen. Ich saß vor der Ausstrahlung mit dem Intendanten zusammen und er sagte: »Herr Knaup, ich verstehe kein Wort! Es klingt interessant – aber ich verstehe es nicht!« Und dann haben sich das über viereinhalb Millionen Menschen angeguckt!

Ist das eine neue Form von Heimatfilm?

Mich hat immer dieses babylonische Wunder fasziniert, dass die Menschen in allen Zungen sprechen – und plötzlich kommt der Heilige Geist über sie und sie verstehen sich. Der Libanese, der Türke – und der Schwabe.

Für den Kluftinger mussten Sie ja zwölf Kilo zunehmen. Da lag es nahe, schwäbisch zu essen.

Das habe ich auch gemacht. Rostbraten, Spätzle – diese Hausmannskost. Und Presssack.

Gab es bei Ihnen auch Kutteln?

Wir haben alles gegessen.

8 » ... dann ziehe ich ihm eins über!«

Der Kluftinger verkörpert ja auch den schwäbischen Bruddler.

Den schwäbischen was?

Bruddler.

Was ist denn der Bruddler?

Diesen Begriff gibt's im Allgäuerischen nicht? Im Bayerischen ist das der Grantler. Ein Mensch, der etwas kritisiert und immer recht hat. Eins unterscheidet aber die beiden: Der bayerische Grantler braucht den Stammtisch. Der schwäbische Bruddler braucht kein Publikum. Der schimpft still vor sich hin. Und ein bisschen von diesem schwäbischen hat der Kluftinger auch.

Ja, das stimmt. Er traut sich nicht ganz so. Er hat Zweifel. Irgendwie hat er Zweifel.

Eine schwäbische Grund-Charaktereigenschaft. Da sind die Allgäuer sehr schwäbisch und unterscheiden sich nicht vom Stuttgarter.

Na ja … Stuttgart – das ging früher ja gar nicht!

Was war daran so schlimm?

Den Stuttgarter Hexenkessel habe ich nie begriffen. Wie eine Stadt sich da ansiedeln kann! Wahrscheinlich, weil sie mal kleiner war, oder? Und der Dialekt! Dieses Verniedlichen. »Sodele«. »Jetzetle«.

Das gibt es im Allgäu nicht?

Da gibt es keine Verniedlichungen.

Das ist eigentlich auch nicht typisch schwäbisch. Das hat ein Entertainer populär gemacht.

War das der …

Willy Reichert.

Ach komm!

Der hat das Schwabenimage bundesweit – oder zu Anfang: reichsweit – sehr erfolgreich gespielt und verkauft.

Sodele! Da muss ich ja den Stuttgartern Abbitte leisten.

Mittlerweile haben aber nicht die Stuttgarter, sondern die Bayern Schritt für Schritt das Allgäu übernommen.

Das habe ich nie verstanden, wieso das denen gelungen ist.

Das Allgäuerische ist also gegenüber dem Bayerischen auf dem Rückzug?

Die ganze Region ist bayerisch vereinnahmt. Auf jeden Fall! In meiner Kindheit, das war so in den 60ern, 70ern, da war das noch nicht so dramatisch. Aber auch da spürte man schon den bayerischen Übergriff. Damals gab es den Strauß. Und dann kam Stoiber. Der hat das dann komplett weiß-blau eingestaubt.

War Ihnen klar, was Sie damals waren? Waren Sie Schwabe oder Bayer?

Bayer auf keinen Fall! Oberschwabe war auch schon komisch. Ich war ein Allgäuer! Man hatte immer das Gefühl: Das ist was ganz Besonderes. Was einen stark macht!

Sind die Allgäuer politische Weicheier? Es gab nie einen Allgäuer Ministerpräsidenten in Bayern.

Politisch ist die Region verschlafen. Das muss ich sagen. Aber die Sprache, das Allgäuerische, wird auch nicht angenommen von den Bayern. Weil der Bayer letztendlich dieses Schwäbische nicht akzeptiert – als heimatliche Sprache. Deswegen wird der Bayer als Wähler nie einen Allgäuer oder schwäbischen Politiker als Ministerpräsidenten akzeptieren. Das macht er nicht. Der müsste schon sehr gut sein. Der müsste politisch sehr viel drauf haben.

Was ist schwäbisch an Ihnen?

Ich glaube, dieses Eigenbrötlerische. Der eigenen Spur nachzuspüren, ob das jetzt richtig ist oder falsch. Und auch, wenn das noch so merkwürdig wirkt für den anderen. So ein Urvertrauen in sich selber. Was ich jetzt sage, hängt natürlich mit dem Allgäu zusammen. Aber vielleicht ist es auch etwas Schwäbisches: die eigenen Wege auszuloten im Leben und denen auch zu vertrauen.

Als Schauspieler braucht man dazu auch Disziplin?

Na ja, klar. Die habe ich mir schon geholt. Früher kam ich immer zu spät. Irgendwann hat mir dann ein Intendant gesagt, vor 30, 35 Jahren: »Herbert, ich brauche keinen genialen Schauspieler, ich brauche einen zuverlässigen. Du terrorisierst mit deinem Zuspätkommen das ganze Ensemble!«

Aber ich muss zugeben: Diese Aufmerksamkeit hat mir schon gut getan – wenn die Tür aufging und alle guckten. »Tut mir leid, ey. Leute, sorry!« Dann hattest du schon deinen Auftritt. Das war immer meine Nummer. Immer zu spät. Auch früher: Die Klasse lacht und ich komme rein. Und der Lehrer stocksauer. Aber irgendwann habe ich geschnallt, dass das nicht geht. Ohne Zuverlässigkeit und Disziplin kannst du nicht 40 Jahre lang diesen Beruf ausüben.

Was ist schwäbisch für Sie, gerade im Vergleich zum Bayerischen?

Das ist wie beim Hasen und dem Igel. Für mich ist in dieser Geschichte immer der Schwabe der Igel gewesen. Der beobachtet und schaut zu. Und entwickelt eine Taktik. Und der Hase, der in seinem Größenwahn sagt, dass er der Schnellste in diesem Wald sei, der durchschaut das nicht. Und so ein bisschen empfinde ich den Schwaben: Er ist nicht immer auf der Überholspur. Er ist ein bisschen geduldiger, abwartender.

Dem Schwaben wird auch seine Biederkeit vorgeworfen, das Ländliche. Es gibt ja keine wirkliche Stadt im Allgäu.

In der Schule hieß meine Hauptstadt Augsburg. Im Regierungsbezirk Schwaben. Dort war durchaus schon was los in der Geschichte – die Fugger![9]

Zu Zeiten der Fugger war Augsburg die Weltwirtschaftsmetropole. Wie heute New York.

Ich frage mich immer: Warum ist das noch nicht verfilmt worden? Vielleicht liegt es daran, weil es auf amerikanisch »Fucker« heißen würde? Eine großartige Geschichte eigentlich. »Who the fuck are the Fuggers? How did they get so much money?«

---

9 Ein schwäbisches Kaufmannsgeschlecht, das mit dem Handel von Baumwolle aus Italien seinen Reichtum begründete. Im 14. und 15. Jahrhundert erlangte das Unternehmen unter Jakob Fugger Weltgeltung.

Es ist vielleicht ein gewagter Sprung: Aber dabei fällt mir ein, dass der ehemalige baden-württembergische Ministerpräsident Lothar Späth einmal gesagt hat: »Der Spartrieb des Schwaben ist ausgeprägter als sein Sexualtrieb!« Die Schwaben gelten als puristisch und verklemmt.

Dieses nerdige[10] hat er ja komischerweise. Dieses »Käpsele« hat eine hohe Intelligenz – ist aber merkwürdig. Ein Dr. Guttenberg[11] kann besser hochstapeln. Ein Schwabe weniger. Das ist der Unterschied. Irgendwas bremst ihn.

Erotik und Charme – das sind Begriffe, die man nicht selbstverständlich mit einem Schwaben in Verbindung bringt.

Mir hat der Christoph Waltz[12] immer gesagt: »Herbert, wenn du Manieren hast, kannst du alles erreichen!« Ich hab eben keine wirklichen Manieren. Der Österreicher hat das. »Soll ich dir noch ein Glaserl einschenken? Magst noch was?« Diese Freundlichkeiten.

Das ist dem Allgäuer nicht gegeben?

Der Allgäuer ist eher ein Grobmotoriker. »Willscht jetzt no an Schluck? B'sorg dir doch selber das Zeug.« Manche Frauen mögen das – die sagen: »Mensch, der ist ja ein lässiger Typ.« Aber die meisten sagen: »Holzklotz.« Verrückterweise heiße ich ja Knaup – das heißt eigentlich Grobian. Etymologisch kommt es von Knauf – das ist das Ende vom Schwert. Der höhere Ritter hat zugestochen. Der Grobian aber hat nicht nur zugestochen, sondern das Schwert auch noch rausgezogen und dem Gegner mit dem Knauf auch noch eins auf die Nuss gegeben. Im »Entklemmer« von Thaddäus Troll trägt die Hauptrolle den Namen meines Vaters: Karl Knaup. Mein Vater war ein Haudrauf, so ein Grobmotorischer, er war ja Schlosser. Der hat noch auf den Amboss geklopft.

---

10   Englisch »nerd«: Sonderling, Außenseiter

11   Karl-Theodor Maria Nikolaus Johann Jacob Philipp Franz Joseph Sylvester Freiherr von und zu Guttenberg – ehemaliger CSU-Bundesminister, der im Jahr 2011 sämtliche politischen Ämter niederlegen musste, nachdem bekannt geworden war, dass er sich seinen Doktortitel erschlichen hatte

12   Österreichischer Schauspieler, der für seine Rolle im US-Film »Inglourious Basterds« mit dem Oscar ausgezeichnet wurde

Heute leben Sie in Berlin.

Ich denke oft: Was macht ein Schwabe hier oben? Für mich war es eine späte Entscheidung. Vor zehn Jahren habe ich mich in diesen Moloch gewagt. In diese Stadt, wo du denkst: »Was ist das eigentlich hier?« Aber was ich an Berlin liebe, sind diese einzelnen Kieze. Die sind ja wie eigene Städte. Du kannst da überall dein Glück finden. Das ist nicht nur ein Zentrum, sondern es gibt mehrere Zentren.

Ich habe für den RBB mal einen Film gemacht über schwäbische Restaurants in Berlin. In Stuttgart finden Sie kaum noch schwäbische Restaurants – und in Berlin machen immer mehr auf. Das ist irritierend!

Bei mir in der Nachbarschaft wohnt ein schwäbischer Kurde. Der fragt immer: »Herbert, mogscht a paar Mauldäschle?«.[13] Er sieht aus wie ein waschechter Kurde – und fragt mich auf Schwäbisch: »Herbert, mogscht a paar Mauldäschle?« Und dann kocht er sie – und sie schmecken!

War es Ihnen zu spießig im Süden?

In meiner Jugend habe ich im Allgäu auch ein paar Maler und Musiker getroffen, Künstler – das war auch die Zeit der Hippies. Da warst du in alten Bauernhäusern und du spürtest dieses Eigenwillige, das ich an diesem kleinen Bergvolk am Rand der Alpen so mag. Dieses Eigenwillige: »Du! Von dir lass ich mir gar nix sagen!« Diesen Moment! Und nach sieben Kilometern fängt schon eine neue Sprache an. Nur weil sich der Dialekt ein bisschen verschiebt. Dann sagen die Leute: »Wie schwätzt jetzt der da? Ist das ein Ausländer?« Obwohl er sich kaum unterscheidet.

Zieht es Sie manchmal zurück?

Heute bin ich drüber geflogen. Ich war gestern in Salzburg – und bin hierher geflogen. Dann fliegst du drüber und denkst dir: »Verdammt, was bist du eigentlich für ein Idiot! Wie kannst du?« Ich habe ja jetzt nochmals Nachwuchs – einen vierjährigen

---

13 »Herbert, möchtest du ein paar Maultaschen?« Maultaschen sind eine Spezialität der schwäbischen Küche – Nudelteig mit einer Grundfüllung aus Brät, Spinat, Zwiebeln und eingeweichten Brötchen.

Sohn. Eigentlich müsste der permanent diese Grashalme spüren, die dreimal so dick sind wie anderswo. Diese Kraft, diese Power dieses Landstrichs.

Es zieht Sie also doch zurück?

Im Allgäu waren die Winter verrückt lang – vier, fünf Monate. Kurz vor der Eiszeit. Und im Sommer immer Regen – weil das Allgäu im Regenschatten der Berge liegt. Da kommen die Wolken rüber, und dann schüttet es. Deshalb bin ich da auch weggegangen. Als Kind dachte ich immer: Hinter den Bergen ist das Paradies. Du musst nur über diese riesigen Berge drüber – dann ist da Afrika. Aber da war nur Österreich …

»Auf der Schwäbischen Alb hab' ich no a Äggerle.«

Ulrich Bez

Ulrich Bez
Ein Schwabe für
James Bond

Das Londoner Cab schleicht langsam am Hyde Park vorbei. Noch wird hier nicht agitiert oder protestiert. Ein paar Jogger verlaufen sich auf dem weiten Gelände, eine Gruppe ist in Tai-Chi-Übungen versunken, drei junge Damen hoch zu Ross. London zeigt sich an diesem Morgen von seiner schönsten Seite. Ein goldener Spätsommertag, kein typisch englisches Schmuddelwetter.

Der Hyde Park liegt im Nobelviertel Mayfair. Der Showroom von Aston Martin in der Park Lane ist mein Ziel. Der erweist sich als stilvoll und zurückhaltend – vornehm-britisches Understatement. Aber nicht wegen der teuren Millionärsspielzeuge bin ich hier, sondern wegen Ulrich Bez, dem Autofreak, der den maroden Sportwagenhersteller wieder auf Vordermann gebracht hat. 87 Jahre lang hat Aston Martin rote Zahlen geschrieben. Eine eher tragikkomische, sehr britische Autogeschichte. Die Autos sind handgefertigt. Best of British. Heißt es. Gegen den formschönen, viersitzigen »Rapide« wirkt der Porsche »Panamera« fast wie eine Proll-Variante. Vom Ferrari, dem röhrenden Fußballer-Rollator, ganz zu schweigen. Mit dem Schwaben Bez kamen die Gewinne. Er hat auch James Bond zurückgeholt – dessen Dienstwagen ist wieder standesgemäß: ein Aston Martin.

Ulrich Bez stammt aus Bad Cannstatt, für BMW hat er den revolutionären »Z1« entwickelt, er war im Porsche-Vorstand und in Südkorea hat er aus der No-Name-Marke Daewoo einen erfolgreichen Automobilkonzern geschaffen. Der promovierte Luft- und Raumfahrttechniker ist ein internationaler Erfolgsschwabe, der nach vielen Jahren im Ausland noch immer breites Schwäbisch spricht. »Äschden Mardin« sagt er ohne jeden Skrupel. Ein

Mann mit seltsamen Kontrasten. Er trägt kanariengelbe Sport-
schuhe, die eigens von John Lobb für Aston Martin hergestellt
werden, 830 Euro das Paar, ein türkisfarbenes Hemd, eine teu-
re Jaeger-LeCoultre-Uhr und eine mausgraue Schneiderjacke
aus der berühmten Savile Row in London. Trotz der teuren
Edelklamotten wirkt er nicht wie ein Angeber. Auch nicht als
ihn Stefan Nimmesgern, mein Fotograf, bittet, in Bond-Manier
Smoking und Fliege anzulegen. »Goht ned, gibt's ned«[1], sagt er.
Sein Schwäbisch ist entwaffnend.

**HERR BEZ, schön hier am Hyde Park! Aber ein bisschen ge-
wöhnungsbedürftig. Ein Schwabe bei Aston Martin! Mitten
in London.**
Ich bin ein bekennender Schwabe, Herr Kienzle. Aber ein internationaler. Darf ich Ihnen eine Kleinigkeit anbieten? Sie
sind ja heute Morgen schon früh gestartet. *(Es gibt ästhetisch
aussehende kulinarische Happen auf kleinen Tellern. Im Hintergrund sind Leckereien neben einem geflochtenen Picknick-
korb auf einem Buffet drapiert.)*
Sehr gern, vielen Dank.
Das kommt aus einem Restaurant, gerade gegenüber von hier,
das »Corrigan«. Die bringen das in solchen Picknickkörben.
Picknick ist was ganz Großes hier. Die Parks sind toll! Wenn
man zehn oder 20 Minuten rausfährt, geht es die Hügel hoch,
nach Hampstead Heath – da kommen die Leute hin, die die
Stadt nicht mehr sehen können. Das ist ein Park, der ist eigentlich naturbelassen – wenn da ein Baum umfällt, dann fällt er
um. Und dann bleibt der da liegen. Ungeheuer schöne Bäume
und schmale Wege dabei, und du bist mitten in der Stadt. Das
sind wirkliche Parks!
Sie schwärmen ja richtig.
Ja, das ist toll. Da kann man auch nur mal für eine halbe Stunde hingehen.

---

1   »Geht nicht, gibt's nicht«

Aber London ist doch teuer.

Des isch ned ganz billig.[2]

Sehr schwäbisch, wie Sie das ausdrücken.

Man muss eine gewisse Großzügigkeit entwickeln. Wenn du hier bist, dann kannst du nicht jedes Mal in dich hinein gucken, ob dir das Herz blutet. Das Wohnen ist sündhaft teuer. Und wenn du dann die Bauqualität siehst! Das Sanitäre und die Fenster! Das kannst du dir nicht vorstellen! Die Häuser da drüben, wo ich wohne, haben einfach verglaste Fenster. Das sind Schiebefenster, im Winter dichte ich die mit Tesafilm ab. Aber nicht, dass ich die Wohnung um 500 Pfund im Monat hätte, die kostet fast 500 Pfund am Tag!

Wie erklären Sie sich das? Hohe Mieten und billige Qualität?

Irgendwann haben sich die Londoner mal entschlossen, dass man den Zustand, wie er vor 100 Jahren war, bewahren muss.

Fenster könnte man ja ersetzen?

Natürlich ist das komisch! Man hätte ja auch sagen können: Wir machen es wie vor 250 Jahren oder zu der Zeit, als es noch gar keine Fenster gab. Nein – der Status quo ist die Ultima Ratio. Hier darfst du nichts umbauen.

Das macht auf der anderen Seite den Charme der Stadt aus, die dadurch authentisch ist.

Des macht den Charme aus. Und außerdem wird es in London auch nie so richtig kalt – weil die Häuser so viel Wärme abstrahlen. *(Er lacht.)* Die Hälfte der Energie, die hier verbraucht wird, geht ins Freie. Des isch oglaublich![3]

Es ist erstaunlich, dass jemand wie Sie, der schon so lange im Ausland ist, ein lupenreines Schwäbisch spricht. Als wären Sie nie von Stuttgart weg gewesen. Wie kommt das?

I hab' ja g'sagt: Ich bin ein bekennender Schwabe. Ich habe es noch nie mögen, wenn Leute, die aus Stuttgart raus und zum Beispiel nach Hamburg gezogen sind, ein Jahr später dann nicht mehr schwäbisch g'schwätzt haben. Plötzlich haben die hochdeutsch gesprochen. Ich fand das immer komisch. Mein

2   Das ist nicht ganz billig.

3   Das ist unglaublich!

Englisch ist auch schwäbisch. Wenn ich englisch rede, hört jeder, woher ich komme.

Heute gibt es junge Manager, die sich ihr Schwäbisch weg-trainieren – weil sie denken, das würde ihren Erfolg behindern. Hat das Schwäbisch Ihren Erfolg je behindert?

Überhaupt nicht! Die Leistung zählt, das Wissen, das Authentische. Die Mundart unterstreicht eigentlich die Ehrlichkeit und die Authentizität.

Sprechen Sie Dialekt mit Ihrer Familie?

I schwätz so wie wir jetzt schwätzet.[4] Unsere Kinder können zwar akzentfrei Englisch. Aber sie können kein Wort Schwäbisch. Sie können mich aber nachmachen.

Die verstehen Sie?

Die verstehen alles wunderbar.

Der schwäbische Humor ist ja ziemlich derb. Der britische eher sophisticated.[5] Wie kommt ein Schwabe damit klar?

Die Engländer haben einen entwaffnenden Humor. Während der »Paralympics«[6] gab es im Fernsehen jeden Abend eine Sendung, die hieß: »The last leg«.[7] Da saßen Leute, die nur einen Fuß oder nur einen Arm hatten und ihre Prothesen zeigten. Die hatten eine solche Power und konnten über sich selber lachen – das war bewundernswert. Die Sendung hatte einen Riesenerfolg.

Wenn du bei uns in Deutschland eine Sendung machen würdest mit diesem Inhalt und mit diesem Titel »Das letzte Bein«! Dann würde es in Deutschland heißen: Das ist diskriminierend. Die Engländer können das. Das war wirklich toll.

Was können Sie im Dialekt ausdrücken, was Ihnen im Englischen oder Hochdeutschen nicht gelingt?

Auf Schwäbisch kann ich zu einem freundlich sagen: »Du bisch

---

4   Ich rede so, wie wir jetzt miteinander reden.

5   Englisch: hochnäsig raffiniert

6   Die Olympischen Spiele für Menschen mit Behinderungen haben im Sommer 2012 in London stattgefunden.

7   Englisch: das letzte Bein

a Sauseggl.«[8] Und dann ist das nett gemeint und er schmeißt mir nicht gleich den Hammer an den Kopf. In diesen Feinheiten kann ich mich im Englischen, aber auch im Hochdeutschen, nicht ausdrücken. Aber grundsätzlich versuche ich in jeder Sprache, die Dinge möglichst einfach auf den Punkt zu bringen. Je einfacher, desto schwieriger ist es. Wie schon Adenauer gesagt hat: Mit hundert Worten ein ganzes Land regieren. Die Engländer haben die Tendenz, mit vielen Worten wenig zu sagen. Das ist zumindest sehr häufig so. Wenn du hier irgendeine Rede hörst, dann fragst du dich: Was hot der jetzt g'sagt? Was war des jetzt? Da ist der Schwabe pragmatischer.

Schwätzt Ihr »Vantage«[9] schwäbisch?

Das kann ich jetzt so nicht sagen, der schwätzt scho' englisch. Aston Martin represents the Best of British. Sie haben es ja vorhin gehört. Unser Sound isch engineered, da habe ich einen japanischen Ingenieur, der das seit über zehn Jahren macht. Für mich gehört das alles zusammen – das Fühlen, das Sehen und das Hören. Das Tonale. Der Motor, das Ansauggeräusch. Und das Auspuffgeräusch, das nicht aufdringlich sein darf. Aber mit dem ich spiele, wie auf einem Instrument, das ich genießen kann. Ich höre zum Beispiel fast nie Radio im Auto.

Sie hören Ihrem Auto zu?

Ich höre dem Auto zu. Das singt mit mir, und ich rede mit ihm. Für mich ist das wie Musik. Und jedes Geräusch, das irgendwo herkommt, sei es von einer rauen Straße oder etwas anderem – das stört mich.

Ist es denn tatsächlich so, dass man den Sound individuell gestalten kann?

Sie können natürlich bei jedem Auto eine neue Sportauspuffanlage installieren, die einfach laut ist. Das hat aber mit Sound nichts zu tun. Ein Auto zu bauen ist ein Managementprozess. Man kommuniziert in jeder Stufe miteinander, wie man empfindet, was noch zu tun ist – und das setzt man dann um.

---

8 Schwäbischer Ausruf, der sowohl freundlich als auch beleidigend gemeint sein kann

9 Ein Sportwagenmodell von Aston Martin

Sie haben mal gesagt: »Der ›Vantage‹ kann Porsche in die Augen schauen«. Sie reden von Ihren Autos, als ob es Lebewesen wären?

Die Autos haben auch ein Leben. Sie wollen – das hat ein Journalist, der mit einem V12 gefahren ist, vor Kurzem geschrieben –, sie wollen gestreichelt werden.

Das ist ja fast auto-erotisch.

Ja, dazu stehe ich auch. Unsere Autos sind erotisch. Das ist ein ganz wichtiger Punkt. Ich bin ja nicht nur der Techniker, ich bin auch ein Augenmensch und jemand, der alles berührt. Ich streichle das Auto und fahre mit der Hand über die einzelnen Teile. Es ist einfach etwas, was ich gern anfasse, die Karosserie, das Lenkrad. *(Er streicht über das Sofa.)* Das ist übrigens Aston-Martin-Leder.

Es fühlt sich gut an.

Ja, das möchte man anfassen. Es gibt andere Leder, da möchtest du das nicht.

Wo kommt das her?

Das Leder kommt aus Schottland.

Und wird mit Whiskey gegerbt?

Das ist nicht nur das Gerben. Das Leder, das Sie aus vielen anderen Autos kennen, ist ja nicht natürlich. Das ist lackiert und geprägt. Und warum wird das geprägt? Damit man, gucket se *(er zeigt auf eine Falte),* hier so was: Damit man des ned sieht. Die Kuh hat, wie wir auch, Fett. Das gibt dann später Falten im Leder. Und deshalb wird es von vielen geprägt, damit alles einheitlich ist und man diese Falten nicht sieht. Wir aber lassen das im Naturzustand. Und deshalb haben wir manchmal Leder, das ganz glatt ist, und an manchen Stellen hat es diese Falten. Das ist natürlich, das muss so sein. Leder darf auch im Sonnenlicht einen anderen Farbton annehmen, es darf altern. Wenn ein Sattel altert, dann wird er erst schön.

Für die Engländer muss es schon hart sein, dass Bentley und Rolls Royce, Inbegriffe des englischen Automobilbaus, jetzt entweder zu BMW oder VW gehören?

Ich denke, die Engländer sind in dieser Richtung relativ prag-
matisch. Die sagen ganz klar: Solange die uns gute Autos
machen, ist das o.k. So war das auch bei mir, als ich zu Aston
Martin kam. Es gab hier niemanden, der negativ über mich
geschrieben hätte, weil ich Deutscher bin. Im Gegenteil: Ich
hatte in England schon einen guten Namen, weil ich bei Porsche war. Porsche ist eine Marke in England. Ich habe auch in
Korea Autos gemacht, die hier sehr gut angekommen sind.
Den Daewoo »Matiz« zum Beispiel, den man heute auch noch
sieht. Ich war also bekannt als Automobilmensch. Des war den
Engländern lieber als an Erbsazähler[10] aus dem Finanzbereich.

**Es ist ja schon verrückt: England war ja in der Mode- und
auch in der Automobilbranche in Europa, vor allem auch in
Deutschland, sehr beliebt. Und das ist ja fast alles verschwunden. Margaret Thatcher hat ganz auf die Finanz-
industrie gesetzt – und hat alles andere schleifen lassen.**
Das haben die eigentlich bis vor einigen Jahren immer noch
gemacht. Ich habe schon 2002, 2003 gesagt, dass der englische
Staat die Herstellungsindustrie richtig runterfährt. Damals habe
ich gesagt, dass England in 20, 30 Jahren zu einem Disneypark
wird – mit den Royals, die oben ihr Theater spielen. Und den
Touristen, die sich das alles anschauen. London ist ein Beispiel.
Auch wenn Sie Richtung Nord- oder Südwesten aus der Stadt
fahren, in die Midlands oder nach Cornwall – dann finden Sie
die reetgedeckten Häuser. Alles ist so belassen wie vor 200 Jahren. Das ist wie bei »Asterix bei den Briten«.

Romantisch! Aber nicht wirtschaftlich?
Die Entwicklung, die Industrie stagniert. Im Automobil-
bereich sind in den letzten Jahren ungeheuer viele Firmen, kleinere Zulieferer, kaputtgegangen oder aufgekauft worden. Aber
es gibt ja durchaus noch Industrien, in denen England eine
große Bedeutung hat. In der Mode zum Beispiel. London ist
auch heute noch eine Modestadt. Es gibt unheimlich viele kleinere Labels.

10   Schwäbisch für »pingeliger Bürokrat«

Die Herrenmode war in den 50er-, 60er-Jahren ja ganz von England bestimmt!

Wenn es um Geschneidertes geht, gibt es heute noch Taylor[11], die super Sachen machen. Zum Beispiel in der Savile Row. Das ist nicht nur Tweed. Stella McCartney ist vielleicht eine der bekanntesten Marken hier. Und es gibt unheimlich viele kleine Labels, die ankommen und die trendy sind und nicht Haute Couture. Da muss man ja immer unterscheiden zwischen Mode und Haute Couture.

Aber die britische Automobilindustrie ist doch eigentlich kaputt?

Austin Healey, Rover und Triumph – das waren tolle Marken. Die Autos waren schön. Aber die Qualität … Und die muss stimmen, wenn man wettbewerbsfähig sein will.

Auch Aston Martin hatte jahrelang große Probleme. Wenn ich es richtig gelesen habe, hatte die Firma in ihrer Firmengeschichte nie Gewinne gemacht.

Das haben Sie jetzt sehr nett ausgedrückt. Die Firma war in den knapp 90 Jahren ihres Bestehens bis zum Jahr 2000 sechsmal Konkurs, ist aber – und das ist das ganz Besondere – nicht verschwunden wie viele andere Marken. Sie hat trotzdem weitergelebt – weil es immer wieder Menschen gegeben hat, die das fortgeführt haben.

Weil die Marke ein Mythos ist?

In 87 Jahren Firmengeschichte, von 1913 bis ins Jahr 2000, hat Aston Martin nur 15000 Autos gebaut!

Im Jahr?

In 87 Jahren!

Und dann kommt ein Schwabe – und plötzlich funktioniert es?

Seit ich dabei bin, von 2000 bis 2012, haben wir 50000 Autos gebaut. In 100 Jahren Firmengeschichte also nur 65000 Autos, davon 50000 unter meiner Führung.

---

11 Englisch: Schneider

Ist das das Ergebnis von schwäbischem Fleiß, von schwäbischer Gründlichkeit oder von irgendwas, was die Engländer nicht haben?

Es könnte ja auch sein, meine Eltern hätten in Hamburg gewohnt und ich wäre dort aufgewachsen, dann wäre ich möglicherweise der Gleiche gewesen. Wer weiß? Aber es ist natürlich schon möglich, dass das eine sehr schwäbische Eigenart ist. Schwaben war ja über lange Zeit sehr arm, die Leute haben gelernt, sich durchzubeißen. Meine Vorfahren väterlicherseits kommen von der Schwäbischen Alb, von Hausen an der Lauchert, Trochtelfingen. Hunderte von Jahren sind die da gewesen. Insofern habe ich schon Verständnis von einem harten Leben, von ehrlicher Arbeit. Als ich von Porsche zu BMW ging, habe ich nebenbei promoviert. Ich habe rund um die Uhr geschafft und in dieser Zeit auch ein Haus gebaut. Ich habe selbst mitgearbeitet, Dachstühle ausgebaut und Platten gelegt und betoniert. Was man halt so macht. Das ist schon eine schwäbische Charaktereigenschaft: Wenn man mal beschlossen hat, was man machen will, setzt man das auch mit aller Kraft und Fähigkeit um. Und lässt dann nicht locker und weiß auch genau, wohin man will.

Was genau haben Sie bei Aston Martin eingebracht?

Ich weiß, was ich will. Im Design, im Stil, in der Harmonie. Was ich unter einem sehr, sehr guten Produkt verstehe. Und wenn es mir gelingt, das meinem Team hier in England als Ziel vorzugeben und die Leute zu motivieren, dann kommt heraus, was wir heute mit Aston Martin haben – nämlich qualitativ höchststehende Produkte. Ich bin der Meinung, dass wir heute eine bessere Qualität bauen als die meisten anderen in dieser Industrie. Unsere Lackqualität ist zum Beispiel mit Sicherheit das Beste, was es überhaupt gibt.

Sie kaufen aber auch sehr viele Autoteile in Baden-Württemberg ein. Das Getriebe zum Beispiel von der Zahnradfabrik Friedrichshafen. Andere Teile von Bosch. Am Dienstwagen von James Bond ist nicht mehr sehr viel britisch.

Wir arbeiten mit den besten Zulieferern der Welt, und in Baden-Württemberg sitzen einige davon. Wir sagen den Leuten in Friedrichshafen, wie wir unser Getriebe brauchen, wie es zu steuern ist, wie es schalten soll. Das heißt: Wir machen die Vorgaben und komponieren dann alles zu einem funktionierenden System. Und damit ist das ganze Ding hier britisch.

Aber der Chef kommt aus Cannstatt.

Wenn heute Bundestrainer Löw nach England ginge, dann wären die Spieler, der Verband, die Fans, der ganze Fußball trotzdem nicht deutsch. Herr Löw würde überlegen: Wie denken die? Und er würde sich auf die Mentalität einstellen, damit er sie zum Erfolg führen kann. Es ist die Aufgabe des Managements, die Leute dazu zu bringen, ihr Ziel zu erreichen. Ohne ein motiviertes Team geht gar nichts.

Und die Investoren kommen aus Kuwait.

Die Investoren lassen wir hier mal weg.

Die kann man aber nicht weglassen.

Besitzverhältnisse haben zunächst mal gar nichts mit dem Produkt zu tun. Bei einer Aktiengesellschaft haben Sie ja auch eine diverse Halterstruktur. Sie müssen akzeptieren, dass es eine Firmenkultur gibt, die gelebt wird. Und die ist zum Beispiel bei Mercedes ganz anders als bei Porsche.

Was ist bei Mercedes anders?

In jedem Unternehmen gibt es eine andere Firmenkultur. Die von BMW etwa unterscheidet sich völlig von der bei Audi – obwohl beide Unternehmen nur 70 km voneinander entfernt sind. Auch die Kultur, die es hier bei Aston Martin gibt, ist eine völlig andere als die in Maranello.[12] Und die kann auch nicht von einem Manager, der aus einer anderen Kultur stammt, verändert werden. Ein Manager, der neu in ein Unternehmen kommt, muss im Sinne der Firmenkultur arbeiten, wenn er erfolgreich sein will.

Sie bauen etwas, was keiner braucht und was unheimlich teuer ist. Haben Sie als Schwabe kein schlechtes Gewissen?

---

12 Sitz des Ferrari-Werks

Noi. Überhaupt ned! Wir reduzieren uns als Gesellschaft in Europa doch schon seit ein paar Hundert Jahren nicht mehr auf das Nötigste. Auch der Schwabe tut das nicht. Er baut wunderbare Häusle und hat an Gardda[13] und im Keller jedes Werkzeug, das er beim Baumarkt kaufen kann – obwohl er's vielleicht nur einmal im Leben braucht.

Aber Schwabe und Luxus gehen doch eigentlich nicht zusammen? Der Schwabe ist doch eigentlich sparsam.

Natürlich werfe ich mein Geld nicht zum Fenster hinaus. Aber wenn ich weiß: Das ist ein Fellbacher Lämmler, eine Spätlese, da ist jede einzelne Beere handgepflückt und die Rebe ist von einem hervorragenden Winzer fachkundig beschnitten, sodass der Ertrag reduziert und die Qualität gesteigert wurde – dann weiß ich auch als Schwabe, dass dieser Wein sein Geld wert ist. Und den genieße ich dann, wenn ich Wein mag – und mir das leisten kann.

Ich merke, Sie kennen sich noch gut aus im Schwabenland.

Einen Kleinwagen baut man in 20 Stunden. Um einen Aston Martin herzustellen, braucht man etwa 300 Stunden. Vieles ist handgearbeitet. Das hat einen Wert. Und für einen Wert musst du etwas bezahlen.

Und das kann der Schwabe goutieren?

Ich bin sehr wohl der Meinung, dass der Schwabe das nachvollziehen kann.

Verkaufen Sie denn viele von Ihren Autos in Stuttgart und Umgebung?

Wir bauen gerade in Stuttgart am Flughafen, übrigens nicht weit von einer Porsche-Niederlassung, einen Aston-Martin-Showroom.

Das ist ja eine Provokation!

So können wir künftig deutlich mehr Autos in Stuttgart und Umgebung verkaufen. Im Vergleich zu Porsche sicherlich immer noch wenig. Aber wir sind ja auch eine exklusive Marke.

---

13   Schwäbisch für: Garten

Glauben Sie, dass die Schwaben, die Ihr Auto kaufen, auch damit fahren?

Aber sicher!

Ich bin demnächst bei einem Schwaben in Berlin. Ein äußerst erfolgreicher schwäbischer Selfmademan. Er hat gesagt, dass er sich mal einen Bentley gekauft und sich dann aber geschämt hat, damit in Berlin rumzufahren. Er hat ihn wieder verkauft.

Sie können einen Bentley nicht mit einem Aston Martin vergleichen. Ein Bentley hat einen anderen Auftritt. Und Berlin ist ein schwieriges Pflaster für Luxus. Es wird einem dort vielleicht nicht so leicht gemacht, Exklusivität zu leben. Aber ich kann Ihnen etwas sagen: Unsere Kunden in Berlin und anderswo erzählen mir immer davon, wie positiv unsere Autos bei den Menschen ankommen. Übrigens auch in Stuttgart. Wenn dort ein Aston Martin vorfährt – an der Tankstelle oder sonstwo –, da kommen auch hier die Leute und sagen: »Du hascht aber a klasse Audo!«[14]

Wo ist die Grenze für Exklusivität und wie bestimmt man die?

Das ist eine interessante Frage. Exklusivität kann man in Sichtbarkeit ausdrücken. Wenn etwas nicht sichtbar ist, ist es nicht nur nicht exklusiv, sondern auch schlichtweg nicht existent. Also braucht man Sichtbarkeit, um exklusiv zu sein. Aber diese Sichtbarkeit hat auch ihre Grenzen, sonst wird das Exklusive zerstört. Wenn ich hier in London, in einer Zehnmillionenstadt, 500 Autos verkaufe, dann ist das immer noch exklusiv. Wenn ich hier 5000 Autos verkaufen würde, dann wären wir zwar um einiges sichtbarer, dafür aber nicht mehr so exklusiv.

Das ist die Grenze der Exklusivität?

Schauen Sie: In Indien, in Mumbai und in Delhi, verkaufen wir im Moment gerade mal zehn oder 20 Autos. Damit sind wir noch nicht wirklich sichtbar. Aber wenn in einigen Jahren diese Märkte ganz anders entwickelt sind, dann wird sich

---

14 »Sie haben aber ein tolles Auto!«

das dort auch ändern. Der Spielraum isch no groß – auch in Deutschland übrigens. Wir haben beispielsweise einen Händler in Stuttgart und in München. Aber zwischendrin? I ben ned in Nürnberg, i ben ned in Ulm, i ben ned in Garmisch.

Aber in Memmingen! Warum ausgerechnet in Memmingen?
Da gibt es einen Haufen Schwaben, die sparen, Herr Kienzle. Die wissen aber auch, was ein Wert ist. Die haben dort im Allgäu ihre Wochenendhäuser. *(Er lacht.)*

Sie haben das Rentenalter mittlerweile ja überschritten. Und Sie hören immer noch nicht auf. Ist auch das schwäbisch oder haben Sie für sich das Rentenalter neu definiert? Bei bestimmten Firmen dürften Sie schon längst nicht mehr arbeiten.
Ja, da wäre ich schon mit 58 in Rente. Aber der Winter kommt, das weiß ich auch.

Ist diese Regelung Blödsinn?
Wenn Leute ein gewisses Alter erreichen, dann werden sie manchmal verbohrt. Und dann wird es kritisch für eine Firma. Weil ein Unternehmen immer offen sein muss für Neuerungen, in allem. Das ist ein ständiges Infragestellen. Und wenn dieses Infragestellen nicht mehr stattfindet, dann wird es schwierig. Aber solange du offen dafür bleibst, spielt es keine Rolle, ob du jetzt 65 oder 70 bist.

Stellen Sie sich selber noch infrage?
Ja klar, tue ich, jeden Tag aufs Neue.

Woher nehmen Sie die Gewissheit, dass die Antwort auf Ihre Frage auch stimmt?
Weil ich offen an Dinge herangehe. Als ich von Porsche zu BMW gekommen bin, habe ich gedacht: Jetzt werde ich denen mal zeigen, wie man Autos macht. Nach drei Monaten aber habe ich klar erkannt, dass das so nicht funktioniert. Dass ich in einem System nur etwas bewirken kann, wenn ich mich darauf einlasse. Deshalb sage ich: Ich bin ein internationaler Schwabe. Es ist diese Mischung aus Authentizität und Offenheit. Du verlierst nichts von deiner Eigenheit, wenn du offen

bist. Im Gegenteil: Du wächst dabei. Und anders herum: Du kannst nur etwas einbringen, wenn du jemand bist. Deine eigenen Ecken und Kanten hast. Wenn du nur dein Ding durchziehen willst, dann wirst du scheitern. Wenn du sagst: Ich habe das schon immer so gemacht und deshalb machen wir das jetzt auch so. Dann brauchst du nicht rauszugehen. Dann kannst du in Heimerdingen[15] bleiben. Das ist das, was ich meine, wenn ich »international« sage.

Und doch merken Chefs oft nicht, wenn es nicht mehr funktioniert?

Die besondere Schwierigkeit an unserer Aufgabe ist doch, dass du heute Entscheidungen treffen musst, die im Auto erst in fünf Jahren zum Tragen kommen. Wenn ich sage: Die letzten zehn Jahre waren klasse, wir machen genauso weiter – dann wäre das ein Fehler! Die Frage ist doch: Wohin wollen wir, wohin geht die Welt? Ich sage zu meinen Leuten: »Ich möchte von euch wissen: Wie sieht ein iPhone in fünf Jahren aus?« Solange ich vorausdenken kann, solange werde ich das auch machen. Und solange ich nette Leute treffe, die extra zu mir nach London reisen. *(Er lacht.)*

Es steht also nicht fest, wann Sie aufhören?

Ich fahre ja noch Rennen. Ich habe Aston Martin wieder zum Rennsport zurückgeführt. In 14 Tagen sitze ich wieder selbst am Steuer, beim 250-Meilen-Rennen auf dem Nürburgring.

Aber im Schwäbischen sagt man doch eigentlich: »No ned hudle«.[16]

Bei mir muss alles zack, zack gehen. Wenn Sie mit mir zusammen auf den Flughafen gehen, bin ich der Erste, der draußen ist. Da wird gelaufen.

Ist das nicht ein Widerspruch – für einen Schwaben?

Das ist für mich dasselbe! »No ned hudle« bedeutet für mich: Wenn ich heute eine Entscheidung treffen muss, dann muss ich das heute tun. Aber wenn ich heute nicht entscheiden

---

15 Schwäbisches Dorf in unmittelbarer Nähe des Porsche Forschungs- und Entwicklungszentrums

16 Schwäbisch für: Nur langsam!

muss, weil es von der Zeit her noch langt, dies erst in zwei Monaten zu tun, dann treffe ich die Entscheidung heute nicht.

Die Zeit kann man nutzen?

Die Zeit kann man nutzen. »No ned hudle« ist für den Schwaben das, was der Lateiner carpe diem nennt: das Ausnutzen des Spielraums, der Möglichkeiten.

Das ist eine interessante Interpretation von »No ned hudle«. Ich kann hier nicht rausgehen, ohne James Bond anzusprechen. Wie wichtig war es für Sie, dass er jetzt wieder Ihr Auto zu seinem Dienstwagen gemacht hat?[17]

James Bond steht für Best of British. Gar keine Frage. Er hat alle britischen Qualitäten, er ist confident[18], er ist souverän, ein Gentleman, er hat Ausstrahlung, Erotik. Insofern muss er auch einen Aston Martin fahren. James Bond und Aston Martin gehören einfach zusammen. Nicht weil wir Geld dafür bezahlen, das tun wir übrigens auch nicht, sondern weil es authentisch ist. Aston Martin und James Bond haben eine Love Affair. Ich kenne die Producer Barbara Broccoli und Michael Wilson, ich kenne Daniel Craig[19] und Pierce Brosnan.[20] Immer dann, wenn wir die Autos übergeben, trinken wir auch mal ein Bier miteinander. Ich finde es schön, wenn du auf diesem Level miteinander verkehren kannst.

Das ist eine Welt, die weit weg ist von Cannstatt. Welche Bedeutung hat der Begriff Heimat noch für Sie?

Heimat ist für mich da, wo meine Frau und meine Kinder sind.

Also nicht mehr Cannstatt?

Manche sagen ja: Irgendwann willst du wieder dahin, wo du herkommst. Ich muss das nicht. Seit 20 Jahren komme ich nur noch als Gast zur Motorpresse oder zum Cannstatter Volksfest nach Stuttgart – dann aber gerne.

---

17   Der Kino-Geheimagent James Bond fuhr in seinen Filmen in den 1990er-Jahren zeitweise BMW.

18   Englisch: selbstsicher, vertrauenswürdig

19   Aktueller James-Bond-Darsteller

20   Dessen Vorgänger

Sie sind eher Weltbürger als Schwabe?

Ich bin ein internationaler Schwabe. Mich interessiert, was in der Welt vorgeht, was man dort machen kann. Ich will nicht nur meine Brezeln in der Welt verkaufen, sondern auch erfahren, wie die Welt meine Brezeln möglicherweise beeinflusst. Auf der Schwäbischen Alb hab' ich no a Äggerle.[21] Du kriegst das ja immer vererbt. Und a Schtück Wald hab ich auch.

Schon sauschwäbisch. Aston Martin und a Äggerle auf der Alb!

Ich habe schon zu meinem Sohn gesagt, den krieagsch du amol, den Agger, wenn i nemme läb. Aber dass i do nozieh'…[22]

---

21 Grundbesitz

22 Den Acker bekommst du mal, wenn ich nicht mehr lebe. Aber dass ich dort hinziehe …

»Bei den Schwaben geht eine ganze Menge zusammen, was anderswo nicht geht.«

Herta Däubler-Gmelin

Herta Däubler-Gmelin Stoßlüften. Und schwäbische Solidität

Sie ist nicht leicht zu finden. Ganz Dußlingen ist eine Baustelle. Die Bundesstraße auf die Schwäbische Alb wird hier vierspurig ausgebaut. Dußlingen, ein Vorort von Tübingen, ist deshalb ein geteiltes Dorf. Wohnt sie links oder rechts der Baustelle – das ist die Frage. Das »Navi« versagt und die Umleitung erst recht – alle Wege enden an Betonmischern und Baugruben. Da hilft nur noch der gesunde Menschenverstand – selbstverständlich findet man Herta Däubler-Gmelin links. Sie war jahrzehntelang streitbare Vorkämpferin der schwäbischen Sozialdemokraten, für viele im Südwesten ist sie heute noch »die Herdda«. Ihr Vorname aber ist nicht unbedingt schwäbisch – die Erdgöttin aus der germanischen Mythologie stand Pate.

Nach langer Irrfahrt finde ich schließlich ihre Adresse. Aber auch hier klafft ein Bauloch. Im Vorgarten lärmt ein Bagger, die Fundamente am Domizil der Däubler-Gmelins müssen trockengelegt werden. Das Einfamilienhaus wirkt schwäbisch solide, aber eine richtige Drainage war beim Bauen vergessen worden.

Herta Däubler-Gmelin sieht ihr Häusle nur selten. Noch immer ist sie hyperaktiv. Sie lehrt in Afrika, berät in Arabien, betreibt eine Anwaltskanzlei in Berlin. Und vor dem Bundesverfassungsgericht saß sie friedlich vereint neben Peter Gauweiler auf der Klägerbank – früher ein politischer Erzfeind. Es ging gegen ESM und Fiskalpakt – für Herta Däubler-Gmelin aber ging es vor allem um mehr Demokratie in Europa. In ihrem Leben ist sie einem Streit nur selten aus dem Weg gegangen, oft wirkt sie dabei wie eine schwäbische Feministin. Und doch sagt sie von sich selbst, sei sie immer nur eine konsequente Schwäbin gewesen.

Ihr Mann, ein renommierter Arbeitsrechtler und selbstverständlich Professor wie sie, öffnet freundlich die Tür. Dann erscheint sie – fröhlich, gut gelaunt, resolut wie immer. Sie führt mich durchs Wohnzimmer in einen kleinen Garten hinter dem Haus. Hier ist der Lärm der Bagger kaum noch zu hören.

FRAU DÄUBLER-GMELIN, vor Kurzem war ich bei Erhard Eppler. Er sagt, Sie entstammen einer ganz alten schwäbischen Familiendynastie.

Ja, von meinem Vater her. Meine Mutter kommt von der Nordsee. Ich bin also höchstens eine Halbschwäbin.

Dabei gelten Sie als Urschwäbin und werden auch in den Medien immer als Urschwäbin beschrieben.

Na ja, ich bin halt hier in Schwaben aufgewachsen, deshalb ist meine Prägung schwäbisch. Außerdem hat mein schwäbischer Dialekt einen hohen Wiedererkennungswert. Das ist nützlich für eine Politikerin. Aber auch meine Mutter hat unseren Dialekt schnell angenommen: Sie hat bald genauso geschwäbelt wie wir alle hier.

Das spricht doch für die Prägungskraft des Schwäbischen?

Eindeutig! Schwaben halten auch zusammen. Als ich in Berlin studierte, behauptete mein Vater immer, freilich nur halb im Ernst, seine größte Sorge sei, ich könne womöglich einen Preußen heimbringen. Das tut ein anständiges Schwabenmädle aber natürlich nicht. Und so ist mein Mann waschechter Schwabe, allerdings in Berlin geboren.

Die Gmelins gehören zur Elite Württembergs.

Die Familie meines Vaters ist schon seit ein paar Hundert Jahren hier. Sie gehörte zur früheren »Ehrbarkeit«[1] Württembergs,

---

1   Im Herzogtum Württemberg verschmolzen die Geistlichkeit und das Bürgertum im Lauf des 16. Jahrhunderts zu einem einzigen Stand: der württembergischen Ehrbarkeit.

unter meinen Vorfahren sind württembergische Beamten, etwa Landräte, die früher Oberamtsräte hießen, Pfarrer und Naturforscher ziemlich stark vertreten. Auch in der alten Tübinger Universität finden Sie Generationen von – männlichen – Gmelin-Professoren; die Töchter wurden häufig zusammen mit den Lehrstühlen an Schwiegersöhne weitergereicht.

War es Ihre Absicht, diese Phalanx der Männer zu durchbrechen?

Eine echte Männerfrage, lieber Herr Kienzle. Frauen meiner Generation haben durchaus schon eigenständige Lebenspläne entwickelt. Aber die schwäbisch-protestantische Umgebung, in der ich aufgewachsen bin, hat ganz selbstverständlich Leistungsstandards gesetzt und die unausgesprochen auch von jedem verlangt – von Frauen und Männern.

Was sind denn diese schwäbischen Standards?

Dass man sich anstrengen muss, dass man gefälligst was aus seinem Leben zu machen hat, dass man Begabung, Zeit und Ausbildung nicht vergeudet. Und dass man anständig ist und seine Verantwortung wahrnimmt – für sich und seine Familie, und natürlich auch für das Gemeinwesen. Das gehört alles dazu.

Und das hat mit Ihrer Familientradition zu tun?

Ich denke ja. Aber auch mit dem ganzen Ambiente hier in Tübingen, wohl in ganz Schwaben. Ich habe diese Haltung bei vielen anderen bemerkt, die aus einem ähnlichen Milieu kommen. Übrigens keineswegs nur bei Akademikern.

Daneben gibt es aber auch das verhängnisvolle pietistische Erbe. Lange waren die Pietisten für die Leitkultur im Schwäbischen zuständig.

In meinem familiären Umfeld ist eine andere Tradition stärker. Ich will sie altliberale Offenheit nennen. Wir sind skeptisch gegenüber allem, was Sie mit »-istisch« bezeichnen würden. Wir legen großen Wert auf Werte und praktische Bodenständigkeit, sind dabei aber unbedingt »weltoffen«. Diese Mischung finden Sie viel hier in Schwaben, nicht nur in meinem familiären Hintergrund. Werte, Offenheit und Distanz zu Fanatikern – alles das sollte auch die Politik prägen. Gerade auch die der Sozialdemokratie!

Und trotzdem gibt es bis heute diese Barriere: Die meisten Schwaben wählen keine Sozis. Ist das nicht ein Widerspruch?

Diese Entwicklung hat viel mit anderen Ereignissen der württembergischen Geschichte zu tun. Aber es ist schon richtig: Wir Schwaben vereinigen gelegentlich Widersprüche in uns, die sich in unserem großen Vaterland sonst nicht vertragen. So haben wir eine kämpferische und starke IG-Metall, die immer wieder Musterregelungen für ganz Deutschland erkämpft, z. B. vorbildliche Tarifverträge, früher auch die 40-Stunden-Woche – und das mithilfe von schwäbischen Arbeitern, die daheim in ihrem Ort möglicherweise CDU wählen …

Aber das ist doch hochgradig schizophren!

Das ist nicht schizophren – das ist einfach schwäbisch! Bei den Schwaben geht halt eine ganze Menge zusammen, was anderswo nicht geht. Das ist eine Sache, die muss man dann halt mögen, wenn man hier lebt. Ich finde das spannend.

Mit diesen Widersprüchen muss man leben?

Mit denen muss man leben. Mit denen kann man auch leben und zwar fröhlich. Ich fühle mich hier sehr wohl, auch wenn man Fortschritt hier eben anders durchsetzen muss.

Deshalb hat es in Baden-Württemberg nie zu einem sozialdemokratischen Ministerpräsidenten gereicht? Kann es sein, dass die schwäbischen und die sozialdemokratischen Werte nicht zusammenpassen?

Auch bei uns hier hat es große Sozialdemokraten gegeben, denken Sie nur an Carlo Schmid, der nach dem Krieg hier in Südwürttemberg-Hohenzollern begonnen hat. Die Werte der Sozialdemokraten haben auch heute hier durchaus Chancen – die Widerstände kommen von anderen Seiten. Ich hab bekanntlich einen Wahlkreis, der für Sozialdemokraten nie für gewinnbar gehalten wurde, einmal direkt geholt.

Woran liegt es dann?

Heute wird viel über Freiheit und Gerechtigkeit geredet. Aber viele Menschen spüren halt im Zeitalter von Europäisierung und Globalisierung immer weniger von Gerechtigkeit und Solidarität. Wie beide Werte heute umgesetzt werden können – das müssen Sozialdemokraten endlich offen und konkret mit den Menschen besprechen. Möglichst profilklar und hier in Schwaben mit dem erforderlichen Quäntchen von schwäbischem Pragmatismus.

Das heißt, es fehlt in Baden-Württemberg an sozialdemokratischen Persönlichkeiten?

Daran – aber auch an Ideen und Mut, Ungerechtigkeiten offen anzugehen, also nicht nur darüber zu reden.

Ist das eine Erklärung dafür, dass Lothar Späth dreimal die absolute Mehrheit holen konnte?

Eine Erklärung dafür. Lothar Späth, der ja zu dem eher offenen Teil der CDU gehört, repräsentiert in seiner Art einen Teil von Schwaben, ganz ohne Zweifel. Kein Wunder: Er ist nicht nur intelligent, sondern auch knitz[2] und kann unglaublich gut reden – er redet ja viel schneller als ich! Außerdem hat er eine sehr nette Frau und war auch kein konservativer Ideologe wie etwa Filbinger.

Eher ein Liberaler?

Kein Neoliberaler. Er hat eine Menge Vorschläge auch von Sozialdemokraten abgekupfert – das war einer seiner Erfolgstricks.

Sie gelten als engagierte Schwäbin. Auch nach Ihrem Ausscheiden aus der Regierung schalten Sie sich aktiv in die Politik ein!

In der jetzigen Situation, in den Unfug mit ESM-Vertrag[3] und Fiskalpakt[4] muss man sich einschalten! Es geht nicht, wichtigste Haushaltsrechte des Bundestags auf die europäische Exekutive oder die Europäische Zentralbank zu verlagern. Wenn

---

2   Schwäbisch für: liebenswert gewitzt

3   Der Europäische Stabilitätsmechanismus (ESM) soll als internationale Finanzinstitution mit Sitz in Luxemburg eingerichtet werden, um die Zahlungsfähigkeit der Staaten in der Eurozone zu sichern.

4   Durch den Fiskalpakt soll die Kontrolle über die nationalen Steuerpolitiken in der Eurozone teilweise auf die europäische Ebene übertragen werden.

Hoheitsrechte nach Europa übertragen werden sollen – und dafür spricht einiges –, dann müssen auch bei uns vorher die Menschen darüber abstimmen können. Und die Rechte des europäischen Parlaments müssen ausgebaut werden! Sonst wachen die Bürgerinnen und Bürger nicht nur hier in Schwaben morgens auf und stellen fest, dass sie zwar den Bundestag wählen dürfen, dass der aber über den Umgang mit unseren Steuern nicht mehr bestimmen kann. Und dass sie ein europäisches Parlament wählen, dass da auch nicht zu entscheiden hat. So kann man Europa weder sichern noch stärken. Das geht nicht ohne die Bürgerinnen und Bürger und ihr Vertrauen. Deshalb brauchen wir auch einen Pakt für Demokratie in Europa.

Jetzt wird deutlich: Herta Däubler-Gmelin ist eine blitzschnelle Analytikerin, die das, was sie denkt, auch geschliffen in Worte fasst. Das scheint einige zu ängstigen. Im »Tagesspiegel« war einst zu lesen: »Im Notfall flach hinlegen und auf Hilfe warten!« Das soll ein Mitarbeiter mal einem Besucher, der bei Ihnen vorsprechen wollte, geraten haben. Im gleichen Artikel werden Sie als »schwäbische Schwärdgosch«[5] bezeichnet. Ist »Schwärdgosch« ein Kompliment für eine Schwäbin?

Sie meinen das ja offensichtlich als Kompliment. Also lassen wir das so stehen. Zumal der Ausdruck ursprünglich ja auf Lothar Späth gemünzt war …

In Berlin regiert ja eine »schwäbische Hausfrau«, das sagen zumindest die Imageberater von Frau Merkel. Was sagen Sie als schwäbische Hausfrau dazu?

Diese Imageberater greifen ganz schön daneben!

Ist das eine Anmaßung von Frau Merkel?

Über diesen Vergleich kann man doch nur spotten. Schwäbisch wäre, nicht selbst über seine Verhältnisse zu leben und gerade auch die Krisengewinnler und die Krisenverursacher zur Kasse zu bitten. Schwäbisch ist, in Nachhaltigkeit und Bildung zu investieren und Menschen Zukunft zu geben. In

5   Schwäbisch für: scharfe Zunge

ganz Europa. Auch in Schuldenstaaten. Dazu fehlen der Regierung der Mut und das Verantwortungsbewusstsein. Die macht Klientel- und Interessenpolitik – und das ist völlig unschwäbisch.

Es wird ja mittlerweile oft vermeintlich »Schwäbisches« außerhalb Schwabens in Begriffen verwendet. Man spricht ja nicht von der »sächsischen Hausfrau« oder der »hessischen Hausfrau«. Warum gerade die »schwäbische Hausfrau«?

Ich vermute, dass dieser Ausdruck keineswegs überall nur als Hochachtung vor Solidität, Nachhaltigkeit und Sparsamkeit verstanden wird. »Schwäbische Hausfrau« – das soll in den Köpfen außerhalb Schwabens auch das Bild von einer gewissen Engstirnigkeit und geistigen Beschränktheit hervorrufen. Ich vermute, dass da auch eine Quantum an Gender-Verachtung[6] drinsteckt, die Frauen in der Politik auch heute noch zugemutet wird. Selbst Frau Merkel hat die schon zu spüren bekommen.

Erhard Eppler hat den Erfolg der Grünen in Baden-Württemberg damit erklärt, dass es ihnen gelungen ist, die Struktur- und die Wertkonservativen auseinanderzudividieren. Eine gute Erklärung?

Ich finde das auch. Erhard Eppler hat genau das 1976 schon versucht, aber damals klappte das noch nicht.

Er hat auch gesagt, dass es die Grünen heute nicht geben würde, wenn sich seine Politik in der SPD durchgesetzt hätte.

Das ist richtig. Die Grünen nicht, wahrscheinlich auch die Linke nicht und auch die Piraten nicht! Viele aus meiner Generation hat seine Art, Politik zu machen, hat die Diskussion um Werte und ihre Durchsetzung in unserer sich ständig ändernden Welt sehr angezogen und inhaltlich verpflichtet.

Aber er hatte nie das Volkstümliche.

Eppler hat sicher überhaupt nichts »Tümliches« – im Unterschied zu Kretschmann. Ich fand z. B. dessen Pressekonferenz

6   Verachtung der Geschlechterrolle

mit dem Bundesumweltminister Peter Altmaier köstlich: Journalisten fragten Altmaier, ob seine grüne Krawatte eine Verbeugung vor Kretschmann sei. Er antwortete etwas verlegen, die verdanke er der Amtshilfe des Ministerpräsidenten. Kretschmann sprang in die Bresche und schilderte genau, wie Altmaier seine Krawatte verkleckert hatte und da habe er ihm halt geholfen. Er habe ständig welche in der Schublade, weil ihm das auch häufig passiere – schon seine Mutter hätte immer gesagt, er könne nicht anständig essen … Sie können sich die Heiterkeit vorstellen! Solche Sprüche lieben die Zeitungen. Und die Menschen. Richtig gut.

Es sind diese Nebensächlichkeiten, Alltäglichkeiten, die ihn sympathisch machen?

Ja. Mein Mann und ich haben erst gestern drüber geredet, woher diese breite Sympathie für Kretschmann wohl kommt. Ich glaube, viele Leute fühlen sich an Papa Heuss erinnert, wenn sie ihm zuhören. Kretschmann redet in der Tat in der Heuss'schen Manier. Auch so langsam – ihn werden die Journalisten wohl kaum als »schwäbische Schwärdgosch« bezeichnen.

Als Sie sich für Ihr erstes Bundestagsmandat beworben haben, waren Sie schwanger – ich glaube sogar hochschwanger. Aber Sie haben das verheimlicht!

Nein, nicht speziell verheimlicht, nur nicht lauthals verkündet! Unsere Lebensplanung sah für das Jahr 1972 unser erstes Kind und manches andere vor. Dann wurde der Bundestag vorzeitig aufgelöst und man hat mich aufgefordert, mich um ein Mandat zu bewerben. Das hat mich gereizt, ich musste mich schnell entscheiden – und bei der Kandidatenaufstellung war ich dann im achten Monat schwanger. Ich habe das nicht ausdrücklich erwähnt, weil ich, ehrlich gesagt, der Emanzipiertheit unserer schwäbischen Sozialdemokraten nicht getraut habe: Die hätten aus den sieben, die sich bewarben, wohl kaum ausgerechnet die einzige und dazu noch hochschwangere Frau ausgewählt …

Also haben Sie ein bisschen gelogen?

Gelogen keineswegs, die hätten es ja auch selbst merken können! Ich habe nur Stilmittel angewandt, die einer intelligenten Schwäbin in einer solchen Situation einfallen: Ich habe auffallende, groß karierte Jacketts getragen und dazu Schals. Manche Leute haben sich dann natürlich über meinen Kuh-Geschmack aufgeregt. Aber damit konnte ich leben.

War das schwäbische Schlitzohrigkeit?

So kann man es bezeichnen. Ich fand's köstlich, dass mir ein Freund, selbst mehrfacher Familienvater, drei Wochen vor der Geburt durch seine Sekretärin den Hinweis zukommen ließ, ob es nicht besser wäre, ein bisschen abzunehmen? Drei Wochen später haben wir dann unsere Geburtsanzeige verschickt – das hat zu einem unheimlichen Gelächter geführt.

So ändern sich die Zeiten – heute haben wir Schwangere im Kabinett und keiner stört sich mehr daran.

Im Gegenteil: Heute freuen wir uns über jede Schwangere. Im Hinblick auf Gleichberechtigung und Chancen von Frauen haben wir insgesamt vieles erreicht. Wenn dann Kinder da sind, um die man sich kümmern muss, gibt's allerdings auch heute noch viele Genderprobleme und Vorurteile.

Sind Sie denn stolz darauf, eine Schwäbin zu sein?

Ich bin sehr gerne hier und wir bleiben auch hier wohnen. Allerdings sind mein Mann und ich viel unterwegs. Es gibt ja zwei Typen von Schwaben: die Kirchturmschwaben, die sich nie aus dem Dunstkreis ihres Kirchturms wegbewegen. Vielleicht doch mal im Urlaub, aber gedanklich nicht. Den zweiten Schwabentypus finden Sie überall auf der Welt. Der schaut sich um, schafft in der Fremde, kommt dann gerne zurück und bringt neue Ideen mit. Auch das ist urschwäbisch. So ist ein großer Teil der Industrie mit ihrem Wohlstand bei uns in der Region entstanden: Handwerker haben sich in der Fremde umgeschaut und das Gelernte in Schwaben verbessert und ausgebaut. Sie, Herr Kienzle, waren und sind ja auch immer wieder lange Zeit weg. Ich habe in Berlin studiert und habe heute dort ein Anwaltsbüro. Neben meiner Arbeit in Bonn und Berlin hatte ich schon immer viel mit und in Afrika zu tun. Heute lehre ich nicht nur in Deutschland, sondern auch in Schanghai und Vietnam. Im Augenblick bin ich viel in arabischen Ländern unterwegs, um dort beim Entstehen der neuen Verfassungen zu beraten.

Sie sind ja Abgeordnete eines Kreises gewesen, in dem auch die berühmten »Gôgen«[7] lebten. Kennen Sie einen richtig guten Gôgen-Witz?

Viele! Aber die sind häufig nicht stubenrein.

Raus damit!

Lieber nicht! Außerdem verraten die zu viel über uns Schwaben und wir lachen zwar gerne selber über uns, finden es aber gar nicht toll, wenn das andere tun. Auch das gehört zu unseren schwäbischen Eigenschaften.

Ist der schwäbische Witz, weil er zum Teil auch ziemlich derb ist, nicht vermittelbar außerhalb Baden-Württembergs?

Viele halten manches an uns für merkwürdig. Ich esse zum Beispiel sehr gerne »Saure Nierle« oder …

Saure Kutteln?

Nein! Kutteln nicht! Die gab's bei uns gelegentlich nach dem Krieg, meist nicht weich genug gekocht. Das schmeckte schrecklich, daran habe ich schlechte Erinnerungen. Aber ich mag Lunge, Bries oder auch Hirn. Meine norddeutschen Freunde schütteln sich schon beim Gedanken an sowas. Nur die Chinesen – die haben dafür Verständnis. Die mögen das auch. Ich fand auch lustig, wie die Tochter meiner norddeutschen Freundin als Studentin an der Ludwigsburger Filmhochschule in ihrem Examensfilm ihre Erfahrungen mit schwäbischen Vermieterinnen schilderte. Sie hat nicht nur die typisch norddeutschen Vorurteile gegen die Kehrwoche oder die Gewohnheit, die Haustür abzuschließen und die Lichter auszumachen, einbezogen – das alles hört man ja häufiger.

---

7   Tübinger Weinbauern, die in leidenschaftlicher Dauerfehde mit Studenten und Professoren lebten

Ihr ist vielmehr auch das »Stoßlüften« als super komisch und typisch schwäbisch aufgefallen.

Stoßlüften? Gibt es ein anderes Wort dafür?

Das weiß doch jeder, was Stoßlüften ist!

Ich hab das noch nie gehört. Ich habe noch nie stoßgelüftet …

Herr Kienzle: Das Vorurteil lehrt, dass man in Norddeutschland auch im Winter morgens die Kippfenster schrägstellt und sie dann den ganzen Tag offen lässt, wogegen eine Schwäbin das nie täte! Ihre und die längst auch von Ökologen und Ökonomen empfohlene Version geht so: fünfmal am Tag für zehn Minuten alle Fenster auf – dann gibt es keinen Schimmel. Stoßlüften! Das hat die junge Studentin auf köstliche Weise dargestellt – mit Stoppuhr und allem Drum und Dran!

Schon wieder was g'lernt – Stoßlüften!

Die schwäbische Version verbindet das Lüften mit dem Energiesparen.

Was ist, über das Essen und das Stoßlüften hinaus, noch typisch schwäbisch an Ihnen?

Dass ich meinen Urlaub gerne hier verbringe, dass ich gerne auf die Alb gehe und wandere. Und wenn Sie Lust haben, dann zeige ich Ihnen den für mich schönsten Ort der Schwäbischen Alb – das ist der Bolberg. Ein Traum!

Dort entspannen Sie sich von Ihren politischen Streitereien?

Ich habe jetzt keine Streitereien mehr. Ich muss nichts mehr – ich darf. Ich hab jetzt nur noch den Streit, den ich will.

»Schwaben
können allein
sein, können
auch eigen sein.
Und auch sehr
klar sagen: Das
ist mein Weg!«

Theo Waigel

Theo Waigel
Wissen, wo man
hingehört

Zuletzt ist er doch noch im Zentrum der bayerischen Macht angekommen – wenn auch ganz anders, als einst beabsichtigt: Er kontrolliert Siemens, Bayerns größten Konzern. Im Auftrag des US-amerikanischen Justizministers soll er verhindern, dass man in der Zentrale am Wittelsbacherplatz wieder auf »dumme Gedanken« kommt. Waigel ist so etwas wie Korruptions-Controller. Ein ehemaliger CSU-Vorsitzender auf der Jagd nach Bestechlichkeit – im Amigo-Land Bayern nicht ohne Ironie. Er hat ein großes Büro in der Siemens-Zentrale, die ganz in edlen Grau- und Weißtönen gehalten ist. Und er genießt seinen Auftrag sichtlich. Aber ich bin nicht wegen Korruption hier, es geht um Schlimmeres: Um die bayerischen Schwaben. Mich interessiert Theo Waigel als Schwabe. Die bayerischen Schwaben sind ein schwieriger Menschenschlag – keine richtigen Bayern, aber auch keine richtigen Schwaben mehr. Schon lange rollt die Bajuwarisierungswelle. Aus dem Weinstüble ist das Weinstüberl geworden, aus dem Fleischküchle das Fleischpflanzerl. Viele »Schrumpfschwaben« bewundern insgeheim das krachlederne »Mir-san-mir«-Gehabe der Bayern, denn sie sind ganz anders. Es mangelt an schwäbischer Identität und Selbstbewusstsein. Und doch gelingt es ihnen nicht, ihre schwäbischen Wurzeln ganz zu verleugnen – schließlich ist der Regierungsbezirk Schwaben das letzte politische Überbleibsel des einst ruhmreichen Herzogtums Schwaben.

Waigel hat nie »gestoibert« oder gar »gesödert«. Als er bayerischer Ministerpräsident werden wollte, hat er ein bisschen Bayerisch in seine Stimme gelegt. Sein Höchstmaß an Anpassung. Heute ist sein Schwäbisch wieder unverkennbar.

Der »Vater des Euro« hat seine Politik gerne mit offenem Visier vertreten. Ziemlich schwäbisch. Waigel wirkt bei meinem Besuch in der Siemens-Zentrale ziemlich entspannt, er lacht gerne. Auch über sich selbst.

HERR WAIGEL, schön, Sie mal wieder zu treffen. Aber ausgerechnet hier bei Siemens? Im Herzen der Finsternis?
Das hängt damit zusammen, dass ich bei Siemens Monitor[1] bin. Seit vier Jahren überprüfe ich, ob der Konzern sein System auch wirklich geändert hat.
Also nicht mehr besticht.
Genau – und ob diese Veränderung der Firmenpolitik nachhaltig ist. Mit Ende dieses Jahres werde ich meine Tätigkeit beenden, weil sie ihre Kultur wirklich verändert haben.
Korruption ist ein schwieriges Thema. Ich habe ja lange in Arabien gelebt, da kommt man ohne Bestechung nicht weiter – auch nicht im ganz privaten Leben.
Herr Kienzle, das ist wahr. Dort ist die Bestechung das Aufbessern extrem niedriger Löhne. Aber im wirtschaftlichen Bereich gibt es klare Grenzen, wo Sie sagen müssen: »Hier machen wir keine Geschäfte!«
Dann macht ein anderer das Geschäft.
Nicht ohne Weiteres. Ich will Ihnen mal ein kleines Beispiel erzählen: Eines Tages standen 50 Kunden, die Siemens-Medizintechnologie bestellen wollten, am Flugplatz in Nürnberg und haben gesagt: »Jetzt bitten wir, noch zwei Tage nach Disneyland ausgeflogen zu werden. Wir haben aber kein Bargeld.« Da hat Siemens gesagt: »Tut uns leid – das können wir nicht bezahlen.« Darauf hat diese Delegation gesagt: »Dann bekommt ihr den Auftrag nicht.« Siemens hat den Vorgang ordnungsgemäß den übergeordneten Stellen gemeldet und die Aufträge wurden doch erteilt. Man muss manchmal nur den Mut haben. Siemens hat durch diese Methode weltweit keine Aufträge

---

1   Seit Januar 2009 fungiert Theo Waigel als erster nicht amerikanischer Compliance-Monitor (Anti-Korruptionsbeauftragter) bei Siemens.

verloren – vielleicht mal den einen oder anderen. Aber insgesamt nicht.

Erstaunlich.

Die Welt ist nicht besser geworden, aber es hat sich etwas geändert. Ich will Ihnen noch ein Beispiel erzählen. Heinrich Hiesinger, der Vorstandsvorsitzende bei ThyssenKrupp, früher bei Siemens im Vorstand, übrigens auch ein Schwabe, den habe ich mal sehr einprägsam erlebt, als er in Erlangen zu seinen Leuten gesagt hat: »Tut es nicht, im Interesse des Unternehmens. Und tut es nicht, und das ist noch wichtiger, in eurem eigenen Interesse und im Interesse eurer Frauen und eurer Kinder – damit ihr in der Früh in den Spiegel schauen könnt.« Das hat mir imponiert.

Jetzt machen wir einen gewaltigen Sprung: Wenn Sie, Herr Waigel, morgens in den Spiegel schauen – was für einen Landsmann sehen Sie dann?

Einen Schwaben, der im Regierungsbezirk Schwaben lebt.

Aber Sie reden mit bayerischem Akzent.

Herr Kienzle, reden Sie keinen Schafsscheiß! *(Er lacht laut.)* Ich bin Schwabe! Echter Schwabe! Ihr in Baden-Württemberg nennt euch Württemberger, ihr nennt euch Badener und Hohenzoller und weiß der Teufel alles. Bloß nicht Schwaben.

Gibt es eine Rivalität zwischen den bayerischen und den Württemberger Schwaben?

Nein, natürlich nicht. Ich mag die Württemberger Schwaben. Wir waren ja lange genug beieinander. Es hätte ja auch die Möglichkeit gegeben, dass der alte Regierungsbezirk Schwaben beieinander bleibt, aber Napoleon hat das 1805 durch einen Kaiserschnitt anders entschieden. Damals haben mehrere Schwaben, unter anderem der Pfarrer von Thalfingen, erklärt: »Jetzt sind wir also bayerisch. Gott gnade uns. Amen.« Aber so schlimm ist es nicht gekommen.

Man hat sich seitdem etwas auseinander entwickelt, aber es gibt auch viele Gemeinsamkeiten.

Aber die Bajuwarisierungswelle rollt. Wenn man zum Beispiel die Sprache nimmt: Man sagt doch im Allgäu nicht

mehr Bierstüble, sondern Stüberl. Nicht mehr Fleischküchle – sondern Fleischpflanzerl?

Mir ist einmal ein unverzeihlicher Fehler passiert. Ich habe in einem Radiointerview gesagt, ich sei am Sonntag auf der Kappeler Alm gewesen. Darauf kam sofort ein empörter Brief eines wirklichen bayerischen Schwaben und der hat gesagt, das heißt: »Alpe! Nur der Bajuware sagt Alm! Der Schwabe sagt Alp.« Und seitdem ist mir das nie mehr passiert. Beichelsteiner Alp, Kappeler Alp. Es heißt Alp.

Sie leben in Seeg im Allgäu?

Ich lebe in Seeg, ja. Bin aber ein gebürtiger Mittelschwabe und Unterländer. Ich habe mal zu meiner Frau, als ich die Irene[2] kennengelernt habe, gesagt: »Ist eigentlich schon schön, dass wir beide Schwaben sind.« Worauf sie mich kühl angeschaut und gesagt hat: »Du vielleicht scho' – i bin a Allgäuerin.« Eins aber müssen Sie wissen: Meine Frau hat ihre erste Meisterschaft mit zwölf oder mit 13 Jahren gewonnen. Das hieß Flachlandmeisterschaft – weil Seeg der nördlichere Teil der Skigemeinschaft des Allgäus war. Damals musste sie sich »Flachlandmeisterin« nennen. Das ist höchste Ironie. Wenn Sie mir also so kommt, dann sage ich zu ihr »Du bischt ja Flachlandmeisterin.« *(Er lacht herzlich.)*

Wo beginnt denn das Allgäu?

Ach Gott – wenn ich Ihnen die Wahrheit sage, kann ich mich im Allgäu nicht mehr sehen lassen.

Sagen Sie's trotzdem!

In einer Zeitschrift habe ich einmal gelesen: »Das Allgäu beginnt dort, wo d'Küh schöner sind wie d'Mädla.« *(Beide lachen.)* Das habe ich einmal beim Essen meinen Schwiegereltern erzählt – ein zweites Mal trau ich mich das nicht mehr. Wo das Allgäu beginnt, war eine lange umstrittene Frage. Ist es Kempten, ist es Memmingen, ist es Kaufbeuren? Wo ist es? Wenn ich als Unterländer aus Mittelschwaben in Richtung Süden fahre und auf einmal, mit dem Auto kommend so um Memmingen rum oder im Zug vor Kaufbeuren bei Buchloe,

---

2   Theo Waigel ist seit 1994 in zweiter Ehe mit der ehemaligen Skirennläuferin und heutigen Ärztin Dr. Irene Epple verheiratet.

geht die Silhouette auf und die Allgäuer Berge erscheinen –
dann geht einem das Herz auf. Und dann weiß man: Man ist
in der schönsten Region dieser Welt.

Ist das für Sie dann Heimat?

Das ist Heimat.

Nicht Bayern, sondern das Allgäu?

Das ist das Allgäu. Heimat ist enger. Heimat ist nicht das Land.
Heimat ist das Tal, ist die Sprache, ist der Bach, ist der Wald.
Und es sind die Menschen.

Jetzt werden Sie ja richtig sentimental.

Sentimental? Das ist so, Herr Kienzle.

**Und doch ist es für Sie eine Wahlheimat. Sie sind Augs-
burger und nicht Allgäuer Schwabe. Mittelschwabe, wie
Sie sagen.**

Es ist eine Wahlheimat, aber eine Wahlheimat, wo die Menschen
sind, die mir am nächsten stehen. In Ursberg-Oberrohr, dem
Dorf aus dem ich stamme, da liegen meine Eltern auf dem
Friedhof. Da sind meine Großeltern begraben. Der ältere Bruder ist gefallen und liegt in Niederbronn im Elsass mit 15 000
anderen Soldaten. Die Menschen, an denen ich jetzt hänge, die
leben in Seeg. Und wenn ich über Nacht aufwache, dann höre
ich auf einer nahe gelegenen Alpe das Schellen der …

Kühe?

… der Kuhglocken! Manche können da nicht schlafen. Für
mich ist das so schön wie das Läuten von Kirchenglocken.

**Sie haben mal gesagt: Wenn man sieben Schwaben aufein-
anderlegt, erkennt man keinen Unterschied.**

Der oberste ist so verdruckt wie der unterste!

Die Schwaben sind verdruckt? Eigentlich ziemlich gemein.

Das ist eine Riesengemeinheit. Aber nur der Schwabe kann
mit so einem Vorwurf leben. Nur der Schwabe – ned der
Oberbayer …

**Der würde Sie umbringen. Ist Ihnen der Stuttgarter Schwabe
oder der Münchener Bayer näher?**

Von der Sprache her ist es der Stuttgarter. In den letzten

200 Jahren, seit 1805, hat sich aber schon viel an Beziehung zwischen Bayerisch-Schwaben und Altbayern und Franken getan. Gar keine Frage! Und Stuttgart ist uns ein bisschen fremd geworden. Man kommt nach Stuttgart ned so arg oft. Die herrlichste Geschichte, die ich mit Stuttgart erlebt habe, war, als ich einmal, 1981, von München nach Hannover geflogen bin und plötzlich denke ich mir: »Herrschaftszeiten, Zigarren bräuchten sie nicht gerade rauchen!« Damals durfte man noch rauchen im Flugzeug. Dann aber stellte ich fest: Es raucht gar keiner! Der Rauch kam aus der Turbine, ein ungeheurer Qualm, der in die Kabine strömte, weil der linke Motor ausgefallen war. Die Besatzung war natürlich aufgeregt. Bei Würzburg, in Kitzingen, haben wir dann eine Notladung gemacht. Gott sei Dank kamen wir gut runter. Beifall für den Piloten, dann Stille. Jeder hat seinem Herrgott gedankt – und dann höre ich den Ruf eines Württembergers: »I hab älleweil scho gsagt: Man sott' über Schtuggard ned nausganga.«[3] Das fand ich so gut! »Man sott' über Schtuggard eben ned nausganga.« *(Beide lachen.)*

Aber wir müssen festhalten: Noch nie ist ein Schwabe bayerischer Ministerpräsident geworden.

Das ist wahr. Aber Parteivorsitzender der CSU.

Sie wollten es ja werden und wurden auf unschöne Weise verhindert. Hat Sie das getroffen?

Nicht politisch. Aber es war vielleicht ein Fehler von mir, aus der Bundespolitik in die Landespolitik wechseln zu wollen. Ich wusste nach Streibls[4] Rücktritt nicht: Mein Gott, was ist alles noch los? Was kommt noch alles auf uns zu? Wenn damals Alois Glück[5] die Chance gehabt hätte, Ministerpräsident zu werden, dann hätte ich keine Sekunde darauf verschwendet,

---

3 »Ich habe schon immer gesagt, man sollte Stuttgart nicht verlassen!«

4 Max Streibl war bayerischer Ministerpräsident von 1988 bis 1993 und musste wegen diverser Affären, unter anderem der »Amigo-Affäre«, zurücktreten.

5 Alois Glück war ab 1988 Vorsitzender der CSU-Landtagsfraktion und von 1994 bis 2007 des CSU-Bezirksverbands Oberbayern. 2003 wurde er zum Landtagspräsidenten gewählt.

mich zu bewerben. Bei Stoiber[6] war ich ein bisschen skeptisch. Aber er hat es nicht schlecht gemacht. Und im Nachhinein bin ich froh, dass ich im Bund geblieben bin – die deutsche Einheit und der Euro waren große Projekte.

Sie kommen, wie Alois Glück, aus einem Milieu, das nicht großbürgerlich war?

Nein. Der Vater war Maurerpolier und kleiner Landwirt mit 15 Tagwerk.

Da mussten Sie auch körperlich mit anpacken?

Ich musste viel arbeiten. Es gibt keine Arbeit in der Landwirtschaft, die mir fremd ist.

Haben Sie sich damals geniert als Oberschüler?

Dann und wann hat es wehgetan, wenn mich Schüler aus Städten als »Bauer« bezeichnet haben. Aber ich habe sehr schnell mein Selbstbewusstsein so stark gepflegt, dass ich denen mit 13, 14 ebenbürtig war. Und dann in manchen Bereichen mehr gewusst habe als die. Und am Schluss habe ich die Abiturrede gehalten – und kein Städter.

Wie erklären Sie sich das?

Ach Gott – ich war neugierig. Und ich hatte gute Menschen in meiner Nähe. Es gab bei uns ein heimatvertriebenes Oberlehrer-Ehepaar aus dem Sudetenland und dessen Sohn, der aus dem Krieg kam und in Erlangen studierte. Die haben meinen Eltern, vor allem meinem Vater, beigebracht: Schicken Sie den Bub auf die Schule. Die haben gesehen: Man kann uns alles nehmen, außer dem, was wir gelernt haben. Mein Vater war ein g'scheiter Mann. Und hat sich gegen die Lehrer, gegen den Pfarrer und gegen meine Mutter durchgesetzt und hat zugestimmt – weil er schon 1950 erkannt hatte, dass eine kleine Landwirtschaft mit 15 Tagwerk keine Zukunft hat. Damals hat das kaum ein Agrarpolitiker geahnt. Meinem Vater verdanke ich das – und das hat mich selbstbewusst gemacht. Damals habe ich mir überlegt: Ich brauche doch überhaupt keinen Minderwertigkeitskomplex zu haben. Ich komme aus Ursberg. Das ist eine Prämonstratenser-Gründung aus dem Jahre 1119, vom Heiligen Norbert selber

---

6 Edmund Stoiber war von 1993 bis 2007 Ministerpräsident des Freistaates Bayern und von 1999 bis 2007 Vorsitzender der CSU.

gegründet. Da war bis 1805 ein stolzes reichsunmittelbares Stift. Ende des 19. Jahrhunderts hat ein Pfarrer, Dominikus Ringeisen, weil er das Elend von behinderten Menschen auf den Dörfern nicht mehr sehen konnte, eine große Behinderteneinrichtung gegründet – noch heute die größte Einrichtung dieser Art in Deutschland. Und als ich ans Gymnasium nach Krumbach kam und alle gefragt wurden: »Wo kommst du her? Auf welcher Schule warst du?«, habe ich stolz gesagt: »Aus Ursberg!« Und dann haben alle gelacht: »Der kommt von der Deppenschule!« Das hat mich wahnsinnig gekränkt. Damals habe ich mir geschworen: Wenn ich mal groß bin, dann sorge ich dafür, dass ihr nie mehr lacht, wenn ich sage: Ich komme aus Ursberg!

Das ist Ihnen gelungen.

Das habe ich eingehalten. Aus meinem Heimatort kommt Dr. Fridolin Rothermel, nur über die Straße war er geboren. Der war so alt wie mein Vater, promovierter Volkswirt, hat in eine Landwirtschaft hineingeheiratet und wurde 1932 Landtags- und Reichstagsabgeordneter. Von den Nazis wurde er aller Ämter enthoben und hat bis 1945 mit viel Glück überlebt. Nach dem Krieg wurde er Landrat von Krumbach und Präsident des Bayerischen und später des Deutschen Bauernverbandes. Immer in der Frühe fuhr er mit seinem Wagen an der Schule vorbei. Und da habe ich mir gedacht: »Landrat, das machst du mal. Und zwar hier in Krumbach! Und dann lässt du dich auch immer in der Frühe daheim abholen.«

... und fährst an der Schule vorbei.

Diesen Wunsch hatte ich bis 1972. Dann wurde der Landkreis Krumbach aufgelöst. Und ich musste mich nach einem anderen Berufswunsch umsehen.

Ich habe vor einigen Tagen mit Herbert Knaup, der aus dem Allgäu kommt, gesprochen. Er hat es als typisch schwäbisch bezeichnet, seinen Weg zu erkennen und auf ihn zu setzen – auch gegen Widerstände.

Das ist sehr schwäbisch. Das kenne ich auch von meinem Vater. Falsche Freundschaften gab es für ihn nicht! Lieber hat er allein gelebt, als dass er falsche Freundschaften gehabt hätte.

Der Schwabe kann gut allein sein?

Schwaben können allein sein, können auch eigen sein, können auch eigenbrötlerisch sein – das ist schon schwäbisch. Und auch sehr klar zu sagen: »Das ist mein Weg!« Bis hin zur Selbstaufgabe – zu sagen: »Das gebe ich nicht auf!«

Welche Bedeutung hat für Sie der Dialekt?

Daheim reden wir natürlich Dialekt, meine Frau den Allgäuer, mein Sohn auch weitgehend den Allgäuer, ich mehr das Mittelschwäbische, das immer ein bisschen anders bleiben wird – zwischenzeitig aber von den Allgäuern akzeptiert wird, seit ich mitgeholfen habe, die Kirche zu renovieren …

Kann man sich im Dialekt raffinierter ausdrücken?

Es gibt manche Seelenzustände, die man im Dialekt ganz besonders gut zum Ausdruck bringen kann.

Zum Beispiel?

Ich will Ihnen mal folgende Geschichte erzählen: Der Allgäuer Pfarrer kommt zum sterbenden Bauern und will ihm die letzte Ölung, das Sterbesakrament, geben. Dann fragt ihn der Bauer: »Moinsch, wenn i a Spend' gäb' für'd Kirch – krieg i no en bessern Platz em Hemmel?« Darauf sagt der Pfarrer: »Versprecha ko i's et. Aber probiera dät i's!«[7] *(Er lacht.)*

Da kommt der Finanzminister durch!

Das ist schwäbisch!

Augsburg war mit den Fuggern im Mittelalter die Weltwirtschaftsmetropole. München war damals völlig unbedeutend – heute ist es genau umgekehrt!

So geht es mit allen Metropolen. Keine Metropole bleibt über 1000 Jahre hinweg oben. Das ist ein Auf und Ab. Und richtig ist natürlich: München hatte das größere Glück, lag günstiger und hatte dann auch die Könige und Herrscher, die mit Residenzen und Kirchen aus München das gemacht haben, was es heute ist. Während die Fugger und Welser eine beschränkte Zeit hatten.

200 Jahre.

---

7   »Wenn ich eine Spende für die Kirche gäbe, bekäme ich dann einen besseren Platz im Himmel?« – »Versprechen kann ich's dir nicht. Aber versuchen würde ich es.«

Immerhin, aber eine beschränkte Zeit. Während die Fürsten-
häuser und die Herzogshäuser einen längeren Bestand hatten.
Und sich auch aus den Schätzen der Kurpfalz bedienen konnten – das kam hinzu.

**Die Fugger waren, wirtschaftlich gesehen, bisher die erfolg-
reichsten Schwaben.**

Ohne Zweifel!

Erfolgreicher als die Württemberger Schwaben?

Das stimmt. Die Fugger waren in ihrer Zeit genial. Der
Fugger, der mir besonders imponiert hat, das war Fürst Joseph-
Ernst, der im Widerstand war, mit Joseph Bernhart eng be-
freundet, sich Gott sei Dank vor Freisler[8] retten konnte, im
Zuchthaus war, dann vier Jahre Bundestagsabgeordneter
und später auch viele Jahre im Bayerischen Landtag. Den traf
ich 1980 in Bonn. Mein Wohnort liegt nicht weit von seinem
Schloss in Kirchheim, mit einem herrlichen Zedernsaal, mit
Zedernholz aus dem Libanon, der sagte dann: »Besuchen Sie
mich mal.« Ich dachte mir, das wird der nicht wörtlich gemeint
haben. Ein Jahr später treffe ich ihn wieder und da sagte er:
»Ich lade Sie jetzt zum zweiten Mal ein. Aber dreimal lädt ein
Fugger nicht ein!« Einige Tage später habe ich ihn dann besucht. Es war ein großes Glück, mit ihm einen ganzen Tag über
Gott und die Welt reden zu können. Vier Wochen später starb er.

Was kann man von den Fuggern für die heutige Zeit lernen?

Dass man global denken muss. Lokal handeln, wissen wo man
hingehört – und global denken. Nur ein globales Denken befreit uns vor den Unglückseligkeiten des letzten Jahrhunderts.

**Wilfried Scharnagl[9] hat vor einiger Zeit gefordert, Bayern
müsse aus der Bundesrepublik austreten und einen eigen-**

---

8 Der Jurist Roland Freisler war von August 1942 bis zu seinem Tod 1945
Präsident des Volksgerichtshofs und als Strafrichter im nationalsozialisti-
schen Deutschland verantwortlich für Tausende von Todesurteilen. Er war
unter anderem Vorsitzender des Prozesses gegen die Mitglieder der Wider-
standsgruppe »Weiße Rose«.

9 Der Journalist und CSU-Politiker Wilfried Scharnagl war von 1977 bis 2001
Chefredakteur der CSU-Parteizeitung »Bayernkurier« und veröffentlichte
im August 2012 das Buch »Bayern kann es auch allein: Plädoyer für den
eigenen Staat.«

ständigen Staat gründen – würden Sie in Stuttgart Asyl be-
antragen, wenn es so weit käme?

Ich habe keine Sorgen, dass das Wirklichkeit wird.

Aber das hat doch was: Bayern – ein eigenes Land in Europa!
Wissen Sie, Herr Kienzle, womit das manchmal zusammen-
hängt? Es gibt den einen oder anderen Bayern, nicht schwäbischen Bayern, sondern den Altbayern, der glaubt, dass
Bayern ein Kontinent sei – und das ist es nicht. *(Er lacht.)* Es
ist auch kein Planet! *(Er lacht.)* Insofern verfolge ich diese Diskussion, in der ja auch Gauweiler[10] die Vorgänge in
Europa mit dem Ende von Ludwig II. vergleicht, mit etwas
intellektueller Belustigung und der gebotenen christlichen Ge-
lassenheit.

**Aber wenn man den Gedanken mal zu Ende führt: Würden
die bayerischen Schwaben automatisch in Bayern bleiben
oder würden die dann doch eher sagen: nein, soweit kommt
es nicht?**

Die Altbayern, die das wollen, müssten gut Obacht geben, dass
sich Bayern dann nicht fragmentiert. Ich erinnere die Herr-
schaften an das bedeutungsschwangere Jahr 1976, als Franz
Josef Strauß und einige andere in Wildbad Kreuth glaubten,
als Vorstufe für die Abspaltung Bayerns von der Bundesrepublik Deutschland die CSU von der CDU trennen zu müssen. 30 Vertreter der Landesgruppe waren damals für diesen
kongenialen Gedanken. 18, darunter ich, waren dagegen.
Damals hat Helmut Kohl dem Franz Josef Strauß gesagt:
»Wenn du das machst, dann gründe ich die CDU in Bayern.«
Umfragen haben damals ergeben, dass die CSU in Bayern in
einem solchen Fall auf nur knapp 30 Prozent gekommen wäre
– und die CDU auf 20 Prozent. Die CSU hätte also keine
Mehrheit mehr gehabt und hätte die CDU als Koalitionspartner gebraucht. Und noch ein interessanter Gedankengang:
Die Hanns-Seidel-Stiftung, wo Wilfried Scharnagl Vorstands-

---

10   Peter Gauweiler war von 1990 bis 1994 bayerischer Staatsminister für
     Landesentwicklung und Umweltfragen. Seit 2006 ist er Vorsitzender des
     Unterausschusses »Auswärtige Kultur- und Bildungspolitik« des Auswärtigen
     Ausschusses des Deutschen Bundestages.

mitglied ist, bezieht ihre Hauptfinanzmittel vom Bund. *(Er lacht.)* Also, der eingeweihte und kundige Theo Waigel warnt vor diesem Experiment.

Es gibt ja den wunderbaren Schmäh: »Die Bayern und die Schwaben, die schissen in den Graben. Aus dem Gestank entstand der Frank!«

Das ist bös!

Das unterstellt, dass die Schwaben mit den Altbayern kollaborieren.

Der Lech ist die Sprachgrenze geblieben und die bayerischen Schwaben haben sich da nicht assimiliert! Wenn Sie heute in Landsberg von Bayern nach Schwaben rüber fahren, dann können Sie fünf Kilometer vorher noch Urbayerisch hören und zwei Kilometer danach ein richtiges Schwäbisch.

Aber dieses »Mir-san-mir«-Bewusstsein« – das haben die Schwaben nicht.

Nein. Das braucht es auch nicht. Wenn ein paar Hundert Oberbayern in den Vatikan fahren, dann sagen die wirklich: »Mir san Papst!«[11] Der Schwabe würde hinfahren und sagen: »Beichta möcht i do ned!«[12] *(Er lacht.)*

Die Schwaben ducken sich häufig weg, sind zu Kompromissen bereit, sind nachdenklich. Das kann man von den Bayern nicht behaupten.

Wegducken würde ich nicht sagen. Nachdenklich sind die Schwaben.

Ich habe gelesen, dass Sie Ernst Jünger bewundern – und gleichzeitig auch den marxistischen Philosophen Ernst Bloch. Wie geht das zusammen?

Ich bringe noch ein paar andere zusammen. Ich mag zum Beispiel Joseph Bernhart und Ernst Wiechert. Und genau vor einer Woche stand ich am Grab von Immanuel Kant in Königsberg. Das ist für mich der Größte. Aber auch der Schwierigste. Mein Gott, ist der für einen Juristen schwierig zu erfassen!

---

11 »Wir sind Papst!«

12 »Beichten möchte ich hier nicht!«

Jünger war eine komplizierte Persönlichkeit.

Eine ganz komplizierte Persönlichkeit. Begeistert hat mich sein »Pariser Tagebuch«, wo er an der Seite von Stülpnagel[13] in der schwierigen Zeit der Besatzung als deutscher Hauptmann Kontakt zu den französischen Intellektuellen hielt, mit denen so gut es nur ging konferierte und mit ihnen zusammenkam – und auch als Deutscher akzeptiert wurde. Das fand ich genial. Stülpnagel war ja jemand, der unverkennbar zum Widerstand gehört hatte.

Für die Linke ist Jünger ein Feindbild.

Auf der anderen Seite haben ihn Felipe González und François Mitterand besucht – der ist nicht so ohne Weiteres irgendwo einzuordnen. Die Zusammenarbeit mit Stülpnagel hätte ihn ja auch das Leben kosten können. Ernst Jünger habe ich 1997 besucht, weil er mich einfach interessiert hat. Wir haben uns in der Försterei lange unterhalten, meine letzte Frage an ihn war: »Aus der Summe eines 100-jährigen Lebens«, 101 Jahre war er damals alt, »was geben Sie der jungen Generation mit auf dem Weg?« Da sagte er: »Sagen Sie den jungen Leuten: Es ist besser, in der Zuversicht als in der Furcht zu leben.« Und das finde ich, aus der Summe eines so schwierigen, widersprüchlichen Lebens, einen beachtlichen Satz. So komme ich zu Ernst Jünger und habe ihm, zum Entsetzen der Linken, nach seinem Tod auch eine Briefmarke gewidmet – was ich als Bundesfinanzminister tun durfte.

Sie gelten als der »Vater des Euro«. Diese Zuversicht von Ernst Jünger, die brauchen Sie auch heute, was den Euro anbelangt!

Ich habe keine Angst um den Euro. Ich habe Angst um die Politik einiger europäischer Länder.

Bereuen Sie es denn, dass Sie den Euro eingeführt haben?

Im Gegenteil! Es wäre doch eine Katastrophe, wenn wir heute in Europa 30 verschiedene Währungen hätten. Wir wären ein Spielball für Amerika und China.

---

13 Carl-Heinrich von Stülpnagel war General der Infanterie der Wehrmacht im Zweiten Weltkrieg und an der Verschwörung der Offiziere gegen Adolf Hitler am 20. Juli 1944 beteiligt.

**Sie sind in einem Umfeld aufgewachsen, das sehr europa-
skeptisch ist – bis heute. Warum sind Sie zum begeisterten
Europäer geworden?**

Weil ich gesehen habe, dass die Kleingeisterei in Deutschland
uns nicht weiterführt. Und weil ich gesehen habe, schon als
ganz junger Mensch, dass das ungeheure Gegeneinander, die
Abfolge von Kriegen, uns nicht weiterbringt. Weil ich die
Lesebücher meiner älteren Geschwister gelesen habe und darin
die Hassgesänge gegen Frankreich »Hier ist der Rhein – wo
stehen wir? Den Finger drauf – den nehmen wir!« Alles, was
da an Hass war. Schon als Bub habe ich mir damals gesagt:
Das kann doch nicht unsere Welt sein!

**Im Augenblick kippt die Stimmung in Europa wieder – und
die Deutschen werden in eine Situation gedrängt, diejenigen zu sein, die andere kujonieren mit ihrer Sparpolitik.**

Was in den einzelnen Ländern passiert gegenüber Deutschland
ist töricht. Das muss man denen auch sagen. Wir kujonieren
niemanden, sondern wir helfen! Wir sind eine Nation, die im
Moment sehr viel Verantwortung zeigt und auch übernimmt.
Das kann man auch darstellen, das muss man auch darstellen
und vielleicht noch stärker begründen. Das andere ist aber,
dass wir bei alldem – und da gebe ich Helmut Schmidt recht
– nicht arrogant wirken dürfen. Ich finde es gut, dass ausgerechnet Helmut Schmidt das sagt – weil er ja früher selbst
so gewirkt hat. *(Er lacht.)* Aber trotzdem: Er hat recht! Wenn
jemand meint, mit Griechenland sei das so wie beim Bergstei-
gen – wenn jemand an deinem Seil hängt und dabei ist, dich
mit in den Abgrund zu reißen, musst du das Seil kappen –,
dann muss ich ehrlich sagen: Ein solches Beispiel halte ich für
geschmacklos und ziemlich unangemessen.

**Das haben Journalisten »södern«[14] genannt – eine neue Art
von Rhetorik in der Politik.**

Es lohnt sich, seine Worte zu wägen. Der polnische Publizist
und Politiker Bartoszewski hat einmal ein Büchlein mit dem
Satz überschrieben: »Es lohnt sich, anständig zu sein.«

---

14   Nach dem bayerischen Finanzminister Markus Söder, von dem das von Theo
     Waigel angesprochene Zitat stammt

Martin Walser hat vor einiger Zeit gesagt, er bedaure, dass im europäischen Integrationsprozess zu sehr auf die wirtschaftliche Einheit Europas gesetzt wird und zu wenig auf die kulturelle. Ist genau das die Schwäche Europas: dass zu sehr auf die Wirtschaft geschaut wird – und die Menschen darüber vergessen werden?

Wenn ich mir vorstelle: Meine beiden älteren Kinder waren in Frankreich, in England, in Amerika, haben woanders studiert. Mein jüngster Sohn war vor einem Jahr für acht Wochen in Dourdan bei Paris bei einem Freund und der war wieder acht Wochen bei uns. Mein Gott – ist das ein Fortschritt gegenüber dem Leben meiner Eltern, gegenüber dem meiner älteren Geschwister und auch gegenüber meinem Leben! Diese Netzwerke der jungen Leute müssen wir viel stärker für Europa nutzen. Martin Walser gehört zu denen, die ich sehr gerne mag. Was er im »Springenden Brunnen« schreibt, das ist auch mein Leben, das ist auch meine Gegend, meine Region. Und er hat recht: Wir brauchen noch mehr kulturelle Begegnung in Europa.

Zurück zu den Schwaben: Gibt es ein schwäbisches Lieblingswort für Sie?

Wenn der schwäbische Chefarzt im Krankenhaus von Füssen bei seiner Visite zu einem Patienten kommt und den fragt: »Wie geht's?« Dann antwortet der schwäbische Patient: »It minder«. Das heißt: »Es geht nicht schlecht. Aber so gut, dass du dich nicht weiter anstrengen solltest, auch wieder nicht.« *(Er lacht.)*

Das verbindet die Allgäuer Schwaben mit den Stuttgarter Schwaben: Es wird mit negativen Begriffen gelobt.

»It minder« – das ist Poesie. Und ein Wort, das fast nicht mehr gebraucht wird, das mag ich am liebsten: »selbander«.

Das hat mein Großvater auch noch gebraucht! Da sehen Sie, wie wir doch sprachlich verbunden sind.

In meiner Kindheit hat man gesagt: »Wir gehen selbander aus.« Da stecken die beiden Worte »selber« und »ein anderer« drin – »selbander«.

Miteinander.

Das ist fast ausgestorben. Aber für mich gibt's das noch. »Selbander«.

»Ich bin
der Beschde und
baschda!«

Hans Wall

Hans Wall
Der Klobalisierer

Er kam mit dem Smart. Obwohl er zu Hause, in der Garage seiner Villa am Wannsee, einen Lamborghini stehen hat. Hans Wall hat ein schlechtes Gewissen. Für unser Gespräch hat er sein Büro in der Stiftung »Denk mal an Berlin« gewählt. Er ist nämlich – obwohl Schwabe – auch ein großzügiger Mäzen. Das Haus gehört ihm. Und er ist stolz darauf. Berlin, Kantstraße, nicht weit vom Savignyplatz, an einem sonnigen Sommermorgen.

Hans Wall ist ein reicher Rentner. Vor Jahren hat er sich aus seiner Wall-AG zurückgezogen und viele Millionen dafür kassiert – das Ende einer ungewöhnlichen schwäbischen Unternehmerkarriere. Als Jugendlicher schaffte er gerade so seinen Hauptschulabschluss, er saß im Jugendknast, weil er Bananen geklaut hatte. »Aus dem Jungen wird nie was«, schimpfte einst sein Vater. Aber aus dem Jungen aus Aalen wurde doch etwas – wenn auch auf sehr skurrile Weise. Bei den Zeugen Jehovas lernte er Disziplin und freies Reden, den Rest brachte er sich selber bei. Am Ende hatte er einen weltweit agierenden mittelständischen Konzern zusammengebastelt. Der liefert »Stadtmöbel«. Seine Toiletten stehen in Berlin, Bottrop oder Boston, ebenso seine Wartehäuschen und Werbewände. Der Herr der Münztoiletten hatte sich einen jahrelangen Kampf mit seinem französischen Konkurrenten geliefert und am Schluss seinen Frieden mit ihm geschlossen.

Vor Jahren hat er sich eine Hochglanz-Biografie geleistet, bei einem journalistischen Profi für viel Geld in Auftrag gegeben – bei Hajo Schumacher, dem Medienjournalisten. Schwäbisch kommt darin nur am Rande vor. Dabei schwätzt der Selfmademan noch immer breiten Dialekt – und schätzt die schwäbischen Werte.

Unser Gespräch beginnt er mit einem wilden Gefühlsausbruch. Hans Wall schimpft wie ein Rohrspatz über deutsche Politiker und den Euro.

HERR WALL, guten Morgen ...
Guten Morgen, wenn ich Nachrichten höre, rege ich mich jedes Mal auf! Wir haben die gleiche Stimme wie Malta! Zahlen aber 30 Prozent! Unsere Politiker sind Duckmäuser!
Es gibt europäische Verträge. Die können gar nicht anders ...
Da bin ich schon ein bisschen anderer Meinung. Also – so wie der Trittin für die Eurobonds eintritt ...
Die kommen, da können Sie sich fast sicher sein.
So weit kommt's noch! Dann gibt es einen Volksaufstand in Deutschland. Wenn der Herr Waigel bei der Euroeinführung sagt: »Niemals kann es vorkommen, dass wir für die Schulden der anderen Länder geradestehen müssen!« Und 20 Jahre später sollen wir zahlen!
Ohne europäische Solidarität gibt es kein Europa.
Ach Quatsch, das hat doch mit Europa nichts zu tun. Der Euro reißt ganz Europa auseinander, wenn wir so weitermachen. Außerdem verstehe ich sowieso nicht, warum das viertgrößte Land nicht allein seinen Weg gehen kann – in wirtschaftlicher Hinsicht ist Deutschland die Nummer vier auf der Welt!
Deutschland hat am meisten vom Euro profitiert!
Profitiert? Weil wir unsere Waren g'scheit bauen, profitieren wir doch nicht! Wir verschulden uns derart. Wir versündigen uns an Generationen nach uns!
Das regt Sie ja wirklich auf!
Das regt mich auf! Wir Deutschen sind international doch konkurrenzfähig. Warum sollen wir gemeinsam mit den Spaniern und Griechen plötzlich besser dastehen? Das ist doch reiner Quatsch! Die Größe eines Staates spielt überhaupt keine Rolle, sondern seine Leistungsfähigkeit. Das gilt auch für Unternehmen.

Sind Sie denn nicht für Europa?

Natürlich. Dass wir mit unseren Nachbarn friedlich klarkommen wollen, ist doch klar. Jetzt sage ich noch eins, dann sage ich nichts mehr: Wenn man das, was hier in Europa alles passiert, auf eine Firma übertragen würde, wenn der Finanzvorstand so einen Mist bauen würde wie zum Beispiel die Aufnahme von Griechenland in den Euro – einen total bankrotten Staat! Dann wäre schon längst der Staatsanwalt da und würde sagen: »Wie können Sie die Firma so in Gefahr bringen?«

Jetzt müssen Sie sich aber beruhigen.

Es geht um unser Land!

Es geht um unser Thema!

Ach ...

Von Ihnen stammt ein Satz, den ich erstaunlich finde: »Das größte Problem in Friedenszeiten ist das Fehlen von Toiletten.« Ist die Eurokrise also nur eine Kleinigkeit?

(Er lacht.) Die Toilettenprobleme darf man auch nicht unter den Tisch kehren.

Sie sind Unternehmer und Sie haben irgendwann einen Markt entdeckt: das öffentliche Scheißhäusle.[1]

Wenn man sich mit dem Thema einmal befasst, stellt man fest: Wie es auf den Toiletten in unseren Städten aussieht – das ist ein Skandal. Als ich hierhergekommen bin, nach Berlin, habe ich erst einmal alle Toiletten persönlich aufgesucht.

Sie haben die getestet?

Ich habe mir die angeguckt und sie fotografiert. Ich meine: Als Unternehmer musst du ja froh sein, wenn es irgendwo schlecht aussieht. Dann kannst du überlegen, wie man es besser machen kann. Aber wenn Sie wüssten, wie die Toiletten damals hier ausgesehen haben! 286 Toiletten und alle eine Katastrophe! Ich hab daheim noch das Fotobuch. Aber jetzt kommt's: Für diese 286 Toiletten hat die Berliner Stadtreinigung 30 Millionen D-Mark ausgegeben! Jährlich! Nur fürs Saubermachen. Aber die konnte man gar nicht mehr saubermachen, so verrottet waren die! Da sieht man, wohin das Monopol der öffentli-

---

1 Schwäbisch für: Toilette

chen Einrichtungen führt: Dann sieht alles aus wie geschissen und gekotzt! Das Monopol lähmt jegliche Innovationen. Eine Todsünde gegenüber den Steuerzahlern.

Und das haben Sie geändert?

Ich bin damals zum Senator gegangen: »Schau mal, wie deine Toiletten aussehen!« Ich habe zu ihm gesagt: »Machen Sie eine internationale Ausschreibung.« Schwaben sind ja ehrlich – wir wollen ja nichts geschenkt haben. Das war mutig. Aber Mut muss ein Unternehmer einfach haben. Wer nur ein Monopol will, um sich darauf auszuruhen, ist kein Unternehmer. Das macht doch überhaupt keinen Spaß. Dann haben die eine internationale Ausschreibung gemacht – das war mein ganz großes Glück.

Wer waren die Wettbewerber?

Der Franzose.[2] Und auch andere, auch aus England. Mein großes Glück war, dass der Senat etwas gefordert hat, mit dem auch ich nicht gerechnet hatte: Alle neuen Klos mussten behindertengerecht sein. Das gab es auf der ganzen Welt noch nicht. Da kam schon das große »Das geht nicht!« Der Franzose, mein Hauptkonkurrent, hatte damals schon tausend Toiletten aufgebaut gehabt. Für den war klar: »Besser wie ich isch keiner.« Aber jetzt wird was gefordert, was auch er nicht hatte: eine Toilette, wo die nicht Behinderten und die Behinderten draufgehen können. Wenn Behinderte Sondertoiletten benutzen müssen, ist das ja eigentlich auch eine Unverschämtheit. Da haben wir gesagt: »Geht nicht, gibt's nicht!« Dann habe ich mich mit Behinderten zusammengesetzt und zusammen mit meinen Ingenieuren haben wir das zur Produktion gebracht.

Dieser Erfindergeist – war das der Schwabe in Ihnen?

Ich hab zu meinen Leuten gesagt: »Kinder, wenn Atomraketen gebaut werden können, dann wird ja wohl auch eine Toilette gebaut werden können, wo sowohl Behinderte wie nicht Behinderte nutzen können! Das ist doch nur eine Platzfrage!« Und da kam uns die tolle Idee: »Mensch, wir machen die

---

2 JCDecaux SA, mit 2,2 Milliarden Euro Jahresumsatz, heutiger Weltmarktführer für Außenwerbung

Toilettenschüssel schwenkbar.« Und plötzlich hatten wir nur noch den Platzbedarf einer Litfaßsäule. Sie werdet lacha: isch heut a Weltpatent!

Ein Weltpatent?

Dafür habe ich von der EU sogar den »Breaking Barriers Award« 2001 gewonnen.

Na also!

Preisverleihung in Brüssel. *(Er lacht herzlich und laut.)* Für eine Scheiß-Toilette! *(Er lacht.)*

Und jetzt zahlt der Benutzer 50 Cent und der Senat zahlt gar nichts mehr? Sie reinigen die Toiletten und betreiben sie auf eigenes Risiko?

Wir haben natürlich auch noch Plakatflächen bekommen. Diese 50 Cent reichen natürlich bei Weitem nicht aus, um so ein hochtechnisches Produkt zu betreiben. Wenn Sie sich das angucken, was da an Hightech drinsteckt! Wenn die Plakatwerbung gut ausgelastet ist, machen wir Gewinne. Das muss auch so sein. Wenn sie schlecht ausgelastet ist, machen wir eben keine Gewinne – aber die Toiletten müssen wir trotzdem betreiben. Das Risiko ist nicht mehr beim Steuerzahler.

Sie haben ja mit Außenwerbung angefangen. Wie kamen Sie auf die Toilette?

Der Franzose war auch bei der Außenwerbung schon immer mein Hauptkonkurrent. Irgendwann hat er begonnen, Toilettenhäuschen anzubieten. Die Idee war einfach: Eine Firma baut der Stadt kostenlos saubere und formschöne öffentliche Klos und betreibt sie auf eigene Kosten. Die Firma finanziert das durch die Gebühren der Benutzer und durch Werbung. Das hat den Städten natürlich gut gefallen. Die anderen deutschen Außenwerber haben den Franzosen schlecht gemacht: »So was brauchen wir in Deutschland nicht.« Ich habe mir aber gedacht: »Mensch, der ist gar nicht schlecht. Aber ich müsste ein besseres Produkt haben!« Und dann habe ich angefangen …

Zu tüfteln?

Ich hab mir sein Patent kommen lassen. Ich wollte ja kein Patent verletzen. Schwaben sind keine Nachahmer! Abkupferer! Wir haben schon unseren Ehrgeiz. Ich habe dann auch die Nachteile der französischen Toilette schnell kapiert. Aber dann eine automatische Toilette zu bauen – da war ich eigentlich total überfordert.

Sie haben Ingenieure engagiert?

Noi – erst amol musst du das selber machen. Und dann musst du einen Ingenieur suchen, das ist klar. Aber erst einmal selber machen!

Sie sind also schon selber der Tüftler?

Ich habe ein Modell gemacht – aus Pappe. Für mich war die Toilette damit fertig – wenn du mal nachweisen kannst, dass das als Modell funktioniert, warum soll es im Original nicht auch funktionieren? Und mit dem Pappmodell bin ich zum Oberbürgermeister von Mannheim. *(Er lacht.)* Ich weiß noch, wie der komisch geguckt hat und der Franzose hat dann den Auftrag in Mannheim gekriegt. Ein paar Jahre später habe ich den Mannheimer OB dann bei einer Messe getroffen – in Osteuropa. Da kam er an unseren Stand – und da war das Ding fertig: die Wall-City-Toilette. Und da hat er zu mir gesagt: »Herr Wall, wenn ich gewusst hätte, dass Sie das schaffen, hätten Sie den Zuschlag bekommen! Aber ich habe damals nur Ihr Pappmodell gesehen.« Da habe ich gedacht: »Mensch, so kleinkariert!« Wenn ein Unternehmer schon einmal tolle Ideen hat – und dann glauben die Leute nicht, dass er es schafft!

Na ja, bei einem Pappmodell wäre ich auch vorsichtig gewesen …

Ach Kinder! Ihr müsst jungen Leuten mit Ideen Chancen geben! Da muss man einfach in der Lage sein, das zu beurteilen – den Mann und sein Produkt. Das muss man einfach sehen: Das schafft der! Ich habe nur gedacht: »Das kann doch nicht sein, dass der dir damals nicht geglaubt hat!«

Das Modell auf der Messe ist dann aber nicht mehr aus Pappe gewesen!

Ich hatte damals erkannt: Es hat keinen Sinn, wenn ich mich da hinsetze und das alles selber konstruiere. Da wär ja meine ganze Firma liegen geblieben. Ich wusste: Da brauchst du einen guten Ingenieur. Dann habe ich einen guten Ingenieur gesucht – und auch einen wirklich guten Mann gefunden. Eines Tages hat er mir am Telefon mitgeteilt, ich war gerade unterwegs: »Der erste Prototyp ist fertig!« Da habe ich mir natürlich gedacht: »Nichts wie hin!« – »Aber gehen Sie nicht rein!«, hat er noch gesagt. »Die funktioniert noch nicht!« Das war ausgerechnet an Weihnachten, nachmittags wollte ich meine Tochter vom Flughafen abholen.

Hier in Berlin?

Ja, hier in Spandau ist unser Werk. Kein Mensch war mehr da. Ich geh da rein und sehe den weißen Kasten: die erste Wall-City-Toilette! Kein Traum! Da war so ein Kreppkleber drauf: »Bitte nicht einschalten«. Ich reiß den Kreppkleber weg, werf 50 Pfennig rein und die Türe öffnet sich.

Und niemand sonst war da?

Nein, die ganzen Werkarbeiter waren in den Weihnachtsferien! Ich geh da rein. Und die Tür geht zu. Ich guckte mir das alles an – und irgendwann wollte ich wieder raus. Aber die Türe ließ sich nicht öffnen. »Oh je«, dachte ich mir. »Jetzt kommst du erst in einer Woche wieder raus. Wenn die wieder anfangen zu arbeiten …«

Wenigstens hatten Sie ein Klo!

Ich bin dann an der Innenwand nach oben geklettert, da habe ich mich aufgeschnitten. An der Innenwand lief schon das Blut runter. Da wurde ich panisch.

Das klingt ja nach einem Krimi!

Es ist gefährlich, wenn der Mensch panisch wird.

Von der eigenen Erfindung gefangen.

Irgendwie habe ich das dann von unten aufgeschoben. Und dann kam ich raus und bin wirklich schweißgebadet zu meiner

Tochter zum Flughafen gefahren. Aufgrund dieser Erfahrung habe ich dann einen Notausstieg einbauen lassen.

Sie stammen aus Aalen ...

Aus Ôhla![3] Ahlen ist in Westfalen.

Also Sie sind Schwabe durch und durch?

Ja, und ich bin stolz drauf.

Im Jahr 2005 wurden Sie zum »Berliner des Jahres« gewählt. Wenn ein »Berliner des Jahres« sagt: »Ich bin stolz, ein Schwabe zu sein« – das klingt schon ein bisschen komisch, oder?

Ich bin natürlich auch stolz, ein Berliner zu sein. Aber ich bin ein schwäbischer Berliner.

Worauf sind Sie denn mehr stolz? Aufs Berliner- oder aufs Schwabesein?

Ich bin schon 30 Jahre hier. Kinder, Berlin ist doch unsere Hauptstadt! Da kommen wir wieder zum Europathema: Bevor ich Griechenland und Spanien entschulde, entschulde ich doch erst einmal die deutsche Hauptstadt. Oder Bremen oder das Saarland. Also deutsche Länder, die das Geld dringend bräuchten! Die Griechen wollen ihr Land doch selber in Ordnung bringen. Was wäre denn so schlimm daran, wenn man sagt: »O. k., geht raus aus dem Euro. In zehn Jahren könnt ihr wieder zurückkommen.« Aber jetzt kommen wir wieder vom Thema ab ...

Genau! In Ihrer Jugend sind Sie ja einmal wirklich im Knast gelandet. Und ausgerechnet eine Sekte hat Sie wieder auf den rechten Pfad gebracht?

Das war schon mehr die Erziehung im Elternhaus. Meine Mutter kommt aus einem schwäbischen Bauernhaus, aus Schwäbisch Gmünd. Das waren anständige Leute. Das hat mich am meisten geprägt. Aber Sie haben schon recht: Bei den Zeugen Jehovas habe ich die Bibel studiert. Ich würde da heute nicht mehr eintreten – aber vor den Leuten habe ich Respekt. Wenn Sie in die großen Stadien gehen und da sind 100 000 Zeugen

3 Schwäbisch für: Aalen im Ostalbkreis

Jehovas, und wenn Sie da den Geldbeutel verlieren – da brauchen Sie keine Karte sperren zu lassen! Da wird nichts geklaut! Ich habe da sehr viel gelernt, auch freies Reden – vor hundert Leuten einen Vortrag zu halten. Das war für mich eine Lernphase. Ich bin nicht böse, dass ich da 20 Jahre Mitglied war.

Wo Sie aufgewachsen sind, gab es ja viele fromme Leute.

Ja, meinen Bruder zum Beispiel. Ich habe vor allen Leuten, die ihren Glauben leben, Respekt. Aber ich habe gemerkt: Das ist nicht das Richtige für mich. Die üben auch Druck aus, wenn einer anders ist. Wenn einer raucht, dann kommt der nicht ins Paradies – das ist doch lächerlich, oder? Das ist doch meine Privatsache! Ich wurde ausgeschlossen, weil ich Zigarettenwerbung gemacht habe. Da musste ich mich entscheiden: entweder die Firma oder die Zeugen Jehovas.

War es hart für Sie, als Sie da rausgeflogen sind?

Im ersten Moment schon – weil so viele Bekannte dann kein Wort mehr mit mir sprechen durften. Eisern! Und die eigene Familie … Meine damalige Frau ist heute noch bei den Zeugen Jehovas. Da war schon schwierig. Aber ich habe mich befreit.

Was haben Sie von diesem Glauben und von dieser Religion für Ihr Unternehmertum mitnehmen können – außer der Tatsache, dass Sie gelernt haben, frei zu reden?

Wenn du in einem Staat lebst, musst du auch die Regeln erfüllen.

Warum sind Sie denn nach Berlin gegangen?

Wegen der Herausforderung. Ich hatte mein Unternehmen ja in Baden-Württemberg gegründet. Damals habe ich natürlich nicht gleich an Berlin gedacht. Sondern zuerst einmal an Heidenheim, Göppingen und wie die Städte da heißen. Und dann hat man natürlich geträumt: dass es viel interessanter wäre, nicht so kleine Städte auszustatten – sondern New York und Paris. Da sind natürlich ganz andere Umsätze erzielbar. Und wenn man solche großen Städte haben will, dann muss man, wenn man Deutscher ist, erst einmal die größte deutsche Stadt bekommen. Das war damals Westberlin. Und dann kam die große Chance: Die Berliner haben damals eine Ausschreibung gemacht für tausend beleuchtete Plakatflächen an tausend Buswartehäuschen in Westberlin. Das war die Chance meines Lebens. Da habe ich Glück gehabt, dass ich das gekriegt habe. Das war der Einstieg in Berlin. Der Franzose war damals auch mein Hauptkonkurrent. Und die haben gesagt: »Was wollt ihr von dem kleinen Wall? Isch masche hier in Berlin meine Deutschland-Niederlassung auf!« Da habe ich gesagt: »Ich verlege meine ganze Firma nach Berlin! Berlin wird für mich zur Weltzentrale!« *(Er lacht.)* Da musch erst amol oin draufsetza![4] So bin ich nach Berlin gekommen, du musst dann nämlich auch Wort halten! Die Westberliner waren damals alle ziemlich enttäuscht von vielen Westdeutschen.

Viele Unternehmen wurden damals mit Berlinsubventionen in die Stadt gelockt!

Die Firmen wurden alle subventioniert. Ich war mal beim Regierenden Bürgermeister eingeladen. Damals waren die Subventionen gerade um ein Prozent gekürzt worden. Es herrschte große Aufregung unter den geladenen Unternehmern. Da habe ich gesagt: »Wenn ein Unternehmer nur auf Subventionen aus ist, dann ist er für mich kein Unternehmer! Dann gehört das Unternehmen gleich verstaatlicht!« Da wurde ich richtig angegriffen. Die haben den Diepgen[5] nur angebettelt. Das fand ich so kleinkariert! Ein Unternehmer muss sich dem Wettbewerb stellen! Wenn du im Ausland um Marktanteile kämpfst, bist du auch dort an einem fairen Wettbewerb interessiert. Deshalb gilt: Du musst der Beste sein! Das beste Produkt zu den besten Konditionen haben. Wenn dein Konzept nicht funktioniert, dann musst du bereit sein, zu sagen »Auf Wiedersehen!« Auch wenn du viel investiert hast. Das sind Prinzipien! Schwabe zu sein, heißt auch, ehrlich zu sich selber zu sein. Und sich nicht was vorzumachen. Ist mein Produkt wirklich besser? Ich bin ein ehrliches Schlitzohr. *(Er lacht.)* Ehrlich heißt ja nicht doof! Deswegen musst du ja kein Pfarrer sein.

---

4   Das musst du erst mal überbieten!

5   Der CDU-Politiker Eberhard Diepgen war von 1984 bis 1989 und von 1991 bis 2001 Regierender Bürgermeister von Berlin.

Als Mittelständler wäre Baden-Württemberg doch für Sie das Eldorado gewesen. Hat es Sie nie zurückgezogen?

In Ôhla war ich der Hans. »Der gehört zur Kocherbande, der taugt nichts. Der hat keine guten Zeugnisnoten und hat ständig mit Mädchen rumgemacht.« Da bist du immer der ... Taugenichts wäre vielleicht übertrieben. Ich war halt ein Bruder Leichtfuß.

Bruder Leichtfuß – das ist sehr unschwäbisch.

Ein Lausbub – und immer Dummheiten im Kopf. Einer, der nicht erwachsen werden wollte. Verstehen Sie? In Ôhla isch das Gefüge schon ziemlich klein. Außerdem ist es grundsätzlich so, dass ich jungen Menschen immer empfehle: Wenn ihr aus dem Elternhaus geht, geht in eine andere Stadt. Da, wo du herkommst, ist alles ein bisschen einzementiert.

Schtuggard hätte es ja gegeben.

Ich bin zuerst nach Karlsruhe gezogen. Wegen meiner damaligen Frau, weil die zu ihrer Mutter ziehen wollte. Das war mein ganz großes Glück. Dort war ich der junge Herr Wall. Da kannte mich keiner und zum ersten Mal habe ich nicht an der Werkbank, sondern im Büro gearbeitet.

Woher kam der Ehrgeiz, Ihr Klo weltweit zu verkaufen?

Das liegt doch auf der Hand: die Städte! Ich wollte New York erobern. Ich wollte Moskau, habe ich dann ja auch bekommen. Und St. Petersburg. Ich wollte die Städte! Ich wusste genau: Die haben alle mit den Toiletten Probleme! Und ich habe eine einzigartige! Zum Beispiel in Boston: Meine Toilette war im Bereich »public toilette« Number One. Best of USA. Die Leute in Boston lassen sich fotografieren vor meiner Toilette! Das ist eine »public toilette from Germany«. Wahnsinn, oder? *(Er lacht.)* Die bewundern das, weil die Behinderten in den USA eine so ungeheure Lobby haben. Kein Produkt darf auf der Straße stehen, was nicht behindertengerecht ist.

Ist die Toilette also doch eines der drängendsten Probleme der Menschheit?

Wenn ich in eine Stadt komme, schaue ich erst mal: Was stehen da für Buswartehäuschen? Was stehen da für Toiletten? Wie sehen die öffentlichen Einrichtungen aus? Und zu meiner Freude stelle ich meistens fest: Sie sehen beschissen aus. Und wenn ich dann wieder zu Hause bin, schreibe ich sofort einen Brief an den Bürgermeister: »Ich kann das ändern! Ich habe etwas.« Da habe ich einen kleinen Koffer und da sind so kleine Modelle drin. Mit dem Koffer bin ich wie George Washington zur City Hall von New York hoch gelaufen. Dann hab ich ihn Fran Reiter auf den Tisch gestellt und ihn aufgeklappt. Sie war Deputy Mayor von Giuliani.[6]

Wie war die Reaktion?

Ich habe gesagt: »Madame Mayor[7], Sie wissen doch, wie es bei Ihnen aussieht!« Und es hat wirklich schlecht ausgesehen in New York! »Schauen Sie: So könnte es aussehen!« Dann habe ich mein Toilettenmodell auf ihren Schreibtisch hingestellt, daneben unsere Litfaßsäule, dann den Zeitungskiosk und dort das Buswartehäuschen. Alles stand vor ihr. Und als sie angefangen hat, sich das anzugucken, wusste ich: Jetzt haben wir sie! Ich habe aber nicht gesagt: »Geben Sie mir den Vertrag!« Ich habe wieder gesagt: »Machen Sie eine Ausschreibung!«

Man merkt: Es hat Ihnen Spaß gemacht.

Davon habe ich als Unternehmer gelebt. Schauen Sie: Unsere neuen Toiletten sind viel hygienischer, viel sauberer und die Stadt spart einen Haufen Geld. Und da habe ich mir gedacht: »Darauf kannst du eigentlich stolz sein.« Und wenn du dann auch noch Gewinne machst! Das ist meine Motivation. Ich halte ja jeden Monat Vorträge an der Universität und bei Stadtveranstaltungen. Und da stelle ich immer wieder fest, dass junge Leute Angst haben, sich selbstständig zu machen. Und wenn ich dann höre, wenn ein junger Mann zu mir sagt: »Herr Wall, die Startchancen bei uns sind doch nicht gegeben!« Dann sag ich: »In Ihrem Alter unterhalte ich mich doch nicht über Startchancen! Da bin ich einfach der Meinung: Ich bin der Beschde und baschda!«

---

6   Rudolph Giuliani war vom 1. Januar 1994 bis 31. Dezember 2001 der 107. Bürgermeister von New York.

7   Amerikanisch: Bürgermeister

Da brauchen Sie aber ein gutes Selbstbewusstsein!

Wenn die Jungen jetzt schon Angst haben, sich schon Gedanken über die Startchancen machen! In 30 Jahren können sie sich mal Gedanken machen, wie die Startchancen waren.

Sie sind ja doch ein etwas ungewöhnlicher Schwabe. Sie sind auch ein bekannter Mäzen. Sie stiften. Ist das nicht unschwäbisch? Die Schwaben halten ja ihr Geld doch eher zusammen.

Langsam! Die Schwaben sind nicht geizig – die sind nur sparsam. Die schmeißen das Geld nicht zum Fenster raus. Das ist ein himmelweiter Unterschied!

Sie tun Gutes?

Schauen Sie mal: Es nimmt doch keiner was mit. Wenn du zum Schluss alt bist und einen Haufen Geld hast – da kann man doch besser vorher gute Dinge bewegen.

Wir haben hier in Berlin mit einer Schwäbin gesprochen und die sagt: »Typisch schwäbisch ist, dass man sein Licht eher unter den Scheffel stellt.« Sie aber neigen schon dazu, auch zu zeigen, was Sie haben und Gutes tun. Sind Sie an diesem Punkt schon mehr Berliner als Schwabe?

Nein! Auch ich versuche, bescheiden zu sein. Ich bringe es zum Beispiel nicht fertig, mit einer Zwölfzylinder-Limousine nach Kreuzberg zu fahren. Bring ich einfach nicht fertig! Ich schäme mich. Ich habe so ein Auto gehabt und habe es wieder verkauft.

Wo kommt das her?

Es steckt in einem drin. Ich spüre förmlich, dass ich den Menschen auf die Nerven gehe, in so einer so dicken Limousine mit 500 PS. Und ich möchte denen nicht auf die Nerven gehen. Wenn ich im Biergarten sitze und es kommt einer mit so einem Auto an, da werde ich selber sauer. Irgendwie passt es einfach nicht in eine Zeit, wo man von Nachhaltigkeit redet. Gut, ich habe noch einen Lamborghini, ganz in Lila, den fahre ich aber sehr selten.

Eine Angeberkarre!

Das stimmt. Und ich will nicht auffallen.

Warum haben Sie den dann gekauft?
Weil er so schön aussieht. Der hat Allradantrieb. Der umweltfreundlichste Sportwagen der Welt.

Stellen wir fest: Es war eine Versuchung.
Ja.

Und der widerstehen Sie jetzt?
Vom Wannsee bis in die Stadt fahre ich mit dem Fahrrad.

E-Bike?
E-Bike! Eine der interessantesten Entdeckungen.

Und der Lamborghini bleibt daheim?
Das hätte ich jetzt vielleicht nicht sagen sollen, dass ich einen Lamborghini hab … *(Er grinst.)*

Ihnen ist etwas gelungen, wovon viele Leute eigentlich nur träumen können: Sie haben aus Scheiße Gold gemacht.
Wissen Sie, Geld ist wichtig. Aber es gibt noch was, wo wichtiger ist.

Was ist das?
Dem Menschen das Gefühl zu geben, dass er auf Augenhöhe behandelt wird. Dass er akzeptiert wird. Wenn wir eine neue Stadt ausgerüstet haben und ich habe meine Monteure besucht, da bin ich nicht ins First Class Hotel und die anderen sind in die Jugendherberge gegangen. Alle haben First Class gewohnt! Ob einer Lehrling war oder Meister. Das hat eine solche Wirkung, das können Sie sich nicht vorstellen.

Ein Grund für die Erfolge schwäbischer Unternehmer?
Bevor wir zum Beispiel Boston erobert haben, da habe ich zu meinen Leuten gesagt: »Wir können bei der Ausschreibung Modelle abgeben – so wie die anderen das machen. Wir können auch einen Katalog abgeben. Aber wir können auch etwas ganz anderes machen: Wir können ihnen gleich alle Produkte im Original bauen. Es kostet zwar eine halbe Million. Und wenn wir den Auftrag nicht kriegen, sieht es schlecht aus …« Wir sind die einzige Firma gewesen, die in drei Monaten 20 Originalprodukte, speziell designt für Boston, hergestellt hat!

Mit dem Schiff haben wir sie nach Boston gebracht und in der Innenstadt aufgebaut. Deswegen habe ich meine Leute so bewundert: Die haben das innerhalb von drei Monaten geschafft! Ganz neues Design! Die haben eigentlich ein Millionengehalt verdient!

Aber das haben sie nicht bekommen?

Aber erstens habe ich sie sehr gut bezahlt. Zweitens gab es für Familien ab dem dritten Kind 500 Euro netto, ab dem vierten Kind 1 000 Euro, ab dem fünften Kind 1 500 Euro netto – auf das Gehalt drauf!

Einmalig?

Nein – jeden Monat!

Frau von der Leyen müsste Ihnen die Füße küssen!

Es waren gar nicht so viele – nur zehn oder 15 Mitarbeiter hatten mehr als drei Kinder. Ich komme ja selber aus einem Fünf-Kinder-Haushalt. Das ist schwäbischer Unternehmergeist: Die Leute auf Augenhöhe zu behandeln.

Sie sind als Schwabe »Berliner des Jahres« – und gleichzeitig werden hier Mercedes-Limousinen abgefackelt, es gibt Demonstrationen gegen Schwaben. Irritiert Sie das?

Ihr Schwaben versteht nicht, wie das hier läuft. Das kommt und geht. Berlin ist eine Großstadt – eine Metropole. Da brodelt es, das nehme ich nicht so ernst.

Sie selber haben den Schwabenhass noch nie gespürt?

Ach Quatsch! Im Gegenteil: Als Schwabe bisch hier hoch angesehen. Und das schwäbische Essen schmeckt sowieso jedem! Schwäbischer Kartoffelsalat! Also den Berliner Kartoffelsalat, den kannst du doch vergessen.

Also Sie sind rundum zufrieden?

Sind Sie rundum zufrieden?

Nein. Aber fast.

Unzufrieden sehen Sie nicht g'rad aus. Ois isch klar: Ob oiner glücklich ist, des hengt ned vom Geld ab![8]

---

8   Eins ist klar: Ob jemand glücklich ist, hängt nicht vom Geld ab.

»Das Schwäbische kann sehr zärtlich sein.«
Natalia Wörner

Natalia Wörner
Die Blitzschwäbin

Sie hat es schließlich doch geschafft. Vor zwei Jahrzehnten ist sie aus der provinziellen Enge Bad Cannstatts in die große weite Welt ausgebrochen. Erst Model, dann Schauspielerin, Charakterrollen folgten. In Filmen und Fernsehspielen gibt sie gerne die dunkle Verführerin. Sie ist jedenfalls kein Kind von Traurigkeit. Und mit dem Pietismus hat sie weiß Gott nichts im Sinn. Mit fast 40 hat sie sich sogar für den »Playboy« ausgezogen: fotografiert von Karl Lagerfeld. So was macht eine ordentliche Schwäbin natürlich nicht. Als unordentliche, als Schwäbin mit Sexappeal kehrte sie in die Heimat zurück – in dem Schwabenfilm »Die Kirche bleibt im Dorf«. Da schwätzt sie echtes Schwäbisch. Die Hauptakteure, fast allesamt renommierte schwäbische Schauspieler, die an Hamburger Theatern engagiert sind, genossen es offensichtlich, mal wieder unbekümmert Dialekt zu schwätzen und mit Bäh!-Wörtern wie »Seggl«, »Arschloch« oder »Scheißdreck« um sich zu werfen.

Das Schwäbische ist ja für viele eine verkrampfte Angelegenheit geworden. Junge Abiturienten sprechen kaum mehr Dialekt und karrierebewusste Manager lassen sich ihr Schwäbisch in Sprachkursen abgewöhnen. Dieser farblose »Einheitssprech« war auf dem Vormarsch. Deshalb ist der neue Gegentrend überraschend. Ob es ein neuer Trend wird, muss sich aber erst noch zeigen.

Ich treffe Natalia Wörner im Stuttgarter Hotel am Schlossgarten. Keck ist sie – aber alles andere als divenhaft. Eine einfache blaue Strickjacke, eine graue Hose. Die »Blitzschwäbin«, wie sie sich in unserem Gespräch selbst nennt, ist seit den Dreharbeiten auf der Suche nach der eigenen schwäbischen Vergangenheit. Wenn man mit ihr ins Gespräch kommt, merkt man sehr schnell, dass sie nicht auf »d'Gosch g'fallen«[1] ist. Aber Schwäbisch spricht sie eigentlich auch nur noch im Film.

FRAU WÖRNER, Sie haben in einem Interview gesagt: »Schwäbisch ist sexy.« Aber es gibt immer mehr Schwaben, die sich ihren Dialekt abtrainieren. Sind die blöd?
Ich bin ja selber gerade auf einem Forschungsfeldzug, was die Schwaben anbelangt. Vor zwei Jahren hätte ich gar nichts dazu sagen können, weil ich dazu zu weit weg gewesen wäre. Ich wollte ja vor allem weg. Und jetzt sind verschiedene Sachen in meinem Leben passiert, die mich auf eine ganz spielerische Art wieder in die Heimat bringen.

Sie wollten weg?
Als ich 18 Jahre alt war. Das Erste, was ich nach dem Abitur gemacht habe, war: gehen.

Warum?
Es war Fernweh. Ich bin ein sehr neugieriger Mensch, mich hat es raus getrieben, ich wollte in die Welt. Ich spürte schon, dass hier in Stuttgart eine Enge war, die nicht meine ist. Ich wollte gucken, wie andere Menschen leben. Und das ist bis heute so. Im vergangenen Jahr war ich zum ersten Mal seit über 20 Jahren wieder länger in der Region und der Satz, den Sie gerade zitiert haben – »Schwäbisch ist sexy« –, kommt aus einer Erfahrung, die ich in dieser Zeit hier gemacht habe. Ich habe hier einen Film in Dialekt gedreht – »Die Kirche bleibt im Dorf«. Man hat ja manchmal Bilder im Kopf, wenn man sich in bestimmten Regionen bewegt – und, Sie werden lachen, aber ich habe, als ich hier im Schwäbischen den schwäbischen Kinofilm gedreht habe, an Anna Magnani gedacht.

Die berühmte Oscar-Preisträgerin.
Ich fahre Traktor in dem Film! Ich habe Traktorfahren gelernt und mache andere Dinge, die man von mir auch nicht kennt.
(Eine Kellnerin kommt und bringt Kaffee.)

1   Schwäbisch für: schlagfertig

Und ich mache alles, was ich nicht machen dürfte. Ich bin eine verfressene Schwäbin. Was gibt's denn Süßes?

Die Kellnerin: Kuchen.

Ulrich Kienzle: Käs'kuchen?

Natalia Wörner: Also, wenn's Käs'kuchen gibt, dann hätte ich den gern! Ich mache übrigens den besten Käsekuchen der Welt!

Eines Morgens, als ich Südafrika-Korrespondent für die ARD war, bin ich in Pretoria aufgewacht und sagte zu meiner Frau: »Ich will Käs'kuchen!« Dann fuhren wir mehrere Stunden quer durch Pretoria, bis wir irgendwann einen schwäbischen Bäcker gefunden hatten, der Käsekuchen verkaufte. Sie mögen die schwäbische Küche?

Ich liebe die schwäbische Küche. Ich mag sie wirklich gerne. Ein Freund von mir kommt manchmal nach Berlin und kocht dann zwei Tage lang schwäbisches Essen für alle Freunde. Er macht selber Maultaschen und so. Das sind dann Momente, wo ich merke: Da sind doch noch schwäbische Marotten.

Jetzt machen wir einen Test. Wissen Sie, was Luggeleskäs ist?

Hüttenkäse.

Kompliment – fast richtig! Quark mit Schnittlauch. Viele schwäbische Gerichte drohen auszusterben. Kutteln …

Kutteln? Bäh!!!!

In Trollinger eingelegt mit Bratkartoffeln eine absolute Delikatesse!

Mich kann man eher mit Maultaschen locken.

Sind Sie eine Berliner Schwäbin?

Nein, ich bin nicht in dieser schwäbischen Community in Berlin verwachsen. Als ich noch in Hamburg lebte, hatte ich dort einen Bekannten. Einen Schulfreund. Mittlerweile ist er wieder zurück in Stuttgart. Wir haben damals manchmal schwäbische Heimatabende gemacht, haben uns gegenseitig besucht und Spätzle geschabt – zur Verwunderung unserer Hamburger Freunde. Die fanden das irgendwie skurril. Das habe ich in Berlin im Moment nicht. Keinen Schwabenbezug.

Aber Sie bekommen diesen Schwabenhass mit?

Ich wohne in Berlin nicht dort, wo es eine Schwabenüber-
bevölkerung gibt. Ich kriege das aus den Medien mit und ich
weiß davon von einer Freundin, die Berlinerin ist und in
Prenzlauer Berg lebt.

Es gibt Demos gegen Schwaben …

Es ist ein bisschen anstrengend. Ich verstehe es nicht wirklich,
aber ich nehme es zur Kenntnis. Ich bin dem nicht ausgesetzt,
verstehe aber nicht, wie man auf eine so bescheuerte Idee kommen kann.

**Es gibt eine Menge Schwaben, die nach der Wiedervereini-
gung nach Berlin gezogen sind, dort Wohnungen und Häuser billig gekauft und renoviert haben. Die Mieten in Berlin
sind dadurch gestiegen – meinen die Schwabengegner.**

Ich glaube ja, dass der Schwabe nach Berlin zieht, weil er sein
revolutionäres Potenzial dort eher zur Entfaltung bringen kann
als in Untertürkheim. *(Sie lacht.)*

**Das Berliner Stadtmagazin »Tip« hat die Schwaben als den
»langweiligsten Volksstamm der Welt« beschrieben. Jetzt
aber sind die Berliner neidisch, weil man mit den Schwaben
den »Wutbürger« assoziiert. Da ist etwas passiert – hat Sie
das irritiert?**

Mich hat es erstaunt. So ein Aufbegehren, sich gegen eine
Autorität stellen, sich dem System widersetzen – das ist ja nicht
gerade die urschwäbischste Eigenheit. Und das generationenübergreifend! Meine Mutter ist das erste Mal in ihrem Leben
auf eine Demonstration gegangen und rief mich an.

**Ich war ja mal politischer Korrespondent hier. Wenn in den
1960er-Jahren hundert Leute in Stuttgart zu einer Demo
kamen, war das schon verdammt viel.**

Mich hat es vor allem als Tochter einer Mutter erstaunt, die –
ich hoffe, das nimmt sie mir nicht übel – eigentlich nie wirklich
politisch war. Natürlich geht sie wählen, aber sie wäre früher
nie zu einer Demonstration gegangen!

Und was ist mit ihr passiert?

Sie fand das inhaltlich relevant – und es hat ihr totalen Spaß
gemacht. Und ich hatte den Eindruck, dass sie aus Trotz mal

was anderes machen wollte, als das, was man sonst vorgeschrieben bekommt.

Gegen die Obrigkeit?

Gegen die Obrigkeit! Und als es dann mit den Wasserwerfern losging, ging sie noch immer hin und rief dann immer an: »Ich bin nicht verletzt.« Das hatte echten Revolutionsgeist. Ich glaube, das Glück über sich selbst, sich aus dem vorgegebenen Strom herauszubewegen und gemeinsam mit anderen Leuten etwas anderes zu tun – das war eine ganz wichtige Erfahrung für sie.

Sprechen Sie in Berlin schwäbisch? Zum Beispiel mit Ihrem Sohn?

Interessanterweise habe ich gemerkt, dass ich meinem Sohn gegenüber manchmal schwäbische Ausdrücke benutze, die eine große Zartheit haben. Etwas Feinsinniges. Es gibt da etwas ganz Persönliches, das ich dann in diesem Dialekt finde. Natürlich gibt es auch diese berühmten Schimpfwörter – aber ich meine: Schimpfen kann man in jeder Sprache.

Arschloch – haben Sie das je benutzt?

Arschloch? Ja natürlich!

Ohne jeden Skrupel?

Man kann auf schwäbisch ja wunderbar fluchen – »Herrgottsbimberle no'mol!« Kein Mensch versteht das. Und doch versteht es natürlich auch ein Nicht-Schwabe – weil Kraft dahinter steckt.

Für eine Schauspielerin hat die Sprache eine besondere Bedeutung. Hochdeutsch ist für viele Schwaben ja die erste Fremdsprache.

Bei mir gibt es nach wie vor eine Sprachfärbung, die ich übrigens auch sehr mag, weil ich auf so eine Flachtonalität überhaupt nicht stehe. Das hat doch was Musikalisches! Ich habe das nie als Makel empfunden und mich auch nicht mit Händen und Füßen dagegen gewehrt, zuordenbar zu sein.

Ist der Dialekt für Sie Heimat?

Irgendwie schon. Und damit habe ich komischerweise gar nicht mehr gerechnet. Ich habe in Amerika gelebt und habe auf Amerikanisch studiert und ich dachte: Diese Sprache ist ein

Teil von mir. Als ich vor drei Jahren einen amerikanischen Mehrteiler gedreht habe, »Säulen der Erde«, habe ich mich dafür nochmals so intensiv mit dem Englischen auseinandergesetzt wie noch nie. Ich habe damals zum ersten Mal mit einem Sprachcoach gearbeitet, um den britischen Akzent zu verfeinern. Meine Ohren und meine Sprache waren aufs Höchste geschärft. Damals lag mein ganzer Fokus in der Sprache, und es war für mich faszinierend, welche Gestalt Sprache annimmt, wenn sie Körper wird.

Und als ich jetzt diesen schwäbischen Kinofilm gedreht habe, da merkte ich, dass die Arbeit bei mir eine offene Tür einrennt. Mit großer Lust habe ich mich auf das Schwäbische eingelassen – und war dann selber überrascht, dass ein Meer an Gefühlen in mir hochkam. Damit habe ich nicht gerechnet. Das ist vielleicht eine gewisse Nostalgie, vielleicht aber auch der Wunsch nach einer Heimatdefinition, was wir ja alle haben. Und doch sind wir irgendwie irgendwo. Sie haben ja auch schon verschiedene Stationen in Ihrem Leben erlebt. Sie wissen, wie es ist, wenn man Reisender ist. Und in der Schauspielerei gibt es ja immer so merkwürdige Ausflüge in andere Welten. Für mich ist der Begriff »Heimat« wirklich nochmal neu zu entdecken gewesen über den Dialekt.

Das Schwäbische kann aber auch sehr brutal sein.

Sehr brutal.

In den Tübinger Gôgen-Witzen[2] wird das deutlich. Da gibt es einen ganz wunderbaren: Ein Professor verirrt sich auf die Wiese eines Weinbauern. Der sieht ihn und geht wutentbrannt auf ihn zu: »Wenn du ned sofort vom maim Stückle verschwindesch, no schlag i di o'gschpitzt in der Bode nai!«[3] Darauf sagt der völlig erschrockene Professor: »Guter Mann, was haben Sie denn? Ich gehe ja schon!« – »Deshalb sagt mers ja im Guta.«[4]

---

2 Früher: Tübinger Weinbauern

3 »Wenn du nicht sofort von meinem Grund und Boden verschwindest, hau ich dir eine runter!«

4 »Deshalb sage ich es ja auch ganz freundlich.«

Ja, das Schwäbische kann derb und hart sein. Aber es kann auch sehr zärtlich sein. Und ich finde interessant, was es dabei mit einem selbst macht.

Wo steckt im Schwäbischen Zärtlichkeit?

In den Formen des Neckens, in den Verkleinerungen, in bestimmten Ausdrücken. Es gibt Ausdrücke, die sind so süß.

Mai Budsele![5]

Das ist so liebevoll. Und das kann man auch nicht übersetzen. Das hat für mich eine Erweiterung meines beruflichen Farbkastens mit sich gebracht. Ich hatte überhaupt nicht mehr über die Sprache meiner Kindheit nachgedacht.

Haben Sie ein schwäbisches Lieblingswort?

Schneggele mag ich. Das sage ich manchmal zu meinem Sohn. Er findet das leider überhaupt nicht witzig. Es gibt so süße Worte im Schwäbischen. Schneggele benutze ich oft.

Gefühle zu zeigen ist ja nicht unbedingt schwäbisch.

Ich glaube, dass man jetzt auf eine Generation schauen kann, die sich allmählich von der Konditionierung, was das Deutsche ist, befreien könnte. Ich erlebe heute eine Generation, die sich nach einem klaren Selbstbewusstsein sehnt. Ich spüre, wenn ich hierher zurückkomme – gerade weil ich zurückkomme, als Neig'schmeckte mit Wurzeln –, dass das Potenzial größer ist als das, was aktiv gelebt wird. Das hat auch damit zu tun, wie man mit der Sprache umgeht. Schwäbisch ist sexy! Wahrscheinlich ist alles sexy, was man von innen heraus vertritt. Das ist ja immer auch eine Frage, wie man das selber für sich empfindet.

Sind die Schwaben verklemmt? Ein Satz wie »Ich liebe dich!« kommt einem richtigen Schwaben nicht über die Lippen.

Das kann er nicht sagen. »I mog di« ist das höchste der Gefühle. Das stimmt – aber das ist doch schade!

Der Schwabe hat ganz offensichtlich Hemmungen, Gefühle zu zeigen.

5   Zärtlicher Ausdruck für kleine Kinder, abgeleitet von Botschel = Schwein

Und sie auszudrücken, auch in Worten! Ich bin auch in diesem
Geiste aufgewachsen. Auch in meinem Elternhaus gab es keine
Inflation an verbalisierter Emotionalität. Aber ich glaube, dass
das auch etwas mit der Generation zu tun hatte – nicht nur mit
dem Schwäbischen. Seinem Kind ganz selbstverständlich zu
sagen, dass man es liebt, das war vor 20 Jahren einfach noch
nicht Usus. Und ich bin nicht in einem pietistischen Umfeld
groß geworden! Ich bin in Bad Cannstatt aufgewachsen in
einem reinen Frauenhaushalt.

**Mit schwäbischen Hausfrauen? Mit Großmutter, Mutter und
Schwester?**

Urgroßmutter, Großmutter, Mutter und einer Schwester.

Eine reine Weiberwirtschaft?

Eine reine Weiberwirtschaft. Und ein kastrierter Kater. Aber es
war ein liberales Haus – liberal nicht als ideologische Haltung,
sondern aus einem Lebenspragmatismus heraus. Das ist vielleicht die viel schönere Variante.

**Wir haben darüber geredet: Verklemmt waren die Schwaben
und Gefühle haben sie nicht ausdrücken können. Da ändert
sich etwas, wie Sie es sehr schön beschrieben haben. Die
Frage ist: Was wird daraus?**

(Sie lacht.) Der entfesselte Schwabe. Ein sexuell aktives Wesen.
Schau'n wir mal.

**Sie haben sich von Karl Lagerfeld für den »Playboy« foto-
grafieren lassen. War das der endgültige Abschied von der
schwäbischen Prüderie?**

Das hat damit gar nichts zu tun.

Haben Sie sich geniert?

Nein! Aber das Witzige ist: Das fragen mich immer alle. Der
»Playboy« hat mich ja 15 Jahre lang gefragt – und ich hatte
keine Lust dazu. Jetzt hatte ich Lust und jetzt finden es alle
ganz toll.

Das tut man aber ned, des g'hört sich ned!

Das ist doch Quatsch! Das ist doch vollkommener Blödsinn.

Nein, an dieser Stelle bin ich gar nicht mehr einzuschüchtern. Und mit schwäbisch hat das für mich auch nichts zu tun. Da sind wir Weltbürger.

Haben Sie Ihre Fraulichkeit also außerhalb Baden-Württembergs entdeckt?

Das fing schon hier irgendwann mal an. Und dennoch: In meiner Jugend gab es keine Frauen, die mich in meiner Rolle als Frau maßgeblich beeinflusst haben – ganz unabhängig von meiner unmittelbaren Familie, die natürlich sehr frauengeprägt war. Ich wünschte mir, es wäre so gewesen.

Frauenvorbilder gibt es nicht im Schwäbischen?

Nicht in meinem Leben. Vielleicht gibt es sie, aber es gab sie nicht in meiner konkreten Biografie. Ich hatte mit Gesine Schwan mal ein Gespräch …

Ich hab es gelesen.

… und da dachte ich mir: so eine Frau, die dann auch generationenübergreifend ein Vorbild oder eine Inspiration gewesen wäre. So eine Mutmachfrau. Die gab es für mich hier in Schwaben in meiner Jugend nicht. Nicht in der Politik, und in der Kultur auch nicht. Ich glaube, es wäre schön, wenn es schwäbische Mutmachfrauen gäbe.

Das größte Kompliment, das man einer Schwäbin machen kann, ist »Dui ischt a Schaffere«. Das sind die Vorbilder. Die schwäbischen Hausfrauen.

Herr Kienzle! Das ist doch kein Widerspruch – eine Frau kann doch schaffen und trotzdem erotisch sein und in ihrem Frausein aufblühen! Oder wie sehen Sie das? Ich muss jetzt einen Schlenker machen, weil ich vor Kurzem in Afrika war. Ich war da in Nairobi – das hat jetzt nichts mit dem Schwäbischen zu tun, aber mit den Frauen im Speziellen.

Sehr starke Frauen.

Wahnsinn! Also die haben Feuer im Arsch! Ich war da bei einer Selbsthilfegruppe.

Aber die Schwaben brauchen keine NGOs[6], um zu Selbstbewusstsein zu kommen!

Nein, aber sie brauchen an einer anderen Stelle Entwicklungsarbeit, um das zu leben, was sie eigentlich haben. Vielleicht auf eine subtilere Form.

Der neue Schwabe ist eine Schwäbin?

Die Zukunft liegt in der Hand der Frauen – aber das ist nicht nur im Schwabenland so.

Ist der Begriff »Schwärdgosch«[7] in diesem Zusammenhang für Sie eher ein Kompliment oder eine Beleidigung?

Das ist natürlich immer die Frage der Einfärbung. »Schwärdgosch« ist ein Begriff, wo ich sagen würde: Da haut jemand rein, der nimmt sich die Härte der Sprache wie eine Waffe. Buchstäblich.

Eine »Schwärdgosch« lässt sich nichts gefallen. Ist das Emanzipation auf Schwäbisch?

Für mich hat das eher eine negative Einfärbung. Ich finde den Begriff der »Blitzschwäbin« viel sympathischer! Die »Blitzschwäbin« ist flink und hat Humor, Tiefgang und Leichtigkeit. Die »Schwärdgosch« ist ein Begriff – der ist so radikal. Da spritzt Blut – und das reizt mich nicht.

Was assoziieren Sie mit dem Cannstatt Ihrer Kindheit? Gibt es für Sie Synonyme für Heimat?

Es gibt Orte, Plätze und Gerüche – wie den Brunnen beim Kurpark, das Sauerwasser-Brünnele. Es ist wie bei James Joyce – man riecht etwas. Und auf einmal ist man da. Es gibt für mich Orte, die einfach Kindheit sind. Am Wasser zum Beispiel, der Geruch des Wassers, es ist so eisenhaltig – das sind dann die Geschichten, wo man dann fassungslos davor steht und sich fragt: »Wo ist denn die Zeit dazwischen?«

Ich bin jetzt auch öfters da, wegen meinem Sohn – weil ich ihm auch ein paar Sachen zeigen möchte, die mit mir zu tun haben. In Stuttgart gibt es ja das wunderschöne »Theater am Faden«

---

6   NGO (Non-Governmental Organization) = Nichtregierungsorganisation

7   Schwäbische Wortschöpfung, die sich aus den Wörtern »Schwert« und »Mund« zusammensetzt

– kennen Sie das? Das ist wirklich unglaublich! So eine Institution kann es nur hier geben. Man geht in so ein verwinkeltes Eckzimmer, durch einen schmalen Gang, dann kommt man in den großen Raum, und dort steht ein Karussell. Diese ältere Dame, eine Puppenspielerin, hat ihr Haus mit ihrem Mann zu einem Theater umgebaut. Wie das feuertechnisch abgenommen wird, dieses Haus, ist mir ein totales Rätsel.

Unschwäbisch eigentlich?

Sehr! Auf der anderen Seite: diese merkwürdige Skurrilität, so liebevoll – da dachte ich mir: In dieser Form kann es das in Berlin nicht geben!

Sie entdecken Stuttgart neu für sich.

Absolut!

Wie war der Käsekuchen?

Er hätte noch ein bisschen fluffiger sein können.

Der war zu trocken, finde ich. Richtiger Käsekuchen ist feuchter und fester!

Also meiner ist fester. Herr Kienzle, wir müssen uns mal zum Käsekuchenbacken verabreden!

»Aus Angst vor der Faulheit habe ich immer unheimlich viel g′schafft.«

Felix Huby

Felix Huby
Der Serien-Täter

Niemand hat so erfolgreich gemordet wie er. Jahrelang war er als »Triebtäter« erfolgreich – Eberhard Hungerbühler alias Felix Huby, Ernst Bienzle, Max Palu, Jan Casstorff, Rosa Roth und Peter Heiland. »Oh Gott, Herr Pfarrer!« Er musste zum Schreibtisch-Mörder werden, um seinen Kommissaren immer neue Leichen zu beschaffen. 1977 hat der langjährige »Spiegel«-Korrespondent für Baden-Württemberg seinen Kommissar Ernst Bienzle zum Leben erweckt – das erfolgreichste seiner Fernsehgeschöpfe. Dann ging es Schlag auf Schlag. Er hängte seinen Journalistenberuf an den Nagel und schrieb TV-Serien und Romane. Seitdem gehört er zu den vielbeschäftigten deutschen Drehbuchautoren. Sogar »Schimanski«[1] hat er miterfunden. Mit schwäbischem Fleiß hat Felix Huby die deutsche Krimiszene aufgemischt. Nur wenige Verbrechen gab es auf dem Bildschirm, an denen er nicht beteiligt war. Im Jahr 2008 wurde »Bienzle« nach 25 Folgen schließlich in Rente geschickt – er hätte gerne noch weitergemacht.

Seit Jahren lebt der Schwabe Eberhard Hungerbühler gutbürgerlich in der zweitgrößten schwäbischen Großstadt, in Berlin – seiner Frau zuliebe, einer Ostpreußin. Er ist einer von 170 000 Schwaben in der deutschen Hauptstadt – um die Ecke wohnen Joschka Fischer und Wolfgang Schäuble. Dort, im grünen Stadtteil Wilmersdorf, entstehen seine Geschichten am Computer. Gebrauchsliteratur, wie er selber sagt.

Seine Helden haben immer ein Herz für Schwächere, aber sie verkörpern oft auch platte Klischees. Schwäbische Klischees.

---

1   Kultfigur aus der TV-Serie »Tatort«

HERR HUBY, niemand hat das Bild vom Schwaben in den letzten Jahren so geprägt wie Sie.

Das sagen Sie.

Ich muss gestehen: Ich bin ja auch ein Bienzle-Fan.[2] Nur dieser Vermieter[3] ist mir irgendwann auf den Keks gegangen. Das war ein schreckliches Schwabenklischee.

Ich mache ja viele Lesungen aus meinen Romanen. Interessant ist – außerhalb Schwabens hieß es immer: »Dieser Hauswirt, das ist eine tolle Figur.«

Weil er das Klischee vom hässlichen Schwaben bestätigt hat?

Vom hässlichen? Vom sparsamen Schwaben!

Vom sparsamen?

Er sagt zum Beispiel: »Gehen Sie die Treppe bitte rechts rauf und links runter – damit sich die Treppe in der Mitte nicht so abnutzt.« Das habe ich nicht erfunden! Das hat ein Vermieter zu uns gesagt. Meine Frau ist Zeuge.

Gibt es diese Art von Schwaben heute noch?

Ich schreibe gerade meinen Lebensroman, wenn man so will. Und da kommt das alles wieder. Mit allen Brechungen. Diese Klischees gab es ja eigentlich nie in dieser Reinform. Gucken Sie mich an: Ich bin Schwabe und bin absolut nicht sparsam. Sodass meine Frau, die Ostpreußin ist und viel sparsamer als ich, sich manchmal sogar ärgert.

Es gibt Statistiken, die sagen, dass die Badener sparsamer sind als die Schwaben. Und die Saarländer wesentlich mehr Wohnbesitz haben als die Schwaben.

Ach ja?

Die Sparsamkeit ist einer dieser vielen merkwürdigen Mythen.

Ich habe dem Hausbesitzer Sätze in den Mund gelegt, die habe ich nicht erfunden – das ist richtig. Aber dennoch war das eine

---

2   Von Felix Huby entwickelte Romanfigur eines schwäbischen Polizei-
    kommissars. Die Figur wurde von der ARD für die Krimireihe »Tatort«
    adaptiert.

3   Der Vermieter von Kommissar Bienzle, Herr Rominger, ist ein (vermeintlich)
    typisch schwäbischer Pedant.

klischierte Figur. Das macht man im Fernsehen natürlich oft. Das muss man machen in der Fernsehunterhaltung.

Im neuen Stuttgarter »Tatort« kommen Schwaben ja fast nicht mehr vor. Da dürfen höchstens mal untergeordnete Figuren einen Satz schwäbisch sprechen. Ist das noch authentisch?

Das entspricht schon einer geänderten Wirklichkeit: In Stuttgart selber wird ja nicht mehr so viel schwäbisch gesprochen. Das merke ich immer, wenn ich in Schulen lese. Also wenn ich zum Beispiel in Hechingen lese oder in Blaubeuren, da schwätzen die Kinder noch schwäbisch. In Stuttgart trifft man das kaum noch. Nicht nur wegen dieser vielen »Menschen mit Migrationshintergrund«, wie es jetzt immer heißt. Auch die schwäbischen Kinder, also die Kinder aus schwäbischen Familien, wollen nicht mehr schwäbisch sprechen.

Ich habe mit »Menschen mit Migrationshintergrund« gesprochen – Sibylle Lewitscharoff, Fredi Bobic, Cem Özdemir. Sie bekennen sich ganz ausdrücklich zu ihrem »Schwabesein« und haben einen unverkennbaren schwäbischen Akzent.

Für mich ist der Dialekt eine wunderbare Ausdrucksform. Ich kann im Dialekt vieles sagen, was ich im Hochdeutschen so nicht sagen könnte.

Zum Beispiel?

Wie sagt ein Schwabe, wenn ein Seil unter großer Anspannung reißt?

Fatzt!

Das ist ein schwäbisches Wort. Das ist lautmalerisch. Das fatzt!

Kann jeder verstehen.

Das kann jeder verstehen. Das kann man gar nicht besser ausdrücken. Da haben die Dialekte einen größeren Schatz als das Hochdeutsche. All diese Sprüche fallen mir wieder ein, während ich an meinem Roman arbeite. Mein Vater hat zum Beispiel gesagt: »Mer ko ned alle Berg ebe macha.«[4] Das kann man

---

4   »Man kann nicht alle Berge eben machen.«

überhaupt nicht besser sagen. Oder: »Wenn oiner höher furzt als ihm d'r Arsch g'wachse ischt, fällt er leicht auf denselbigen.« Solche Sachen. Der Dialekt ist schon reich. Und dann ist es halt ein Jammer, wenn er verloren geht.

Geht er denn wirklich verloren?

Ich glaube schon. Ich habe neulich mit dem Bausinger[5] mal drüber g'sprochen. Der sagt: »Der geht nicht verloren. Der verändert sich nur.«

Das meine ich eigentlich auch.

Da bin ich nicht so sicher. Ich habe das Gefühl, der geht mehr und mehr verloren. Und dass unser »Heimatsender«[6] das Schwäbische quasi auf die »Mäulesmühle«[7] reduziert, ist für mich unerträglich – das muss ich schon sagen.

Dieser Humor, der dort gepflegt wird – das ist 19. Jahrhundert. Aber in sich stimmig.

Aber es darf nicht das Einzige sein!

Gut ist der Gôgen-Witz, den mir Heiner Geißler erzählt hat: Ein Student kotzt in den Neckar, der Gôg[8] läuft vorbei und sagt: »So isch recht, no's Arschloch g'schont!«

Und der andere kommt vorbei und sagt: »Ned fudere, fische!«[9] Für mich war das immer eher Anekdote als Witz.

Das heißt: Die Typen gab es in Wirklichkeit?

Wir hatten im Stälinweg, wo wir in Stuttgart gewohnt haben, einen Nachbarn, der hat darauf geachtet, dass man Kehrwoche gemacht hat. Also wenn mer do d' Kandel ned putzt hot,

---

5 Hermann Bausinger war langjähriger Direktor am Ludwig-Uhland-Institut für Empirische Kulturwissenschaft an der Eberhard Karls Universität Tübingen.

6 Südwestrundfunk (SWR)

7 Die »Komede-Scheuer« ist eine Volksbühne in der »Mäulesmühle«, eine von elf Mühlen im Siebenmühlental bei Leinfelden-Echterdingen, südlich von Stuttgart.

8 Bezeichnung für Tübinger Weinbauern, die früher in Dauerfehde mit Studenten und Professoren lebten

9 »Nicht füttern, fischen!«

isch der komma ond hot g'schellt.[10] Und davor habe ich in Stuttgart-Vaihingen gewohnt. Da hat die Hauswirtin ein Blatt auf die Treppe gelegt, wenn wir Kehrwoche hatten, um zu prüfen, ob wir auch putzen. Meine damalige Frau hat das Blatt weggenommen, hat sauber geputzt und das Blatt wieder hingelegt. *(Er lacht.)* Ich muss aufpassen! Wenn ich solche Geschichten erzähle, sagen Sie gleich wieder: »Ach ja – der Huby verbreitet wieder die alten Schwabenklischees.« Aber es war so!

Ist es denn nicht mehr so?

Das hat sich doch alles sehr verändert.

Was ist denn an Ihnen schwäbisch? Sie haben vorhin gesagt, Sie entsprechen in vielem nicht dem Klischee.

(Er überlegt.) Das ist merkwürdig – das hat mich noch nie einer gefragt. Was ist an mir schwäbisch?

Sind Sie an Schaffer?[11]

Ja – aber nur, weil ich von Natur aus faul bin. *(Beide lachen.)* Das stimmt! Aus Angst vor der Faulheit habe ich immer oheimlich viel g'schafft. Ich habe in der Schule ja nur Sachen gemacht, die mit Unterricht nichts zu tun hatten: Theater gespielt, Zeitung gemacht, Schülersprecher gewesen, Fußball gespielt – so was halt. Aber ich habe keine Hausaufgaben g'macht. Heute tut es mir natürlich leid, weil ich zum Beispiel schlecht Sprachen kann.

Während des Abiturs bin ich dann von der Schule geflogen – so bin ich zu meinem Beruf gekommen. Bei der Tageszeitung, wo ich meine Ausbildung gemacht habe, waren dann alle meine Mitvolontäre Akademiker. Und denen wollte ich beweisen, dass ich besser bin. Dieser Fleiß aus Angst vor Faulheit ist geblieben.

Denken Sie manchmal noch journalistisch?

Mein Interesse ist oft noch journalistisch. Aber als ich vom »Spiegel« weg bin, war ich unheimlich glücklich – weil ich jetzt

---

10 Also wenn man damals den Rinnstein nicht ausgeputzt hat, ist der gekommen und hat an der Tür geläutet.

11 Sind Sie fleißig?

fabulieren konnte, statt recherchieren zu müssen. Das empfand ich als Glück. Ich habe ziemlich erfolgreich recherchiert beim »Spiegel«. Auch vorher bei der Tageszeitung eigentlich schon. Aber es hat mich immer Überwindung gekostet.

Der Zwang, bei der Wahrheit bleiben zu müssen, anstatt fantasieren zu dürfen?

Nein. Das war eher eine Menschenscheu.

Die Schwaben sind in Berlin mittlerweile zum Hassobjekt geworden. Ist das Folklore oder muss man das ernst nehmen?

»Wir sind ein Volk. Und ihr seid ein anderes.« Das wird hier plakatiert. *(Beide lachen.)* Das richtet sich an die Leute, die am Kollwitzplatz ...

... im Stadtteil Prenzlauer Berg ...

... Häuser gekauft und renoviert haben.

Also nicht nur Folklore?

Ich habe gerade in diesen Tagen mit dem Thierse[12] darüber gesprochen. Der wohnt ja dort. Der hat das auch gesagt: Die sind gekommen und wollten eigentlich das Berliner Leben erleben. Dann waren sie aber sauer, wenn der Gehweg nicht gekehrt und der Hausflur nicht geputzt war. Sie wollen ihre Regeln hier durchsetzen. So ist das Feindbild entstanden.

Die wollten die Berliner Luft – und Stuttgarter Regeln?

Genau. Aber das sind natürlich nicht nur Schwaben. Das sind Westdeutsche. Genauso Pfälzer und andere. Aber das wird alles auf »den Schwob« fokussiert.

Warum ausgerechnet auf die Schwaben?

Vielleicht hat das auch mit dem Klischee zu tun. Es war ja schon immer so, dass die Schwaben die Freiheit zwar liebten – aber am Ende dann doch keine Experimente wollten.

---

12 Der SPD-Politiker Wolfgang Thierse war von 1998 bis 2005 Präsident des Deutschen Bundestags und ist seit 1994 Abgeordneter des Wahlkreises Prenzlauer Berg.

┌

Die Schwaben waren ja in der Geschichte nicht sehr aufmüpfig. Man muss schon zurückgehen bis ins 16. Jahrhundert: der »Geißpeter« von Beutelsbach. Das war der erste und fast einer der letzten Rebellen – dann kommt schon der Palmer.

Ist das nicht auch ein Klischee? Ich habe ja ein Theaterstück über den Georg Elser[13] gemacht. Man muss sagen: Auch das ist ein Stück schwäbische Geschichte.

Das stimmt.

Dieser Elser ist eine unglaubliche Figur. Den kann es wirklich nur in Schwaben geben. Ein Tüftler.

Noch Jahrzehnte nach dem Krieg wurde er ja in Deutschland völlig missverstanden. Oder ignoriert.

Er hat aus ganz pragmatisch-menschlichen, moralischen Motiven gehandelt. Der hat gesagt: Das darf nicht sein! Das, was die Nazis anstellen, das darf nicht sein.

Das gehört sich nicht.

Die machen Krieg! Die machen uns kaputt! Die müssen weg! Und da hat der für sich beschlossen, dieses Attentat auf Hitler zu begehen.

Ein menschenscheuer Einzelgänger. Ein typischer Schwabe eigentlich?

Ja. Dieses Zurückziehen auf sich selber. Sich was vornehmen, dranbleiben, stur sein dabei. Das ist schon spannend – dieses Eigenbrötlerische, das ist vielleicht doch für den Schwaben typisch. Gleichzeitig ist er leider ein Ausnahmefall …

Historische Stoffe werden ja mit Vorliebe von Guido Knopp im ZDF beackert. Ansonsten hat die »Verkommissarisierung« im deutschen Fernsehen ja schreckliche Ausmaße erreicht. Fast so schlimm wie diese Kochsendungen. Gibt es keine anderen Stoffe, die man erfolgreich verfilmen kann?

Es ist unglaublich teuer, gute historische Filme zu machen.

---

13   Johann Georg Elser verübte am 8. November 1939 im Münchener Bürgerbräukeller ein Bombenattentat auf Adolf Hitler. Am 9. April 1945 wurde er im KZ Dachau ermordet.

Aber gute moderne Filme könnte man machen. Diese »Verkommissarisierung«, wie Sie es nennen, liegt an der Faulheit und an der Dummheit der Redakteure. Wenn man sich mal vorstellt: Im ZDF gibt es SOKO.[14] Sehr erfolgreich. Also macht jetzt die ARD »Heiter bis tödlich« – auch wieder eine SOKO-Serie, die heißt nur anders. Um die gleiche Sendezeit! Da könnte einem der Arsch schwätza!

Wenn man selber Programm-Macher wäre, würde man doch sagen: Leute, wo sind die Alternativen? Nein, man versucht das Gleiche zu machen, was die anderen schon so erfolgreich gemacht haben. Unglaublich! Fresst Scheiße, Millionen Fliegen können sich nicht irren! Statt wirklich mal zu überlegen: Was gibt es denn noch für Stoffe?

Wenn Sie noch beim »Spiegel« gewesen wären, dann hätten Sie als kritischer »Spiegel«-Journalist wahrscheinlich nach 25 Folgen aber auch gesagt: »Weg mit dem Bienzle!«

Wahrscheinlich, ja. Das ist gut möglich. Aber das ist schwer zu beurteilen, weil ich den Bienzle so wahnsinnig gerne gemacht habe.

Trauern Sie dem nach?

Ja.

Und doch gibt es noch Überraschungen im deutschen Fernsehen: der Kommissar Kluftinger. Ein Riesenerfolg – obwohl der Film für die meisten Norddeutschen kaum zu verstehen war.

Das stimmt. Kluftinger ist allerdings auch ein Krimi, Herr Kienzle. Also noch ein Kommissar!

Aber sehr unkonventionell, dieser Allgäu-Bienzle.

Ja, ich schätze das sehr. Ich mag auch den Knaup, der den spielt. Es ist eine Überraschung für mich, dass der Allgäuer ist.

Sie sehen da doch einen Trend hin zum Regionalen, Authentischen?

Ich würde es hoffen. Aber einen Trend? Ich selber würde gerne einen Film über Hölderlin[15] machen. Ein wahnsinnig spannender Stoff! Ich würde das gern mal ein bisschen anders erzählen. Ich bin ja der Meinung, dass Hölderlin nicht verrückt war, sondern dass bei ihm alles spekulativ war.

Er hat sich also nur verstellt?

Er hat das alles eingesetzt. Es gibt da ein paar Belege. Ich bin mal gespannt, ob man irgendjemanden findet, der diesen Film machen möchte.

Was fasziniert Sie an dieser Geschichte und dieser Figur?

Mich fasziniert natürlich, was er geschrieben hat. Aber eben auch die Figur. Diese Figur, die sich überhaupt nicht anpassen konnte. An nichts. Das finde ich schon spannend.

Kann man mit Fernsehfilmen und -serien mehr erreichen als mit Journalismus?

Absolut! Das sage nicht nur ich. Der Peter Glotz[16] hat darüber mal eine Arbeit geschrieben. Er hat nachgewiesen, dass bei uns in den 1980ern zum Beispiel durch TV-Serien wie »Dallas« und »Denver« den Leuten nicht nur beigebracht wurde, was für Musik sie hören und was für Klamotten sie tragen sollen – sondern der ganze Reaganismus[17] ist durch die Serien transportiert worden. Beim ZDF haben sie das früh begriffen. Da war es immer wichtig, dass der Unterhaltungschef von der richtigen Partei kommt. In der Politik war das nicht so wichtig. Der Unterhaltungschef und der Serienchef – die mussten von der richtigen Partei sein.

Oder unpolitisch sein.

Oder manipulierbar.

Kann man da, zum Ende Ihrer Karriere, auch eine gewisse Enttäuschung heraushören?

---

15   Friedrich Hölderlin (* 20. März 1770 in Lauffen am Neckar; † 7. Juni 1843 in Tübingen) gilt als einer der bedeutendsten deutschen Lyriker. Sein Werk ist keiner Epoche zuordenbar und nimmt neben der Klassik und der Romantik eine eigenständige Stellung ein.

16   Peter Glotz (1939 – 2005) war ein deutscher SPD-Politiker und Kommunikationswissenschaftler.

17   Der Republikaner Ronald Reagan war von 1981 bis 1989 der 40. US-Präsident.

Wenn man erlebt hat, dass der Süddeutsche Rundfunk mal der führende Sender in Deutschland war …

Die Dokumentarfilm-Abteilung war stilbildend, nicht nurfür das deutsche Fernsehen. Aber auch die Unterhaltung …

Und das Fernsehspiel! Der Müller-Freienfels![18] Der hat mit Samuel Beckett[19] Fernsehfilme gedreht! Das war damals alles möglich.

Aber Müller-Freienfels war kein Schwabe.

Nein, er war kein Schwabe. Da bestehen wir ja auch nicht drauf. *(Beide lachen.)*

Haben Sie hier in Berlin manchmal Heimweh?

Wenn man mit dem Flugzeug nach Stuttgart kommt und man sieht die Schwäbische Alb, man fliegt ja über den Schönbuch rein, wo ich aufgewachsen bin, dann packt mich das ein bisschen. Die Landschaft fehlt mir manchmal.

Gehen Sie eines Tages zurück?

Nein, ich glaube nicht. Berlin ist doch das ideale Altersheim. Ich steige hier in die S-Bahn und habe vom S-Bahnhof Friedrichstraße aus zu Fuß fünf Theater. Ich kann ins Gorki-Theater, ich kann ins Deutsche Theater, zum Berliner Ensemble, in die Lindenoper, ich kann in die Komische Oper. Alles zu Fuß. Wo hat man das? Das schaff ich später wahrscheinlich auch noch mit dem Rollator.

---

18 Reinhart Müller-Freienfels war langjähriger Fernsehspielchef des Süddeutschen Rundfunks.

19 Der irische Schriftsteller Samuel Beckett wurde 1969 mit dem Nobelpreis für Literatur ausgezeichnet.

»Kannsch halt
ned andersch.«

Cem Özdemir

Cem Özdemir
Der Öko-Ritter

Es ist eine Begegnung der dritten Art. Plötzlich steht er vor mir auf der Herrentoilette des Rosenstein-Museums in Stuttgart. Wie aus dem Boden gestampft. Leibhaftig Cem Özdemir. »So isch no au wieder«, sagt er grinsend und verschwindet. Einer der nur schwer erklärbaren schwäbischen Sätze. Eine Allerweltsformel für alle Lebenslagen.

Ich bin hier im Museum mit ihm zum Gespräch verabredet. Das Museum ist voller exotischer Bilder und starker Szenen aus der Welt der Evolution. Özdemir, der Öko-Ritter, geht erst mal zum Fotoshooting in den tropischen Regenwald.

Er hat das Naturkundemuseum ganz bewusst ausgesucht. Hier kann man die Entstehung der Arten bewundern, hier wird die Gefährdung durch den Menschen sichtbar. Ein grünes Politik-Anliegen. Aber ich will mit ihm natürlich nicht über die Entwicklung der Arten reden, sondern lieber über die Unart, mit der ihn gelegentlich die grüne Basis behandelt. Hauptthema aber ist natürlich Özdemir, der Schwabe. Der braucht schon eine gewisse Leidensfähigkeit, um als Vorsitzender der Grünen durchzuhalten – zumal an seiner Seite noch die etwas schrille Co-Vorsitzende Claudia Roth aufs Podium drängt. Cem Özdemir hat alle Höhen und Tiefen einer politischen Karriere durchlaufen. Seine Lebenskrise traf ihn, als bekannt wurde, dass er von dem zwielichtigen Medienberater Moritz Hunzinger einen Kredit angenommen hatte. Zur Strafe verbrachte er einige Jahre als Europa-Abgeordneter im Brüsseler Exil.

Aber er hat es schon lange wieder geschafft. Er ist Parteivorsitzender, wenn auch manchmal umstritten. Die Öffentlichkeit geht gnädiger mit ihm um. Wie die Verleihung des »Ordens wider den tierischen Ernst« zeigt. Ein deutliches Zeichen, dass Özdemir in Deutschland angekommen ist. Nur eben nicht bei allen Grünen. So sind sie halt. Seine Partei»freunde«. Die Zeit für unser Gespräch ist knapp, der nächste Termin wartet – ein Rendezvous mit der Parteibasis. Es geht um die Urwahl.

Jetzt taucht er in der Bibliothek auf. Mit einer weißen Tüte in der Hand, aus der alle Wohlgerüche der orientalischen Küche kommen.

HERR ÖZDEMIR. Aus der Gugg[1] riecht es ja verdammt gut raus. Was ist denn das?

Das ist Börek[2] und Simit.[3] Ich komme gerade von einer Veranstaltung in der Moschee von Feuerbach.[4] Da ging es um die OB-Wahl. Und da haben sie mir Stärkung für den Wahlkampf mitgegeben. Ist lecker. Wollen Sie probieren? – Aber was ist denn das? *(Er hat gesehen, dass sich in meinem Fragemanuskript versehentlich ein »e« vor das »d« seines Namens geschlichen hat. Er nimmt mein Skript und streicht das »e« heraus.)* Özdemir ist schon schwer genug. In der Realschule hieß es immer: »Heute schon geözt? Öz du mir, öz ich dir!« Und irgendwann wurde aus Özdemir auch »Özdemaier« … Mit dem Namen im Schwäbischen! Herr Kienzle, das können Sie sich ja vorstellen!

Und das schon lange vor der »Ötzi«-Zeit?[5]

(Er lacht.) Stimmt – das war noch bevor der Ötzi gefunden wurde.

Haben Sie deshalb das Rosenstein-Museum für unser Gespräch gewählt?

---

1 Schwäbisch für: Tüte

2 Börek ist eine türkische Variante eines Auflaufs aus Yufka-Teig mit einer würzigen Füllung aus Hackfleisch, Schafskäse, Spinat oder anderem Gemüse.

3 Simit ist ein ringförmiges Hefeteiggebäck mit Sesamkörnern auf der Kruste.

4 Stadtteil von Stuttgart

5 1991 wurde in den Ötztaler Alpen eine Gletschermumie aus der Jungsteinzeit gefunden, im Volksmund »der Ötzi« genannt.

Ich bin in Berlin ganz oft im Naturkundemuseum – weil es bei unserer Bundesgeschäftsstelle ums Eck liegt. Und das Naturkundemuseum hier in Stuttgart ist natürlich toll – schon allein die Lage ist doch ein Traum! Meine Tochter ist jetzt sieben Jahre alt und da ist das natürlich super: Alles, was mit urzeitlichen Wesen zu tun hat, ist ein wunderbarer Einstieg, um darüber zum Heute zu kommen. Und zum Thema Natur und Umwelt. Ein spielerischer Einstieg. Für einen, der zwei Kinder hat, ist das klasse.

Sie nennen sich ja einen anatolischen Schwaben ...

So ist es, ja.

Ihr Vater war aber Tscherkesse. Er war also kein richtiger Türke?

Er hat tscherkessische Vorfahren, das ist richtig.

Was sind Sie denn – Tscherkesse, Türke oder Schwabe?

Bei meiner Wahl in den Bundestag war meine Herkunft ein großes Thema in der Türkei.[6] Vom Staatspräsidenten bis zu allen Parteivorsitzenden und auch wichtigen Unternehmern – alle haben sich gemeldet, um mir zu gratulieren. Und natürlich auch ein bisschen, um mich zu vereinnahmen. »Der ist einer von uns!« Ich musste immer erklären: »Ich bin hier nicht der Botschafter der Türkei. Ich bin deutscher Abgeordneter.« Ich habe natürlich einen Bezug zur Türkei über meine Eltern und viele gute Freunde. Und auf der deutschen Seite haben mich immer alle »Spätzles-Türke« genannt.

Das klingt ziemlich abwertend?

Es gab auch noch den »Deutsch-Türken«. Und den »Euro-Türken«. Da dachte ich mir: »Bevor sich einer dieser Namen festsetzt, musst du dir selbst einen geben.« Offensichtlich gab es den Wunsch, einem, der Cem Özdemir heißt, irgendein Label aufzudrücken. Also habe ich nachgedacht. Und ich kam zu dem Ergebnis, dass ich mich lieber als »anatolisch« und nicht als »türkisch« bezeichne. In dem Wort »anatolisch« sind

---

6 Bei der Bundestagswahl 1994 gewann Cem Özdemir über die Landesliste Baden-Württemberg für die Grünen ein Bundestagsmandat – als erster Abgeordneter mit Migrationshintergrund.

auch die eingebunden, die früher schon in Anatolien gelebt haben und genauso zur Türkei gehören – Griechen, Armenier oder beispielsweise Assyrer. Und da sind diejenigen mit dabei, die zugezogen sind, weil sie vertrieben wurden – aus dem Balkan oder aus dem Kaukasus. Darunter die Vorfahren meines Vaters, die Tscherkessen.

Ein muslimisches Volk, das gegen die Russen gekämpft hat.

Und unter Scheich Schamil verloren hat und dann vertrieben wurde. Viele gingen in die heutige Türkei.

Sind denn die Tscherkessen auch in der Türkei scheel angeguckt worden? Als Flüchtlinge?

Ganz zu Beginn ja, es herrschte auch bittere Not. Die sind ja in einer Zeit gekommen, als sich das damalige Osmanische Reich im Niedergang befand. Vertriebene und Flüchtlinge kamen von zwei Seiten gleichzeitig: aus dem Kaukasus und aus dem Balkan, weil dort immer mehr Staaten unabhängig wurden. Eine Umbruchsituation. Und in dieser Situation, das kann man sich vorstellen, war die Türkei alles andere als eingerichtet auf die Tscherkessen. Während des Unabhängigkeitskriegs[7] allerdings spielten sie dann eine ganz zentrale Rolle. Die Tscherkessen sind ein Kriegervolk. Die Frauen sind bekannt für ihre Schönheit. Viele wurden geraubt und auf den Sultanshof verschleppt. Und die Männer waren bekannt als gute Reiter und Krieger.

Sie gehören also zu einem Kriegervolk?

Im türkischen Unabhängigkeitskrieg bestand ein großer Teil der militärischen Führung um Atatürk[8] herum aus Tscherkessen. Und trotzdem ist in der Geschichte ein Bruch: In den

---

7 Der Türkische Unabhängigkeitskrieg von 1919 bis 1923 unter der Führung Mustafa Kemals gegen die Besatzungsmächte (Griechenland, Italien, Frankreich und Großbritannien) endete in der Gründung des heutigen souveränen türkischen Staates.

8 Mustafa Kemal (1881–1938) war der Begründer der modernen Republik Türkei. Er trieb die Modernisierung seines Landes nach westlichem Vorbild voran und schuf mit der Abschaffung von Sultanat und Kalifat sowie mit weitreichenden gesellschaftlichen Reformen einen in dieser Form einmaligen Staatstypus. Darauf beruhen die personenkultartige Verehrung, die ihm in der Türkei bis heute entgegengebracht wird – und sein ihm 1934 vom türkischen Parlament verliehener Nachname »Atatürk« (Vater der Türken).

Schulbüchern der Türkei ist es heute so, dass alle, die im Un-abhängigkeitskrieg mitgekämpft haben, Türken waren. Da kommt kein Kurde oder Tscherkesse vor. Die Türkei hatte spä-ter ja die Idee des ethnisch reinen Nationalstaates. Von da an gab es nur noch Türken – alle anderen Ethnien wurden nach dem damaligen französischen Vorbild zwangsassimiliert. Der einzige, der in der türkischen Geschichtsschreibung mit tscher-kessischer Herkunft bezeichnet wird, ist ein angeblicher Verrä-ter: Ethem, der Tscherkesse. Der hat sich mit Atatürk überwor-fen und ging dann nach Syrien ins Exil.

In Syrien gibt es auch heute noch eine große tscherkessi-sche Minderheit.

Auch in Jordanien. Und auch in Israel gibt es zwei tscherkessi-sche Dörfer. Eins habe ich mal besucht.

Werden die Tscherkessen auch heute noch in der Türkei diskriminiert?

Durch ihren Zugang zum Militär haben sie in der türkischen Armee immer eine wichtige Rolle gespielt. Von daher waren sie einerseits Teil des Establishments, andererseits aber nur solan-ge mit dabei, wie sie ihren ethnischen Hintergrund ausgeblen-det haben. Tscherkessen durften ihre Sprache öffentlich nicht sprechen – wie keine Minderheit.

Also wurden sie doch diskriminiert?

Das war die türkische Philosophie – nach dem Vorbild des französischen Nationalstaats: der Einheitsstaat mit der Ein-heitshauptstadt. Zentralistisch. Und die einzige Sprache, die man lernt, ist Türkisch. Oder Sprachen, die nicht in der Türkei gesprochen werden. Englisch durfte man lernen in der Schule. Kurdisch und Tscherkessisch nicht.

Merkwürdig, oder?

Das kurdische Coming-out beförderte dann auch das tscher-kessische Coming-out. Die Tscherkessen wären nie selbst so offensiv aufgetreten – die Tscherkessen sind bekannt für ihre Loyalität. Deshalb sind sie ja in Jordanien …

… staatstragend!

Und beschützen die Herrscherfamilie. Dadurch, dass sie kein arabischer Volksstamm sind, ist die Gefahr, dass es einen Meuchelmord gibt, sehr gering. Weil sie keine Herrschaftsambitionen haben. Als Minderheit müssen sie schauen, wie sie überleben. Durch dieses kurdische Coming-out in der Türkei haben die Tscherkessen aber gesagt: »Hey, wir haben eine eigene Sprache und eine eigene Kultur!« Jetzt gibt es tscherkessische Sprachkurse und auch tscherkessische Musik wird wieder stärker wahrgenommen. Und die Tscherkessen sind nicht die Einzigen – die Lasen, ein südkaukasisches Volk in der Türkei, und viele andere haben begonnen, die Identitätsfrage offen zu stellen. Aber mittlerweile ist bald ein Jahrhundert vergangen. Die wenigsten Kinder sprechen heute noch tscherkessisch. Ich kann außer »Prost« und »Grüß Gott« auf Tscherkessisch kaum etwas sagen.

Das bringt mich zurück zu meiner Eingangsfrage. Noch mal – als was empfinden Sie sich heute: Deutscher, Türke, Tscherkesse oder Schwabe?

Das Schwäbische war mir immer am nächsten. Deshalb habe ich ja »anatolischer Schwabe« gesagt. Den ersten Teil des Begriffs habe ich ja jetzt erklärt – ich wollte, dass sich die Vielfalt der Türkei in dem Begriff ausdrückt. Und »Schwabe« nenne ich mich, weil ich immer dazugehört habe in meinem Freundeskreis. Die haben mich nie diskriminiert. Meine schwäbischen Freunde haben mich mit nach Hause genommen. Ich bin mit denen aufgewachsen, ich habe so schwäbisch geschwätzt, wie die schwätzen. Ich gehörte dazu. Das Einzige war: »Bei dem Cem hört man zu Hause so komische türkische Musik. Und die reden auch ein bisschen komisch. Und essen ein bisschen anders. Aber sonscht isch er scho recht.« Der deutsche Staat hingegen hat mich am Anfang erst mal nicht willkommen geheißen. Obwohl ich im Kreiskrankenhaus in Bad Urach geboren bin, hat er mich zum Türken gemacht.

Hat Sie das geärgert?

Am Anfang habe ich das ja gar nicht gewusst. *(Beide lachen.)* Ich habe das erst später gemerkt, als ich mit meiner Schulklasse mal zum Schüleraustausch wollte – nach England. Und ich musste den Zug in Belgien verlassen, weil ich kein Durchreisevisum für Belgien hatte. Da habe ich zum ersten Mal gemerkt: Ich gehöre nicht vollständig dazu. Ich erinnere mich noch gut, wie meine Lehrerin verzweifelt war und immer auf den Grenzbeamten eingeredet hat: »Des isch doch der Cem! Der g'hert doch zu onserer Klass'!«[9] Das hat den belgischen Grenzbeamten aber nicht beeindruckt. Der kannte den Cem nicht.

Und sprach auch nicht schwäbisch.

Da habe ich gemerkt: Egal wie gut du schwäbisch schwätzscht und dazugehörst – es gibt noch was anderes: die Staatsbürgerschaft, den Reisepass. Das gleichst du nicht aus, indem du integriert bist.

Waren Sie denn damals wirklich integriert? War das eine völlig normale Beziehung zu Ihren Freunden?

Na ja – wenn es irgendwie Zoff gab und meine Freunde zu meiner Verteidigung sagten: »Der Cem kann doch nichts dafür, dass er Türke ist!« – dann bleibt das natürlich im Kopf hängen. »Der kann doch nichts dafür!« Als ob ich eine Warze im Gesicht hätte. Es war jedenfalls nicht nur positiv. Aber das fiel mir erst später auf. Und das scheint mir eine Konstante zu sein: Der Begriff des Türken, das empfand ich früher weniger schlimm als heute, ist negativ besetzt bei uns. Das hat damit zu tun, dass man die Türkei als rückständiges Land wahrnimmt mit vielen Problemen. Es heißt: Die Türken sind hier Unterschichtszugehörige. Bildungsfern. Die Frauen werden alle unterdrückt und tragen Kopftuch. Die Männer sind ungebildet und etwas plump. Ich spitze das jetzt zu – aber das ist bei vielen das Bild des Türken.

Und alle, die nicht so sind, sind Ausnahmen?

Damit bin ich aufgewachsen. Den Satz habe ich bis zum Abwinken gehört: »Wenn alle so wären wie du, dann wäre es ja was anderes.« Das ist ein Lob, aber es ist ein vergiftetes Lob – weil man damit die abwertet, die dieselbe Muttersprache sprechen wie ich und deren Vorfahren auch aus der Türkei kommen.

Ich habe gelesen, Sie haben in der Schule mit Deutsch Schwierigkeiten gehabt. Stimmt das denn?

Mit dem Schriftdeutschen habe ich sogar sehr große Schwierigkeiten gehabt.

Sie haben Schwäbisch gelernt und gemerkt: Deutsch ist das nicht. Andere Grammatik, andere Aussprache.

Ich habe schwäbisch g'schwätzt und nicht hochdeutsch, weil mein ganzes Umfeld so sprach. Und zu Hause türkisch. Insofern gab es den Zugang zum Hochdeutschen nicht. Dann kommt noch eins dazu: Bei uns gab es halt keinen Brockhaus und keine Bücherwand. Sondern da gab es zwei Eltern, die berufstätig waren, die …

Wo haben Ihre Eltern gearbeitet?

Meine Mutter hat in der Papierfabrik gearbeitet, bis sie sich irgendwann mal selbstständig gemacht hat mit einer Änderungsschneiderei. Und als mein Vater, der lange Feuerlöscher hergestellt hat, dann in Rente kam, hat er bei meiner Mutter mitgeholfen in ihrem kleinen Betrieb.

Heute wird kritisiert, dass in türkischen Familien türkisch geredet wird. Sie dagegen sind dankbar dafür, dass Ihre Eltern mit Ihnen türkisch gesprochen haben. Wieso?

Zu Herrn Schäuble habe ich einmal, als er in einer Diskussion forderte, die türkischen Eltern sollten zu Hause deutsch reden, gesagt: »Ich bin froh, dass meine Eltern mit mir türkisch gesprochen haben.« Erstens haben sie überhaupt mit mir gesprochen! Und sie haben viel mit mir geredet und dafür bin ich ihnen dankbar. Und zweitens hätte ich auf alle Zeiten dieses Infinitiv-Deutsch gelernt. Wenn du das mal drin hast, bekommst du es nur schwer wieder los! Schäuble hat die Forderung danach nicht mehr wiederholt. Aber er ist auch nicht mehr Innenminister.

Es gibt ja noch mehr Missverständnisse. Sie haben etwas Merkwürdiges für sich entdeckt: das Wandern. Eine besonders schwäbische Leidenschaft. Für Ihre türkischen Landsleute etwas völlig Unverständliches. Die denken: Es wandern nur Leute, die sich kein Auto leisten können?

In den ländlichen Gegenden der Türkei ist man immer sehr viel zu Fuß gegangen – von einem Dorf zum nächsten, die Kinder mussten lange Fußmärsche machen zur Schule. Es stimmt, viele fragen sich: »Wie – du gehst ohne Ziel? Warum? Einfach so in der Gegend herumlaufen?«

Diese kulturellen Unterschiede gibt es einfach. Dazu gehört auch mein Beruf: Ich habe Sozialpädagogik studiert und davor Erzieher gelernt – für meine Eltern anfangs völlig unverständlich. Wenn sich früher die Mütter gegenseitig gefragt haben: »Was macht denn dein Sohn beruflich?« Da hat die eine geantwortet: »Mein Sohn studiert, er wird einmal Arzt.« Die anderen sagten: »Kfz-Mechaniker oder Ingenieur«. Aber meine Mutter musste immer antworten: »Mein Sohn spielt mit kleinen Kindern.« Das klang wie: Der hat's nicht einmal zum Drogendealer gebracht! *(Beide lachen.)* Meine Eltern haben meinen Beruf lange nicht verstanden.

Mit dem Wandern und Ihrem Beruf begann die kulturelle Entfremdung von Ihren türkischen Landsleuten?

In der Türkei ist alles, was deutsch ist, ein Synonym für Qualität. Für Erfolg und Verlässlichkeit. Wenn im Fernsehen ein Produkt gepriesen werden soll, wird deutsch gesprochen. Für meine Eltern war Deutschland immer das perfekte Land. Deshalb haben sie überhaupt nicht begriffen, dass ich zu den Grünen gegangen bin. Die sind doch gegen die Regierung! Wie kann man gegen die Regierung eines Landes sein, in dem alles in Ordnung ist? Meine Eltern haben fest daran geglaubt, ich werde eines Tages verhaftet.

Dabei sind die Grünen doch die neuen Konservativen.

(Er lacht.)

Das sind sie doch – unbestritten!
Ich halte das für ein Gerücht.
Die jungen konservativen Wähler gehen nicht zur SPD – sondern zu den Grünen!
Ich finde, das ist das Schöne in Baden-Württemberg. Der Kretschmann ist ein Symbol dafür. Auch ich bin so aufgewachsen. Für mich ist Grün links, liberal und wertkonservativ – das alles speist uns. Wir erhalten und bewahren, was erhaltens- und bewahrenswert ist. Liberal sind wir nicht im Sinne der FDP, sondern im Sinn von bürgerrechtlich. Und links im Sinne von emanzipatorisch und in Bezug auf Chancengerechtigkeit und Partizipation.
Der Schwabe sagt da: sowohl als auch?
Hier geht das. Hier schwätzt man nicht drüber. Das ist einfach normal. Bei uns in Urach haben dieselben Leute, die einen sozialdemokratischen Bürgermeister gewählt haben, auf der Landesebene früher den Filbinger gewählt. Ich habe das im Kopf nicht verstanden! Aber für die Leute war das kein Widerspruch.
Apropos verstehen – in einem Bericht des baden-württembergischen LKA[10] zu den NSU-Morden[11] heißt es: »Die Mörder müssen weit außerhalb unseres hiesigen Wertesystems zu verorten sein.« Ist das Dummheit oder Arroganz?
Es gibt ja auch Polizeibeamte in Schwäbisch Hall, die offenbar beim Ku-Klux-Klan waren. Als ich das hörte, dachte ich, ich höre nicht recht. Diese Organisation habe ich irgendwo in die USA der 1960er-Jahre verortet. Aber doch nicht hier und heute! Ich habe mit vielen Familien von NSU-Opfern Kontakt. In Dortmund erzählte mir eine Frau: Ihr Mann war, wie meine Eltern, ein großer Fan von Deutschland. »Hier kannst du den Polizisten trauen! Hier sind die Polizisten deine Freunde!« Und dann wurde er von diesen rechten Terroristen erschossen. Und

---

10 Landeskriminalamt

11 Der Nationalsozialistische Untergrund (NSU) ist eine im November 2011 öffentlich bekannt gewordene rechtsextreme terroristische Vereinigung in Deutschland. Dem NSU wird unter anderem die Neonazi-Mordserie in den Jahren 2000 bis 2006 zugeordnet.

seine Familie wurde wochenlang befragt und sein Umfeld verdächtigt, statt den eindeutigen Hinweisen auf den rechten Terror nachzugehen.

Hat das System?

Das glaube ich nicht. Solange das nicht bewiesen ist, bin ich fest davon überzeugt, dass diese Verbrechen nicht von irgendwelchen staatlichen Stellen gedeckt oder gar befördert wurden. Aber das Versagen von Geheimdiensten und Polizei ist doch ein Skandal. Viele Polizeibeamte haben täglich auch mit Delikten zu tun, bei denen Tatverdächtige einen Migrationshintergrund haben. Da wird dann zuallererst in diese Richtung ermittelt und alles andere ausgeblendet.

Wie Umfragen zeigen, haben die Deutschen panische Angst vor dem Islam. Ist die Angst berechtigt oder ist das bloße Hysterie?

Verrückte gibt es überall – nicht nur in Bezug auf den Islam. Dass der Islam aber in besonderer Weise ein Problem hat, darf man nicht in Abrede stellen. Das wäre auch faktisch falsch. Es ist nun mal so, dass ich kein einziges Beispiel in Deutschland kenne, dass irgendwelche jüdischen Jugendlichen zusammen beschließen: Jetzt schlagen wir mal einen Imam zusammen! Dass muslimisch-stämmige Jugendliche losziehen und einen Rabbiner in Berlin zusammenschlagen, das ist nicht legitimierbar durch ihre Religion und ich weiß auch gar nicht, ob die etwas über ihre Religion wissen. Dieser Angriff ist durch nichts entschuldbar. Ich bin nach dieser Attacke mit dem Berliner Rabbiner in die Synagoge gegangen und habe am Schabbes teilgenommen, um Solidarität zu zeigen. Ich halte es aber für falsch, solche Vorfälle über die Religion oder die ethnische Herkunft zu erklären. Bei Neonazis kommt schließlich auch keiner auf die Idee, mit der Religion zu argumentieren. Wir müssen uns die jeweiligen Milieus genauer angucken.

Die Angst ist ein schlechter Ratgeber?

Alles, was eine Einheitsfront erzeugt, ist von Übel. Das Genre der Islamkritiker hat hauptsächlich die Funktion – leider sekundiert durch einen Teil des deutschen Feuilletons –, über

Pauschalisierungen eine Front zu erstellen, die auch säkulare Muslime, wie mich, in eine Verteidigungshaltung bringt. Ich bin doch selber jemand, der ein scharfer Kritiker ist von radikalen Entwicklungen im Gewand des Islam!

Stuttgart hat ja einen deutlich höheren Ausländeranteil als Berlin …

Was übrigens viele nicht wissen!

… und trotzdem gibt es hier keine Neuköllner Verhältnisse. Was machen die Stuttgarter besser als die Berliner?

Das hat sicherlich damit zu tun, dass man hier erkannt hat: Schaffa – ned schwätza! Buschkowsky[12] und andere schwätzen viel und problematisieren, wo sie nur können. Das, was die anderen ins Schwätzen investieren, investiert der Schwabe lieber ins Schaffen. Und natürlich kommt auch hinzu, dass die Wirtschaft einen massiven Einfluss hat. Wenn du eine Arbeitslosenquote hast von unter drei Prozent in Baden-Württemberg …

Das ist de facto Vollbeschäftigung.

Dann kriegen auch Leute mit schwierigeren Startbedingungen leichter eine Arbeit. Das merkst du natürlich.

Waren Ihre Eltern gläubige Moslems?

Meine Mutter hat mir beigebracht, wie man betet. Meine Mutter sagte mir: »Es gibt keinen muslimischen Religionsunterricht, also such dir selber aus, ob du in den evangelischen oder katholischen Religionsunterricht gehst. Die glauben auch an einen Gott. Wir nennen ihn Allah – sie nennen ihn Gott.« Meine Mutter sagte immer: »Die Christen und wir haben dasselbe Ziel, aber die Wege sind verschieden. Das schadet nicht, geh da ruhig hin.« Und so ging ich in den evangelischen Religionsunterricht. Ich kann mich erinnern: Eine Religionslehrerin holte mich einmal an die Tafel, weil ich der einzige Muslim in der Klasse war. Ich sollte den Kindern etwas über den Islam erklären. Jetzt stand ich da und wusste nicht, was ich sagen sollte. Also habe ich gesagt: »Meine Mutter betet mit mir, bevor wir schlafen gehen.« Da hat die Lehrerin gerufen: »Des langt doch ned!«[13] – »Wie – des langt ned?« – »Ja, betet ihr ned fünfmal am Tag?« – »Nein, nur einmal, bevor wir ins Bett gehen.« – »Ja, wart ihr scho mol in Mekka?« – »In Mekka? Da kennen wir doch gar niemanden!« – »Habt ihr schon Opfer dargebracht?« – »Was für Opfer denn?« Sie fing halt an mit den fünf Pflichten des Muslims und hat das ganze Programm runtergerattert. Als ich nach Hause kam, hab ich zu meiner Mutter gesagt: »Meine evangelische Religionslehrerin meint, wir seien keine richtigen Muslime.« Daraufhin sagte meine Mutter: »Geh zu deiner Lehrerin und sag ihr: ›Meine Religion interpretiere ich so, wie ich es möchte.‹ Und sie interpretiert ihre so, wie sie es möchte. Und wenn wir es beide so halten, werden wir auf dieser Erde glücklich.« Ich glaube, meine Mutter hatte da mehr Weisheit als mancher Gelehrte.

Waren da auch Pietisten dabei?

Zum Teil ja. Als ich Kind war, haben meine Eltern den ganzen Tag geschafft und ich war gegen zwölf daheim. Was machst du jetzt? Es gab genau zwei Angebote, die für mich zur Verfügung standen: Das eine war das Evangelische Jugendwerk, das andere war der Württembergische Brüderbund. Und ich habe einfach beides mitgenommen. Die Pietisten vom Brüderbund waren um die Ecke, die hatten das bessere Sportangebot. Und die Stond[14] goht au rum.

Sie waren en der Stond? Om Gott's Willa! Was haben Sie denn da g'macht?

Ich habe einfach zugehört und auf die Uhr geguckt und gewartet bis es rum ist – dann gab es Indiaca und Volleyball und Schnitzeljagd und was weiß ich was. Und beim Evangelischen Jugendwerk waren meine ganzen Kumpels aus der Straßenfußballmannschaft. Da bin ich dann auch mit. Ich habe am Ostergottesdienst teilgenommen und an allem Möglichen. Die stan-

---

13 »Das genügt doch nicht!«

14 Bibelstunde bei den Pietisten, bei der auch Laien die Bibel interpretieren können

den mir politisch näher. Die waren etwas grün angehaucht – mit ihnen bin ich nach Österreich und in die Schweiz zum Wandern. Da wäre ich sonst nie hingekommen! Ich bin eigentlich ständig mit Christen aufgewachsen – und habe so auch innerhalb des Christentums diese Bandbreite kennengelernt. Die Pietisten vom Brüderverein und die vom Jugendwerk waren zum Teil natürlich auch überkreuz.

Es gibt nicht *das* Christentum und es gibt nicht *den* Islam?
Ich habe auch gelernt, dass man sich mit Leuten gut verstehen und trotzdem in vielen Fragen uneinig sein kann. Das ist für meine Arbeit heute sehr hilfreich.

Gab es in Ihrer Kindheit eine Situation, in der Sie nicht mehr wussten: Bin ich Türke oder Deutscher? Oder Schwabe?
Es gab einige Klassiker der Missverständnisse! Bei uns daheim war es so: Wenn Leute zu Besuch kamen, machte man ganz viel Licht an. Bei meinen deutschen Freunden war es so, dass man es sich eher gemütlich machte. Und für Schwaben ist es halt kuschlig, wenn's dunkel ist mit Kerzen.

Stromsparen!
Bei meinen schwäbischen Schulfreunden war der Fernseher immer ausgeschaltet. Klar: Es war ja Besuch da. Bei uns machte man den Fernseher an. Freitag: »Männer ohne Nerven«. Viele meiner Freunde durften nicht fernsehschauen. Also war freitagabends Familie Özdemir der Treffpunkt der gesamten Straße. Alle waren sie bei uns. Und meine Mutter dachte immer: Die sind zu arm, die können sich keinen Fernseher leisten. Sie hat mir immer gesagt:»Bring deine armen deutschen Freunde zu uns, dass wir uns ein bisschen um sie kümmern können!« Das hat sie wirklich geglaubt! Besuch ist heilig. Das Gastrecht ist das Heiligste, was es gibt. Diese Missverständnisse gab es zuhauf.

Schwaben und Türken ticken anders?
Meine Freunde hatten zu Hause wenig Schokolade bekommen – weil man sich gesund ernährt hat im Bildungsbürgertum. Bei

uns war es so: Einem Kind gibt man Süßigkeiten und Pistazien – die kannten meine deutschen Freunde gar nicht. Wieder: Meine Mutter dachte, die sind so arm, die können sich kein Knabberzeug leisten. Also hat sich meine Mutter gekümmert, um diese armen, benachteiligten Kinder …

Die Umkehr der Verhältnisse. *(Beide lachen.)*

Eben. Im Nachhinein betrachtet schepps.[15]

Schepps – das ist ja sauschwäbisch!

Schepps war auch Weihnachten – das habe ich mit meinen Kumpels später als Erwachsener auch besprochen. In christlichen Familien heißt es ja dann: »Macht hoch die Tür. Das Tor macht weit!« Von wegen machet hoch die Tür! Im Gegenteil! Machet zu die Tür! Und verrammelt sie dick! Bei uns bedeutete ein Festtag: Man lädt alle ein. Bei meinen Kumpels hieß Festtag: Man bleibt unter sich.

Schwäbische Sitten?

Ich komme ja aus einem Elternhaus, wo man sich freut, wenn Leute vorbeikommen.

Schwaben dagegen sind gerne allein.

Zumindest früher kam man nicht so einfach mal spontan vorbei.

Da bleibt man lieber daheim.

Da meldet man sich gefälligst vorher an. Und an den Feiertagen will man mit der engen Familie zusammen sein. Bei uns galt an Feiertagen: Man macht einen regelrechten Besuchsmarathon. Man kommt spontan vorbei und bringt noch fünf Freunde mit und die bringen nochmal zwei Leute mit.

Der Schwabe ist eher Einzelgänger.

An Weihnachten waren alle meine Freunde zu Hause. Und was sollte ich an Weihnachten machen? Meine Mutter, die wirklich eine sehr weltoffene Frau ist, hat dann auch einen Weihnachtsbaum aufgestellt – nur für mich! Damit ich das Gefühl hatte, nicht ausgegrenzt zu sein. Und sie hat mir Geschenke gegeben! Aber Weihnachtslieder konnten wir keine singen. Muslimische Weihnachtslieder gibt es halt keine.

15 Schwäbisch für: schräg

Sie haben gar nicht gesungen?

Da machst du dich ja lächerlich, wenn du da mit deinen muslimischen Eltern unterm Weihnachtsbaum sitzt – und keiner weiß, was man jetzt genau machen soll. Gibt's da Geheimzeremonien? Ich habe immer darauf gewartet, dass mich mal jemand zu sich nach Hause einlädt. Dass mir mal einer zeigt, wie Weihnachten gefeiert wird.

Ist aber nie passiert?

Jahre später. Ein Freund hat mich mal zu Weihnachten eingeladen. Ich habe es einfach nicht mehr ausgehalten und habe ihm das angedeutet. Das war ein guter Kumpel. Er hat das seinen Eltern gesagt. Und die sagten: »Bring den Cem mit, lad' ihn ein!« Ich war neugierig – was machen die? Und als es dann die Bescherung gab, dachte ich: »Na ja, klar, die können ja nichts für mich haben. Wie denn auch? Ich bin ja ziemlich kurzfristig dazugekommen.« Aber die hatten sogar ein Geschenk für mich, einen Wandkalender. Da war ich richtig gerührt. Meine Eltern haben immer gesagt: »Bis dich mal schwäbische Nachbarn zu sich einladen, da vergeht eine Generation.« Später habe ich dann die Aussiedler kennengelernt und gemerkt: Das erst mal Untersichbleiben richtet sich offensichtlich nicht gegen die Türken allein.

Das geht gegen Fremde allgemein?

Die Schwaben haben ja auch so schöne Begriffe wie »Neig'schmeckte« und »Rucksackdeutsche.« Das Ankommen braucht einfach Zeit, wenn man ned glei Schwäbisch koa.

Auch deutsche Flüchtlinge wurden so behandelt?

Ja eben. Das wusste ich früher nicht. Das habe ich erst später kapiert. Und da dachte ich mir: Okay, das liegt gar nicht daran, dass wir eine andere Religion haben. Die machen das auch so von Christenmensch zu Christenmensch – wenn der eine Katholik und der andere Protestant ist.

Stichwort: »Orden wider den tierischen Ernst«.[16] Sie sind ja 2013 »Ordensritter« bei diesem komischen Verein.

Ich habe die gewarnt! Ich habe denen gesagt: Wisst ihr, worauf ihr euch einlasst? Jemand aus einer muslimischen Familie, der in einer teilweise neu-pietistischen Gegend aufgewachsen ist und mit Karneval und Fasching nur bedingt zu tun hat! Aber die wussten, worauf sie sich einlassen.

Ist dieser Orden auch ein Zeichen dafür, dass Sie endgültig in Deutschland angekommen sind?

Es ist doch klar, dass sie sich sehr genau überlegt haben, wem sie diesen Orden andienen wollen. Und da spielt natürlich mindestens genauso eine Rolle, dass ich der erste Grüne bin, wie die Tatsache, dass ich der erste Ritter werde, der nicht Heinz oder Detlev oder Gustav heißt. Sondern a weng andersch.

Der Türkei geht es in letzter Zeit wirtschaftlich gut. Viele, vor allem junge Türken, gehen ja heute wieder in die Türkei zurück.

Meine Eltern gehen nicht mehr weg. Ich wollte sie nach Berlin holen, damit die Familie enger zusammenwohnt. Aber sie sagen: »Jetzt gehören wir endlich dazu. Jetzt gehen wir nicht mehr weg.«

In Berlin könnten sie türkisch sprechen.

Aber meine Mutter sagt: »Alle grüßen einen. Wenn du zwei Tage nicht auf die Straße kommst, dann fragen sie ›Frau Özdemir, isch alles recht? Isch alles o. k.?‹« Jetzt gehören sie dazu. Jetzt sind sie mit ihrem Mischmasch aus schwäbisch, deutsch und türkisch irgendwie Herr und Frau Özdemir, die dazugehören. In der Änderungsschneiderei meiner Mutter, da geht man vorbei und macht a Schwätzle. Da fragt man: »Herr Abdullah, geht's gut? Isch älles recht?« Und umgekehrt. Das K. o.-Argument meiner Mutter war: In den schwäbischen Lokalzeitungen werden die Geburtstage ab einem gewissen Alter veröffentlicht. Und als meine Eltern mal in Berlin waren, hat sie erzählt: »Als ich Geburtstag hatte, stand das in der Südwest-

---

16 Ein jährlich gegen Ende der Karnevalszeit vom Aachener Karnevalsverein an Persönlichkeiten des öffentlichen Lebens vergebener Orden

presse.« Im Lokalteil – im »Ermstalboten«. Und alle Nachbarn haben gegrüßt und gratuliert. Und beim Einkaufen hat die Frau an der Kasse gesagt: »Frau Özdemir, herzlichen Glückwunsch zum Geburtstag!« Frage meiner Mutter: »Wäre das in Berlin auch so?« Was sagst du dann?

Da ist man sprachlos?

Sie gehören jetzt dazu. Man ist gemeinsam alt geworden. Für meine Eltern ist Bad Urach jetzt Heimat. Die wollen da nicht mehr weg.

Sie haben gerade erzählt, was für Ihre Eltern Heimat ist. Was bedeutet Heimat für Sie?

Mit Sicherheit die schwäbische Sprache, die gehört irgendwie dazu bei mir. Sobald ich in Stuttgart am Hauptbahnhof den Zug verlasse, dann schwätze ich anders. Meine Frau sagt immer: »Es ist richtig an dir zu beobachten, wie du dich veränderst, sobald du schwäbischen Boden betrittst!« Da tritt eine andere Persönlichkeit zutage. In Berlin bemühe ich mich wirklich, halbwegs hochdeutsch zu reden.

Geht inzwischen doch ganz gut?

Ich habe einmal eine Veranstaltung gehabt, kurz nach meiner Wahl, in Bremen. Da ging es um das Thema religiöser Fundamentalismus. Ein ernstes Thema. Aber egal, was ich sagte: Die Leute kicherten. Ich wurde echt unsicher, du konzentrierst dich dann auch nicht mehr richtig. Das war schon fast wie bei Monty Pythons »Das Leben des Brian«, diese Balkonszene, kennen Sie die? Da fragte ich die Moderatorin: »Die kichern alle so. Was ist denn los?« Da sagte die: »Wissen Sie, in Bremen – ein Türke, der so schwäbelt wie Sie, das kennen wir hier nicht. Da müssen einfach alle lachen.« Ich wurde immer unsicherer. Ich guckte schon, ob mein Hosenlatz offen ist …

Schwäbisch – so peinlich wie ein offener Hosenlatz?

Ich will auf politischen Veranstaltungen ernst genommen werden. Und von da an habe ich mich bemüht, hochdeutsch zu sprechen. Was einem Schwaben halt mehr oder weniger gelingt. Aber sobald ich wieder hier bin, schalte ich sehr schnell um.

Was können Sie auf Schwäbisch besser ausdrücken als auf Hochdeutsch?

Als ich meine erste Freundin hatte, habe ich immer »Moggele«[17], »Mäusle« und »Schneggele«[18] g'sagt. Und irgendwann sagte sie zu mir: »Wenn ich jetzt alles, was du mir gerade so gesagt hast, ins Türkische übersetzen würde ...« Man muss wissen: Im Türkischen sind Maus und Ratte identisch. »Meine Ratte! Hast du noch mehr solche Sachen auf Lager?«

Ihre erste Freundin war eine Türkin?

Meine erste Freundin war die Tochter vom Dekan. War auch nicht ganz ohne. Der Dekan war anfangs nicht nur erfreut, dass seine Tochter mit einem Muselmanen rummacht. Aber ich meine jetzt meine erste türkische Freundin. Die sagte dann: »Im Türkischen kann man so schöne Sachen sagen wie: ›Du Licht meines Auges‹«. Das kennen Sie ja sicher aus dem Orient! »Und was sagst du? Du vergleichst mich mit einem Nagetier? Du vergleichst mich mit einer schleimigen Schnecke? Sag mal – geht's noch?«

Was ist denn heute noch schwäbisch an Ihnen?

Ich weiß noch, als ich damals in den Bundestag gewählt wurde, den kennen Sie ja noch, in Bonn, und dort mein Büro hatte und irgendwann mal spät abends losgehen wollte, merkte ich: Da brennt ja noch Licht. Ich suchte dann den Schalter und machte es aus. Dann schaue ich ums Eck: Da drüben brennt ja auch Licht. Ich gehe ums Eck und mache dort das Licht aus. Dann sehe ich hinten im Gang – brennt auch das Licht. Auch das habe ich gelöscht. Ist das schwäbisch oder ist das grün? Am schlimmsten ist ja wahrscheinlich die Kombination aus beidem. *(Er lacht.)* Und irgendwann, wenn du halt dabei bist, dann machst du es halt richtig. Dann habe ich im gesam-

---

17 Schwäbisch für: kleines Kalb

18 Schwäbisch für: kleine Schnecke

ten Flur das Licht ausgeschaltet. Auch auf dem Klo! Inklusive Damentoilette.

Da ging der Schwabe mit Ihnen durch?

Ab und zu waren auch noch welche auf dem Klo: »Hallooo!« Okay, okay. Entschuldigung! Irgendwann haben die Pförtner gesagt: »Das ist der Özdemir, der Hausmeister. Der macht immer überall das Licht aus.« Kannsch halt ned andersch.[19]

»Wenn es einen ›Sauschwaben‹ gäbe, wäre der Steinbrück wahrscheinlich die Idealbesetzung.«

Wolfgang Schäuble

⌐

Wolfgang Schäuble
Der Schwabe als Badener

Er hat den schwierigsten Job in der Regierung. Aber nichts geht ohne ihn. Wenn er kein Geld herausrückt, können die Ressortminister keine Wähler beglücken. Wolfgang Schäuble hütet den »Bundesschatz«. Er ist der erfahrenste Mann im Kabinett Merkel. Fraktionsvorsitzender war er, zweimal Bundesinnenminister. Kein Abgeordneter sitzt so lange im Bundestag wie er. Fast wäre er Bundeskanzler geworden – Helmut Kohl hat es verhindert. Fast wäre er Bundespräsident geworden – Angela Merkel hat es verhindert. Einen »Unvollendeten« hat ihn deshalb der »Spiegel« genannt. Der alte Knatsch mit Helmut Kohl geht weiter. Kohl kam nicht zu Schäubles 70. Geburtstagsempfang, Schäuble sehr wohl zu Kohls 30. Jahrestag der Kanzlerwahl. Aber er weigerte sich, seinem Intimfeind die Ehrenbriefmarke, die aus diesem Anlass erschienen ist, zu überreichen. Es herrscht Funkstille zwischen den beiden.

Schäuble ist aber trotz der vielen Rückschläge nicht verbittert. Er residiert im Finanzministerium, einst ein Prestigebau der Nationalsozialisten. Der Palast der Republik, der DDR-Vorzeigebau, wurde abgerissen, Görings ehemaliges Machtzentrum dagegen restauriert und renoviert. Da kann man schon mal ins Sinnieren kommen. Hier, wo einst Reichsfeldmarschall Göring Hof gehalten hat, im vierten Stock, wacht Wolfgang Schäuble über die deutschen Finanzen.

Ich treffe ihn zwischen zwei Terminen. Der portugiesische Finanzminister hat sich gerade ein großes Lob für seine Sparsamkeit abgeholt, die portugiesischen Wimpel werden abgeräumt und Wolfgang Schäuble ist zum Gespräch bereit. Trotz der ewigen Euro-Rettung hat er Zeit für ein völlig unwichtiges Thema: Schwaben und Badener. Die haben sich lange einen erbitterten politischen Kampf geliefert. Badenser gegen Schwabenseggl.[1] In Berlin dominieren zurzeit die Badener. Schäuble gilt als solcher. Gleich zu Beginn des Gesprächs lüftet er aber selbst ein gut gehütetes Geheimnis: Er hat schwäbische Wurzeln, seine Eltern waren Schwaben und seine Großmutter. Ich hatte es mir schon immer gedacht. Niemand spricht nämlich das schwäbische »sch« so gefühlvoll aus wie er, der vermeintliche Badener.

HERR SCHÄUBLE, ehrlich gesagt habe ich ein bisschen ein schlechtes Gewissen, Sie mitten in der Eurokrise mit unserem Schwabenthema zu belästigen. Aber das war einmal ein heiß umstrittenes Thema: Schwaben gegen Badener.
Das hat heute eher einen folkloristischen Charakter. Ich bin ohnedies völlig ungeeignet für diese Art von ernst gemeintem Streit – weil meine Eltern Schwaben waren. Ich selbst aber habe immer in Baden gelebt und bin im Herzen ein Badener – fühle mich aber auch in Schwaben zu Hause.
Der Fritz Kuhn[2] hat Sie ja im Bundestag mal als »Badenser« bezeichnet. Und Sie haben mit »Schwabenseggl« gekontert.
Ja gut: »Badenser« ist ein Schimpfwort. Das heißt: Badener. Man sagt ja auch nicht »Frankfurtser«.
Aber »Schwabenseggl« ist schon sehr hart …
Das ist die Antwort, wenn ein Schwabe einen Badener »Badenser« nennt. Da wollte er ihn beleidigen – oder er weiß es nicht besser. Deshalb habe ich ihn dran erinnert, was darauf ein Badener zu sagen pflegt.
Dabei sind Sie doch eigentlich ein schwäbischer Badener.
Was ist Baden? Das ist am Bodensee was völlig anderes als im Schwarzwald. Und im Fränkischen ist es noch einmal ganz anders, oder in der Kurpfalz. Auch die Sprache. Das ist sehr heterogen – wie bei den Schwaben ja auch: Oberschwaben ist was anderes als das Unterland. Ich bin Schwarzwälder! Aber meine

---

1 Wenig schmeichelhafte Bezeichnung für einen Schwaben

2 Von 2005 bis 2009 Vorsitzender der Grünen-Bundestagsfraktion und ab Januar 2013 Oberbürgermeister von Stuttgart

Mutter stammt aus Owen – und das ist der Kern von Schwaben.

Bei Kirchheim an der Teck?

An der Teck liegt Owen! Nicht Kirchheim. Kirchheim ist da nur dabei. Kennen Sie die Geschichte von der Königin Elisabeth? Die gehört in ein Schwabenbuch: Als Bundespräsident Heuss[3] mal in London war, hat er zu ihr gesagt: »Wenn Sie mal nach Deutschland kommen, führe ich Sie auf die Burg Ihrer Vorfahren!«[4] Und in diesem Traum hat meine Mutter jahrelang gelebt: dass die Queen mal auf die Teck kommt. Aber nix war's.

Heuss hat sein Versprechen nicht gehalten?

Nein, er ist mit ihr nach Marbach gefahren. Und dort hat er sie ins Schiller-Museum geführt. Aber sie wollte zu den »horses«.[5]

Aber Ihr Vater war – politisch – ein richtiger Altbadener?

Von wegen! Mein Vater war einer von drei CDU-Abgeordneten im Badischen Landtag, der für den Südweststaat gestimmt hat. Aus der Sicht der Altbadischen war er ein Verräter. Aber das war wiederum nicht überraschend, denn seine Heimat ist in Schramberg. Das ist im schwäbischen Teil des Schwarzwalds und seine Familie stammt aus Wurmlingen.

Das ist sehr schwäbisch.

Das ist der andere zentrale Punkt in der württembergischen Geschichte neben der Teck: die Wurmlinger Kapelle.[6] Von der Herkunft her bin ich also Schwabe. Ich habe in meiner Kindheit meine Ferien immer in Owen verbracht. Dort ist meine

---

3   Der Schwabe Theodor Heuss war von 1949 bis 1959 der erste Bundespräsident der Bundesrepublik Deutschland.

4   Die Burg Teck ist eine 773 m hoch gelegene Gipfelburg südwestlich der Stadt Kirchheim unter Teck in Baden-Württemberg. Der württembergische Herzog Franz heiratete Prinzessin Mary, eine Enkelin des britischen Königs Georg III. Die Tochter, Maria von Teck, wurde Ehefrau von König Georg V. und brachte den Namen Teck somit in die Titulatur des britischen Königshauses ein.

5   Am 24. Mai 1965 besuchte die britische Königin Elisabeth II. Marbach. Hinterher wurde kolportiert, sie habe in Wirklichkeit nicht Friedrich Schillers Geburtsstadt, sondern das Landgestüt Marbach auf der Schwäbischen Alb sehen wollen.

6   Der romanische Vorgängerbau der Wurmlinger Kapelle auf dem Kapellenberg zwischen Tübingen und Rottenburg wurde 1050 in der Amtszeit von Papst Leo IX. als Grabkapelle des Stifters Graf Anselm von Calw dort errichtet. Der gotische Nachfolgebau brannte 1644 ab. Die bis heute erhalten gebliebene barocke Kapelle wurde 1685 eingeweiht.

zweite Heimat. Und Hornberg selber, meine heutige eigentliche Heimat, ist zwar Baden – aber haarscharf an der Grenze und hat im Übrigen zurzeit des »Hornberger Schießens« und bis zu Napoleon zu Württemberg gehört. Das war der Herzog von Württemberg, damals beim Hornberger Schießen.[7] Insofern ist dieser Konflikt bei mir nicht so ausgeprägt. Das hat sich dann später mehr spaßeshalber ergeben.

Also haben Sie sich politisch nie als Badener empfunden?

Nicht in dem ernst gemeinten Sinn. Wie gesagt: Mein Vater hat schon im Landtag von Baden immer für den Südweststaat gestimmt. Als einer von wenigen. Und da wir die Ferien immer in der Heimat meiner Mutter verbracht haben, waren wir emotional überhaupt nicht fähig, etwas anderes zu empfinden, als dass das zusammengehört.

War also das, was Leo Wohleb[8] wollte, dieses Baden, historisch gesehen Schwachsinn?

Der Wohleb wollte die Wiederherstellung des alten Landes Baden. Und wenn man weiß, dass mentalitätsmäßig die Badener und Württemberger sich früher nicht so furchtbar nahe standen, kann man das ja irgendwo nachvollziehen. Die Lebensart und die Lebensgewohnheiten sind schon unterschiedlich gewesen.

Und worin unterscheiden sich Badener und Schwaben?

Das Haus Baden feiert in diesem Jahr gerade sein 900. Jubiläum. Aber das ist natürlich ein sehr begrenztes Baden – die sind alle von Napoleons Gnaden. Aber wenn ich jetzt mal Freiburg nehme oder den Teil, in dem ich ja zu Hause bin, also hin zum Rhein: Wir haben eine leichtere Lebensart. Wir sind dem Mediterranen, dem Französischen ein bisschen näher.

---

7   In Hornberg hatte sich im Jahr 1564 der Herzog Christoph von Württemberg angesagt. Dieser sollte mit Salut empfangen werden. Als alles bereit war, näherte sich aus der Ferne eine große Staubwolke, die Kanonen donnerten – doch die Staubwolke entpuppte sich nur als eine Postkutsche. Dieser Vorgang wiederholte sich noch einige Male. Und als der Herzog endlich kam, war alles Pulver verschossen. Der Begriff »Hornberger Schießen« wird seitdem gebraucht, wenn eine Angelegenheit mit großem Getöse angekündigt wird, dann aber ohne Ergebnis endet.

8   Leo Joseph Wohleb war von 1947 bis 1952 Staatspräsident des damaligen Landes Baden in Südwestdeutschland.

Auch in der Küche. Das kann man heute noch sehen. Natürlich gibt's in Stuttgart heute auch alles …

Vor allem in Baiersbronn.

Das ist wahr …

Baiersbronn ist schwäbisch.

Aber das ist auch so ein Grenzfall. Der Schwarzwald ist in Wahrheit, Herr Kienzle, das sehen Sie doch sicher auch so, stärker badisch geprägt. Und Baiersbronn liegt direkt an der badischen Grenze. Aber in Württemberg – das ist wahr. Dass dort diese kulinarische Hochburg entstanden ist, ist vielleicht auch ein bisschen zufällig. Und gleich um die Ecke, in Freudenstadt, ist die pietistische Hochburg Schwabens gewesen.

Die Pietisten haben das Schwabenbild sehr stark geprägt. Es ist erstaunlich: Innerhalb von 200 Jahren haben die ja den Schwaben, den wir heute kennen, mit Zwangsmaßnahmen hingekriegt.

Das können Sie aber nur von einem Teil der Schwaben sagen! Sie wissen, dass die württembergische Landeskirche häufig größere Probleme hatte, einen Bischof zu wählen – weil sie in drei Gruppen gespalten ist. Sie haben ja nicht nur die Pietisten in Württemberg. Die badische Landeskirche war dagegen seit Gründung des Großherzogtums stärker auf Einigung ausgerichtet. Das hat ja etwas mit Reitzenstein[9] zu tun, der Chefberater des damaligen Großherzogs war und der ihm gesagt hat: »Großherzog, Sie haben da ein Land, das aus so vielen unterschiedlichen Teilen zusammengestückelt ist – Sie müssen das Land einen.« Und das geht nur mit Reformen. Dadurch ist Baden ja das Musterland geworden.

Das »Musterländle« Baden. Württemberg war zu dieser Zeit ja sehr konservativ.

Baden war im 19. Jahrhundert ganz stark. Und das ist ja auch nicht überraschend: Wer Reformen macht, bei dem fängt halt auch zuerst die Revolution an. 1847 fing's in Baden an und die

---

9   Freiherr Sigismund Karl Johann von Reitzenstein war 1817 unter Großherzog Karl Regierungschef und maßgeblich daran beteiligt, dass eine relativ freiheitliche und moderne Verfassung am 22. August 1818 in Kraft trat.

Großen – Hecker [10] und Struve [11] –, das war alles in Baden.
Aber erfolgreich waren die ja auch nicht.
Ja gut – die Badische Revolution ist 1849 mithilfe der Preußen
niedergeschlagen worden.
Und mithilfe der Württemberger.
Die Württemberger haben da nicht so eine zentrale Rolle ge-
spielt. Das waren schon preußische Truppen, die von Rastatt
aus eingedrungen sind.
Die Württemberger haben geholfen.
Denen ist alles zuzutrauen. *(Beide lachen.)* Aber Baden blieb
das Musterland bis zum Ende des Ersten Weltkriegs. Aus
dieser Zeit vor dem Zweiten Weltkrieg stammt der Begriff
»Musterland«. Das hatte viel damit zu tun, dass die Badener
bewusst darauf gesetzt haben, das Land durch eine gewisse
Modernität und eine badische Liberalität zu einen. Und das
hat bis in die evangelische Landeskirche hineingespielt.
Aber dann hat die Aufteilung in Besatzungszonen nach dem
Zweiten Weltkrieg dem Wirtschaftsraum Baden, der ja ins-
besondere im nordbadischen Teil enorm prosperierend war,
das Hinterland abgeschnitten. Das hat schwer geschadet.
**Die Badener hatten damals Angst vor einer feindlichen
Übernahme durch die Württemberger?**
Die Badener haben nie Angst gehabt vor den Württembergern!
Das ist ein völlig falsches Bild, Herr Kienzle. *(Beide lachen.)*
**Es gab ja diesen heftigen Zusammenprall in den 1950er-
Jahren. Ich kann mich als Journalist noch gut erinnern …**
In der Nachkriegszeit waren diese Besatzungszonen in der Tat
willkürlich. Aber auch heute ist es noch so, dass zwischen
Teilen Südwürttembergs und Südbadens viel mehr Ähnlich-
keit besteht als zwischen Teilen Südbadens und Teilen Nord-
badens. Das ist nicht so trennscharf zwischen Baden und

---

10 Friedrich Karl Franz Hecker war Rechtsanwalt, Politiker und radikaldemokra-
tischer Revolutionär in den Staaten des Deutschen Bundes, insbesondere
während der ersten Phase der Badischen Revolution von 1848/49.

11 Gustav Struve war ein deutscher Politiker, Rechtsanwalt, Publizist und radikal-
demokratischer Revolutionär während der Märzrevolution von 1848/1849 im
Großherzogtum Baden.

Württemberg. Deswegen hat Wohleb auch nicht so viel Zustimmung in der Bevölkerung gefunden. Er hatte zwar in Südbaden eine hohe Majorität, die Freiburger und auch die Offenburger – die wollten mit den Stuttgartern nichts zu tun haben. Da gibt es mentalitätsmäßig auch Unterschiede. Aber: In Karlsruhe und Mannheim war eine kleine Mehrheit sogar für den Südweststaat! Trotz einer gewissen Rivalität, die es auch heute noch gibt. Schauen Sie sich nur die Fußballspiele an zwischen dem Karlsruher SC und dem VfB Stuttgart.

Aber die Badener fühlten sich ausgetrickst bei dieser berühmten Abstimmung im Dezember 1951. Denn wenn Nordbaden und Südbaden gemeinsam abgestimmt hätten ...

... hätte es eine Mehrheit für Baden gegeben. Aber der Abstimmungsmodus war: In drei von vier Besatzungszonen muss eine Mehrheit gewonnen werden.

Das war ja ein schwäbischer Trick.

Ja klar! Deshalb ist die Abstimmung ja auch für verfassungswidrig erklärt worden.

... und musste 21 Jahre später wiederholt werden.

Und als die Abstimmung wiederholt wurde, war es eigentlich ein Witz, überhaupt nochmals abzustimmen.

Dann waren über 80 Prozent für Baden-Württemberg.

Selbst die zuvor engagiertesten Befürworter Altbadens waren auf einmal für den Südweststaat. Der alte Senator Burda[12] zum Beispiel war früher ein überzeugter Altbadener. Aber bei der zweiten Abstimmung dann nicht mehr.

Aber die Altbadener hatten einen Triumph: Bei der Abstimmung über den Namen des Landes haben sie sich durchgesetzt. Das neue Bundesland sollte ja »Schwaben« genannt werden. Bei der Abstimmung gab es aber eine knappe Mehrheit für den Namen »Baden-Württemberg«. Das, wenn man so will, war der letzte Triumph der Altbadener.

Man hätte das ja ohnehin eher »Alemannien« nennen müssen.

---

12 Franz Burda (* 24. Februar 1903 in Philippsburg; † 30. September 1986 in Offenburg) war Begründer des Burda-Verlags (»Bunte«).

Alemannia.

Na ja, das auch nicht! Aber: Auch die Schwaben sind Alemannen!

Und die Alemannen Schwaben.

Alemannen ist der Oberbegriff!

Das müssen wir mal klarstellen – ethnisch war es doch so: Die Germanen haben den Volksstamm »Sueben« genannt und die Römer »Alemanni«. Das war aber derselbe Stamm! Die Alemannen, also die, die sich heute Alemannen nennen, haben es nur verpasst, die mittelhochdeutsche Lautverschiebung mitzumachen. Deshalb sind sie exotisch geworden und haben heute noch Probleme mit den Umlauten. Die haben die mittelhochdeutsche Lautverschiebung einfach verpennt.

Aha! Im Gegensatz zu den Schwaben, die Hochdeutsch sprechen! *(Beide lachen.)*

Im Herzogtum Schwaben waren die Badener auch schon mal Schwaben.[13]

Ja gut, deshalb ist die Unterscheidung sowieso ein bisschen schwierig. Ein Schweizer nennt den Lörracher[14], wenn er ihn nicht mag, »Sauschwob«. Für die Schweizer sind viele »Dütsche« Sauschwaben.

Interessant wird's, wenn ein Norddeutscher wie Peer Steinbrück als »Sauschwob« bezeichnet wird.

Wenn es einen »Sauschwob« gäbe, wäre der Steinbrück wahrscheinlich geradezu die Idealbesetzung.

Wir haben ja vorher über die Badische Revolution gesprochen. Die ist in Baden ja fast gelungen. Die Württemberger aber sind über 500 Jahre lang ruhig geblieben. Nach dem »Armen Konrad«[15] ist in Sachen »Revolution« nichts passiert – und plötzlich tauchen in Stuttgart die »Wut-

---

13 Bis zum Tod des letzten Staufers Konradin im Jahr 1268 waren Badener und Schwaben im Herzogtum Schwaben vereint. Erst danach entwickelten sich das Großherzogtum Baden und das Herzogtum Württemberg.

14 Lörrach ist eine badische Stadt an der Schweizer Grenze nördlich von Basel.

15 Als »Armer Konrad« bezeichneten sich die geheimen Bauernbünde, die sich 1514 im Remstal gegen ihren Feudalherren Herzog Ulrich von Württemberg erhoben.

bürger« auf und holen sozusagen 500 Jahre Geschichte in wenigen Wochen nach. Was halten Sie denn von diesen »Wutbürgern«?

Na ja, plötzlich ist das nicht passiert. Das war ein langer Prozess – und man kann darüber viel Unfreundliches sagen. Man könnte das auch als eine gewisse Unterart des Überbegriffs »Mir gäbbet nix«[16] ausführen – in Wahrheit nämlich war ein großer Teil der Demonstranten gutbürgerlich situiert. Aus besonders guten Wohngebieten. Mit dem starken Motiv: Warum sollen wir zehn Jahre eine Baustelle in unserer Stadt haben? Wir fahren ohnehin nicht mit der Bahn!

Das war aber nur ein Teil.

Ein anderer Teil hatte Sorge vor der Modernisierung der Stadt. Wobei man sehr wohl danach fragen kann: Was wird aus einer Stadt, wenn sie so viel freie Fläche kriegt? Verliert sie dann ihren, auch sehr liebenswürdigen, Charakter? Die Stuttgarter lieben ihre Stadt. Und sie leben dort in ihrer Bürgerlichkeit ja auch ganz großartig. Die Kultur in Stuttgart ist nicht schlecht. Das Theater in Stuttgart ist nicht schlecht. Die Oper ist gut. Sie haben tolle Ausstellungen. Die Lebensqualität ist nicht schlecht. Man kann das alles auch so herum sehen. Deswegen verstehe ich das irgendwo. Andererseits, wenn man vor 15 Jahren – also vor ewigen Zeiten – schon darüber entschieden hat, und sich dann irgendwann in eine solche Hysterie reintreiben lässt … Das hätte aber auch woanders passieren können. Aber dann hat man gesehen: Die Mehrheit in Stuttgart hat für den Bahnhof gestimmt! Das muss man der Vollständigkeit halber ja auch sagen. Am Schluss ist der Widerstand gegen Stuttgart 21 ja fast zu einer Diktatur einer Minderheit geworden.

Aber trotzdem hat sich die politische Stimmung in Stuttgart gedreht. Und bei den Wahlen ist ein Ergebnis rausgekommen, das zumindest überraschend war.

Stuttgart, entschuldigen Sie, Herr Kienzle, wenn ich Sie daran erinnern darf: Bis der Manfred Rommel kandidiert hat, hatte Stuttgart eine gesicherte SPD-Mehrheit. Über die ganze Nach-

16 Schwäbisch für: Wir geben nichts.

kriegszeit galt: Großstadt plus überwiegend protestantische Bevölkerung gleich klassisch SPD. Die SPD hatte die Mehrheit der Direktmandate in Stuttgart. Und ein relativ starker Teil ging an die FDP.

Die ja mal bei 15 oder 20 Prozent lag.

Da muss man ja immer Reinhold Maier auf sich wirken lassen, um zu verstehen, was das für eine FDP war. Die CDU hatte, weil es die »Schwarzen« waren, nicht so viele Chancen in Stuttgart, was ja stark protestantisch geprägt war. Erst mit Manfred Rommel[17] hat sich das geändert. Er war ein Glücksfall für Stuttgart und die CDU. Und man darf auch nicht vergessen: Der Wolfgang Schuster[18] war ein außergewöhnlich erfolgreicher Oberbürgermeister. Bloß hatte er geringe kommunikative Fähigkeiten.

Hat Mappus taktisch nicht einen Fehler gemacht? Sie waren ja auch ein Anhänger von Schwarz-Grün. Und wenn Mappus nicht so ein Grünen-Fresser gewesen wäre, dann wäre der Kretschmann ja heute stellvertretender Ministerpräsident und Mappus würde weiter regieren.

Nach 50 Jahren kann es halt auch mal schiefgehen, wenn es ein bisschen dumm läuft. Vergessen Sie nicht: Nach der Gründung des Südweststaats hatte der FDP-Mann Reinhold Maier eine Koalition aller gegen die mit Abstand stärkste Partei, die CDU, hingebracht – diese Regierung hatte damals einen Mangel an Legitimität, sodass sie nach der Bundestagswahl, ein gutes Jahr später, schon nicht mehr aufrechtzuerhalten war. Dann kam es ja zu der CDU-geführten Regierung von Gebhard Müller. Und damals begann eine lange, erfolgreiche Geschichte nicht nur der CDU in Baden-Württemberg – sondern des Landes Baden-Württemberg unter der Führung der CDU!

Ist die Wahlniederlage im Jahr 2011 eine Katastrophe für Sie?

Nein. 2016 wird Baden-Württemberg wieder gewonnen.

---

17 Von 1974 bis 1996 Oberbürgermeister von Stuttgart (CDU)

18 Von 1996 bis 2012 Oberbürgermeister von Stuttgart (CDU)

Wobei der Kretschmann als Landesvater eine ungewöhnlich gute Figur macht, oder?

Ach, der Kretschmann … Der wirkt ganz vernünftig und deshalb passt der ganz gut dahin. Aber in der Substanz ist das nicht aufregend. Was macht denn der Kretschmann? Seine Entscheidungen sind nicht besonders eindrucksvoll. Das Land macht in vielen Bereichen deutlich rückwärts. Aber es hat keinen Sinn, da viel rumzuschreien. 2016 wird das einfach wieder gewonnen.

Bundespolitisch tun sich die Schwaben zurzeit schwer. Dagegen wurde die Bonner Republik zeitweise ja auch »Spätzlesrepublik« genannt.

Das war ein blöder Begriff von den Norddeutschen, von Leuten, die nur Kartoffeln essen. Das ist ja albern. Was heißt »Spätzlesrepublik«?

Man wollte damit sagen, dass die Schwaben in der Bonner Republik dominiert haben.

Na ja – Ludwig Erhard hatte seinen Wahlkreis in Baden-Württemberg, war aber kein Schwabe. Theodor Heuss, in der Anfangszeit. Kiesinger, Gerstenmaier – o. k. Bei der SPD war es Erler, dann später Alex Möller – aber dann kamen eigentlich schon die Badener.

Genau – heute sind die Badener in der Berliner Republik dominierend. Wohl deshalb hat Sie Lothar Späth zum »Ehrenschwaben« ernannt.

Das ist recht.

Sie werden in den Medien immer wieder auf Ihren vermeintlich »schwäbischen Akzent« angesprochen. Trifft das einen Badener?

Nein, es trifft mich nicht. Ich spreche ja so halb badisch, halb schwäbisch. Der mittlere Schwarzwald, gerade auch Hornberg, ist ja protestantisch, im Gegensatz zum katholischen Umfeld. Die Grenzen sind nicht so eindeutig. Und deshalb isch des au g'rad wurscht.[19]

---

19 Schwäbisch für: Deshalb ist das auch egal.

Niemand spricht ja so ein wunderschönes »sch« wie Sie. Der Kiesinger dagegen hat immer ein ganz vornehmes »s« gesprochen.

Kiesinger war natürlich »König Silberzunge«!

Sprechen Sie denn noch Dialekt?

Richtigen Dialekt habe ich nie gesprochen. Ich spreche auch nicht richtig hochdeutsch.

Kennen Sie noch den Text vom »Badener Lied«?

Ja, klar: »Das schönste Land im ganzen Land, das ist das Badener Land. Es ist so herrlich anzuschauen, ruht in Gottes Hand. In Haslach gräbt man Silbererz, in Freiburg wächst der Wein, im Schwarzwald schöne Mädchen, ein Badener möcht ich sein. In Karlsruhe ist die Residenz, in Mannheim die Fabrik, in Rastatt ist die Festung – das ist Badens Glück!« Die Strophe mit Alt-Heidelberg kann ich nicht so gut.

Gibt es denn ein badisches Lieblingswort? Oder ein schwäbisches?

Ha no! Da gibt es viele!

Arschloch?

Seggl – wenn scho!

Arschloch ist im Schwäbischen ja keine Beleidigung.

»Ha noi«[20] – das ist für mich das stärkste schwäbische Wort.

»Noi«[21] sagen müssen Sie in diesen Tagen als Finanzminister ja häufig. Sie haben wirklich einen Scheißjob, sage ich mal etwas drastisch.

Schwätzet se koin Scheiß, Herr Kienzle!

Die alten Griechen haben das ja etwas vornehmer als ich umschrieben. Bei ihnen gab es die Sage von Sisyphos, der von den Göttern dazu verurteilt war, einen Stein einen Berg hinaufzuwälzen – war er am Ende des Tages mit seiner Last oben angelangt, rollte dieser Brocken wieder den Berg runter. Und Sisyphos konnte am nächsten Morgen wieder von vorne anfangen. Ein bisschen erinnern Sie mich in der Euro-Rettung an Sisyphos.

20 Schwäbisch für: auf keinen Fall

21 Schwäbisch für: nein

Ich habe das selber mal in einem Buch geschrieben – und ich habe mein Buch mit der Erkenntnis geendet, dass Sisyphos ein glücklicher Mensch war.

Und damit Albert Camus zitiert.

Über die Figur des Sisyphos kann man vieles sagen – dieser Grundgedanke, dass die menschliche Existenz nie an ein Ziel kommt, sondern dass es immer weiter geht. Was wäre denn, wenn man am Ziel wäre? Auch wenn du auf einen Berggipfel steigst – wenn du mal oben bist …

… kannsch bloß no ronder.

Kannsch bloß noch runter … Das ist das Immerwährende. Wie auch Goethe gesagt hat: »Wer immer strebend sich bemüht …« Das ist auch Sisyphos.

Ich habe vor Kurzem einen Nachbarn von Ihnen besucht – Felix Huby, den Drehbuchautor. Er hat erzählt, dass er Sie immer wieder Handbike fahren sieht – so schnell, dass Ihre Bodyguards kaum nachkommen. Er bewundert Ihre Energie. Woher nehmen Sie nach 40 Jahren im Bundestag, nach vielen Niederlagen und Demütigungen, diese Kraft für Ihren Alltag?

Erstens habe ich den Wahlspruch: »S'isch, wie's isch!«[22] Und infolgedessen: »Wenn's so isch, dann isch so.« Dann macht es ja keinen Sinn, sich darüber zu ärgern oder darüber zu verbittert zu sein.

Sie hören also auch nach 40 Jahren im Bundestag nach der Bundestagswahl 2013 nicht auf?

Ich hab immer g'sagt: Wenn sie mich nochmal wählen wollen, dann sollen sie mich nochmal wählen.

Das klingt ziemlich fatalistisch.

Wenn ich jetzt schon im Rollstuhl sitz – soll ich mich jetzt ewig darüber aufregen? Da habe ich nix davon. »Glücklich ist, wer vergisst, was nicht mehr zu ändern ist.«[23] Das Leben ist von der Art, dass man versuchen muss, das Beste draus zu machen.

---

22 Schwäbisch für: Es ist, wie es ist!

23 Wahlspruch von Stauferkaiser Friedrich III. Im lateinischen Original: *Rerum irrecuperabilium felix oblivio*

Übrigens...

Das also war meine Reise zu siebzehn eigenwilligen Deutschen. Ein Schwabe fehlt noch, einer der prominentesten – Lothar Späth, das »Cleverle«.

Fast wäre er Kanzler geworden. Der zweite Schwabe nach Kurt Georg Kiesinger. Aber im letzten Augenblick zuckte er zurück. Die versammelte Wirtschaft hatte ihn bei einem dramatischen Abstecher nach Frankfurt wissen lassen, dass sie Kohl vorziehe. So erzählt es Heiner Geißler. Auf dem Bremer Parteitag 1989 wäre Späth zum Parteivorsitzenden gewählt worden. Was ihn zum Verzicht bewog, ist bis heute unklar. Späth hat das Ereignis auf seine Weise verarbeitet. Auf Geißler und Süssmuth gemünzt, spottete er: »Mi dene ko mer koi o'bsetztes Scheisshäusle stürma!«[1]

Ein Jahr nach dem Bremer Parteitag musste er als Ministerpräsident zurücktreten – wegen der sogenannten »Traumschiff-Affäre«. Mit Wirtschaftsbossen hatte er sich auf Luxusjachten vergnügt. Trotz Rücktritt war er der erfolgreichste Ministerpräsident. Dreimal hat er Wahlen mit absoluter Mehrheit gewonnen und für frischen Wind in Baden-Württemberg gesorgt. Das anerkennen auch politische Gegner. Aber nach seinem erzwungenen Abschied ging er enttäuscht in die Wirtschaft. In den Osten zu Zeiss nach Jena. Dort praktizierte er seine eigene Form des Kapitalismus – den Späth-Kapitalismus. Der Spitzname »Cleverle«, den die Journalisten ihm verpasst hatten, begleitete ihn weiter. An der Schnittstelle zwischen Politik und Wirtschaft war in den neuen Bundesländern ein solches »Cleverle« gefragt.

Jede Menge Stoff also für ein aufregendes Gespräch. Aber Späth hielt mich lange hin. Dann geschah etwas Ungewöhnliches: Er verlangte die Fragen vorweg. Er wollte nur schriftlich

---

1 »Mit denen kann man kein freies Toilettenhäuschen stürmen!«

antworten – das ist mir nicht einmal bei Saddam Hussein passiert! Eine skurrile Geschichte am Rande: Stefan Nimmesgern, meinem Fotografen, hat er eine Audienz gewährt. Ein Gespräch mit Späth aber hat nicht stattgefunden, es kam also nicht zum Besuch beim »Cleverle«. Schade eigentlich. Aber immerhin taugen seine »Verlautbarungen« zu einem schönen Nachwort. So isch no au wieder.

HERR SPÄTH, lange galt: »Die en d'r Regierung werdet's scho richta!« Jetzt ist aus dem verlässlichen, schwäbischen Bruddler[2] ein unberechenbarer »Wutbürger« geworden. Ganz offensichtlich verstehen sich Politiker und Wähler nicht mehr?
Der schwäbische Bruddler ist ja legendär, beim Bruddeln lässt der Schwabe Dampf ab, damit der Adrenalinspiegel sinkt. Seine Sprache ist deutlich und derb. Das mag ich, bis heute bin ich ein Anhänger des Vereins für deutliche Aussprache. Das fehlt oft auch den Politikern, die gelegentlich in grausigem Bürokratendeutsch daherreden. Das ist vielleicht auch einer der Gründe für die angebliche Politik- und Parteienverdrossenheit.
Sie waren der erfolgreichste Ministerpräsident Baden-Württembergs. Dreimal haben Sie die absolute Mehrheit im Landtag geholt. Was empfinden Sie angesichts des Machtverlusts in Stuttgart?
Weiß Gott keine Begeisterung. Aber der Wähler hat entschieden. Das respektiere ich, verfalle aber nicht in Resignation. Und vergangenen glorreichen Zeiten nachzutrauern, ist vergeudete Zeit. Als Schwabe vergeude ich weder Zeit noch Geld. Die CDU ist ja eine Bürgerpartei und das Bürgerliche ist ja gerade hier eine nicht zu unterschätzende Komponente. Nicht von ungefähr haben die Grünen und der landesväterliche Ministerpräsident Kretschmann das Bürgerliche geradezu verinnerlicht. Bei der Landtagswahl haben die Wähler »denen

---

2   Der »Bruddler« ist im Schwäbischen ein schimpfender Mensch, der seine Unzufriedenheit halblaut zu verstehen gibt.

da oben« halt mal eine aufs Maul gegeben und via Stimmzettel gezeigt, wer hier der Souverän ist. Das gehört zur Mentalität der Baden-Württemberger im Allgemeinen und der Schwaben im Besonderen. Dazu kommt, dass es in unserer Gesellschaft viel zu viele divergierende Interessen und Egoismen gibt. Hier müssen die großen Volksparteien gegensteuern. Also muss man sich um die Fragen kümmern, die die Gesellschaft umtreiben.

Und das wären?

Das große Thema demografischer Wandel – Herbert Henzler und ich haben aus gutem Grund in unserem Buch »Der Generationen-Pakt. Warum die Alten nicht das Problem, sondern die Lösung sind« eine Reihe von Konzepten und damit Chancen aufgezeigt. Also, die Pflege alter und kranker Menschen, Hilfe zur Selbsthilfe, freiwillig und im Ehrenamt, Strukturpolitik, Mittelstand, die beste Bildung und Ausbildung – das sind fundamentale Zukunftsthemen, die das Gemeinsame in den Mittelpunkt stellen. Hier hat die CDU eine große Chance, weil sie ihre Wurzeln in der katholischen Soziallehre und in der Diakonie hat.

Württemberg war im Jahr 1918 für einige Wochen sogar eine sozialistische Republik. Die Sozialdemokraten haben es aber nie geschafft, den Regierungschef in Baden-Württemberg zu stellen. Passen Sozis und Schwaben nicht zusammen?

Auf den schwäbischen Topf passt der rote Deckel einfach nicht. Bauern, Handwerker, kleine Mittelständler, rechtschaffene brave Leute, die ihr Tagwerk fleißig verrichten, das war und ist die schwäbische Grundstruktur bis heute. Der schwäbischen Seele ist das Sozialdemokratische suspekt, zu klassenkämpferisch, zu städtisch, zu gleichmacherisch. In der Gewerkschaft ist der Schwabe trotzdem, es gab ja ganz harte und lange Streiks in Baden-Württemberg. Mit Abschlüssen, die bundesweit Schule machten. Aber man schafft eben auch gern beim Daimler oder beim Bosch, oft schon seit Generationen. Und das Kreuzle hat man zu erfolgreichen CDU-Zeiten vorsichtshalber – auch nach den beiden Großen Koalitionen – doch wieder bei den Schwarzen gemacht. 39 Prozent auch bei der Landtagswahl 2011, die für die CDU dennoch den Verlust der Macht mit sich brachte. Die SPD, der Juniorpartner der Grünen, erzielte schlappe 23,1 Prozent, das bisher schlechteste Ergebnis im Land. So isch no au wieder.

Die Bonner Republik in den 1970er-Jahren wurde auch »Spätzlesrepublik« genannt. Eine Anspielung auf den schwäbischen Einfluss in der Bundespolitik. In der Berliner Republik kommen die Schwaben kaum noch vor. Woran liegt das?

Das ist nicht richtig. Zunächst haben wir Wolfgang Schäuble – seit vier Jahrzehnten im Bundestag und jetzt als Finanzminister der wichtigste Ratgeber der Bundeskanzlerin. Er ist nach Angela Merkel ohnehin der bedeutendste und einflussreichste deutsche Politiker.

Wolfgang Schäuble ist in Freiburg geboren und hat seinen Wohnsitz in Hornberg. Ein Badener!

Gut, er ist Badener, aber wir müssten ihn eigentlich zum Ehrenschwaben ernennen. Ohnehin ist er mit Leib und Seele Baden-Württemberger, das zählt. Und er ist Europäer aus Überzeugung, das zählt fast noch mehr. Noch ein Baden-Württemberger in Berlin: Volker Kauder, der Fraktionsvorsitzende der Union, ein enger Vertrauter der Bundeskanzlerin. Nicht zu vergessen Annette Schavan. Sie ist zwar ein Import aus dem Rheinland, war aber zehn Jahre lang Ministerin für Kultus, Jugend und Sport in Baden-Württemberg – das prägt. Sie stellt in ihrem Berliner Ressort für Bildung und Forschung doch die Weichen für die Zukunft! Also, wir sind in der Bundeshauptstadt prima und prominent vertreten.

Stefan Mappus galt einst als Hoffnungsträger mit bundespolitischen Ambitionen – in der CDU hoffte man, dass mit ihm der baden-württembergische Einfluss in Berlin wieder wächst. Haben Sie noch Hoffnung?

Klar hab ich Hoffnung. Berechtigte sogar. Wenn die Jungen sich um die Themen kümmern, die den Menschen wirklich wichtig sind: Umwelt, Natur, Solidarität, gute Arbeit und gutes Auskommen, Sicherheit, Hilfsbereitschaft, gegenseitiger

Respekt, das Miteinander der Generationen, bessere Pflege, Bildung und Ausbildung. Ich hoff', der Herr schmeißt Hirn ra.

Auf dem CDU-Parteitag 1989 hätten Sie es in der Hand gehabt, Ihren Einfluss in der Partei auszubauen.[3] Ihr berühmter Putsch auf dem Parteitag in Bremen ist gescheitert. Sie sollen damals mit Blick auf Ihre Mitstreiter Heiner Geißler und Rita Süssmuth gesagt haben: »Mit dene ko mer koi o'bsetztes Scheißhäusle stürma!« Hat Sie damals der Mut verlassen?

Lassen wir ruhen, was vor mehr als 20 Jahren passiert ist.

Rezzo Schlauch hat gesagt, Sie und Manfred Rommel hätten mit Ihrer Weltläufigkeit und Liberalität »die spießigen Schwaben aufgemischt«. Freuen Sie sich über dieses Kompliment des politischen Gegners?

Klar freue ich mich über dieses Kompliment, und Manfred Rommel bestimmt auch. Ich nehme für mich tatsächlich eine liberale Geisteshaltung in Anspruch. Dazu gehört, dass ich morgen möglicherweise über manches anders denke als heute. Denken motiviert und mobilisiert, das sehen Sie an mir. Ich war und bin Pragmatiker und mit Ideologen habe ich nie etwas anfangen können, da mir in erster Linie liberales Gedankengut Leitfaden war.

Sind die Schwaben denn spießig?

Nein – sie sind rechtschaffen, aber sie haben mittlerweile auch verinnerlicht, dass Genuss nicht immer Sünde ist. Gehen Sie mal aufs Stuttgarter Weindorf, aufs Cannstatter Volksfest oder auf die vielen »Hocketsa«.[4] Arm und reich, alt und jung, Einheimische und Neig'schmeckte selig vereint. Das ist leben und leben lassen pur, von spießig keine Spur! Geistige Enge – das behaupten böse Zungen. Auf der ganzen Welt trifft man Schwaben. Zugegeben, häufig beim G'schäft. Gut so, oder?

---

3   Auf dem CDU-Parteitag 1989 setzte sich der Parteivorsitzende Helmut Kohl gegen seine innerparteilichen Gegner um CDU-Generalsekretär Heiner Geißler und den baden-württembergischen Ministerpräsidenten Lothar Späth durch.

4   Schwäbisch für: Dorffeste

Von Ihnen stammt der Satz, die Sparsamkeit des Schwaben sei ausgeprägter als sein Sexualtrieb. War das ernst gemeint?

Nein. Der Schwabe wird ja gern wegen seiner Sparsamkeit verspottet, was ihn aber nie gekümmert hat. Er ist und bleibt schaffig, sorgt sich eher ums »Häuslebaue« als um ausschweifende Umtriebe. Und er spart. Das hat der Schwabe in seinen Genen.

Also hat der Schwabe eher konservative Gene?

Das Schwabenland – auch die anderen Landesteile Baden-Württembergs – verdankt seine wirtschaftliche Kraft der simplen Tatsache, dass den Leuten aufgrund bitterer Armut in der Vergangenheit gar nichts anderes übrig blieb, als sich mit Geschick, Schaffenskraft und einer Menge guter Ideen den heutigen Wohlstand zu erarbeiten. Tüftler ist bei uns ja ein gängiges Wort. So gesehen war die Armut im deutschen Südwesten ein Glück. Weil nichts anderes übrig blieb, als den eigenen Kopf anzustrengen und hochwertige Güter zu schaffen, die überall gebraucht werden.

Und dennoch machen sich die Schwaben mit dem Diminutiv gerne kleiner als sie sind. Die Presse hat Sie jahrzehntelang als »Cleverle« bezeichnet – haben Sie das damals als Beleidigung oder als Kompliment empfunden?

Was mich immer gepupfert[5] hat, ist die Bezeichnung »Ländle«. Die hat Baden-Württemberg nicht verdient. Wirtschaftsstark, niedrige Arbeitslosenzahlen, einen herausragenden Forschungs- und Hochschulbereich, eine blühende Kunst- und Kulturlandschaft, kurz: ein Land! Kein Ländle. Theodor Heuss, gebürtiger Brackenheimer und schwäbisch sprechender erster Bundespräsident, hat Baden-Württemberg einmal als Modell deutscher Möglichkeiten bezeichnet. Das gilt bis heute.

Also nervt Sie der Begriff »Cleverle«?

Ich finde, das ist ein gut gemeinter Ehrentitel. Mit dem kann ich recht gut leben. Der ist nämlich auch mit Anerkennung verbunden, meint Einfallsreichtum, schneller am Ball sein als

---

5 Schwäbisch für: still geärgert

andere und der lässt sich die Butter nicht vom Brot nehmen.
Das ist in Ordnung.

Wie erklären Sie, z. B. einem Jenenser, den Typ des »knitzen Schwaben«?

Ich erklär ihm das »Cleverle« und sag ihm: Wir schätzen euch,
wir lieben uns. Außerdem: Der Jenenser kennt seinen Schiller
– in Marbach am Neckar geboren und an der Universität Jena
1789 Professor für Geschichte geworden.

**Der Tübinger Staatsrechtler Prof. Eschenburg hat in seiner
berühmten Vorlesung »Staat und Gesellschaft in Deutschland« das Wort »Arschloch« als schwäbisches Schlüsselwort
bezeichnet. Gilt das immer noch?**

Ja, auch im Namen des Götz von Berlichingen aus dem Schau-
spiel von Johann Wolfgang von Goethe mit dem berühmt-
berüchtigten Zitat, das schwäbischer Gruß genannt wird.

**Im »Feinschmecker« wurden Ihre kulinarischen Vorlieben
einst so zitiert: der Kartoffelsalat müsse »soichnass sein
und der Wein furztrocken«.[6] Kutteln, Ochsenmaulsalat –
viele klassische schwäbische Gerichte sind dabei, von den
Speisekarten zu verschwinden. Bedauern Sie das?**

Also ich mache genau die gegenteilige Erfahrung. Man findet
diese wunderbaren Gerichte wieder sehr häufig in vielen Loka-
litäten. Auch verfeinert und leichter. Auf jeden Fall wird großer
Wert auf regionale Produkte gelegt. Linsen, Saiten und Spätzle,
g'schmelzte Maultaschen, Nierle, Leberle oder saure Kartoffel-
rädle, dazu ein, zwei Trollinger im Henkelglas – das ist Heimat
auf der Zunge. Sauguat[7].

Haben Sie ein schwäbisches Lieblingswort?

»Heidenei«.[8] In Erinnerung an die temperamentvolle und
großherzige erste baden-württembergische Ministerin Anne-
marie Griesinger.

**Ihre Sprache empfinden viele Schwaben als Handicap. Man-
chen Schwaben ist ihr Schwäbisch peinlich. Sie sprechen**

---

6 Der Kartoffelsalat muss sehr feucht sein und der Wein sehr trocken.

7 Schwäbisch für: Wunderbar!

8 Ein schwäbischer Ausruf der Verärgerung oder des Erstaunens

mit deutlich schwäbischem Akzent – können Sie oder wollen Sie nicht anders?

Ich will gar nicht anders. Der Dialekt ist doch auch ein Ortungsmerkmal der individuellen Herkunft. Zum Glück gibt es jetzt eine schwäbische Gegenbewegung zur allgemeinen Sprachverarmung. Schwäbisch sprechende Künstler haben großen Zulauf. Das lässt hoffen. Dialekt ist Heimat.

Was können Sie im Dialekt ausdrücken, was Ihnen im Hochdeutschen nicht gelingt?

Nach saumäßigem Ärger zu sagen: »'s isch ned dr wert!«[9] »Sodele« als Schlusspunkt in allen Lebenslagen und »Allmachtsdaggel«[10] als Schimpfwort.

Inzwischen können wir alles – auch Hochdeutsch. Das Schwäbische droht auszusterben. Ist das unabwendbar?

Das Schwäbische bleibt, jede Wette gehe ich da ein. Es gibt zum Glück viele Initiativen, die sich der Vielfalt des Schwäbischen widmen. Das finde ich großartig.

Aber viele – gerade die jungen Stuttgarter – sprechen nicht mehr Schwäbisch!

Es ist doch so, dass heutzutage Englisch fast schon mit der Muttermilch aufgesogen wird. Die Kinder, schon früh mit Computer ausgestattet, wachsen eigentlich zweisprachig auf. Das ist im Blick auf die Internationalisierung und die Mobilität auch richtig. Ein Jammer wäre aber, wenn »Muggaseggele«[11], »Grombira«[12], »Grasdackel«[13], »Heidenai« und »heiligs Donderwetter«[14] von Hochdeutsch und Denglisch untergepflügt würden. Englisch und deutsch reden, schwäbisch schwätzen – das ist vielleicht eine ganz gute Gewichtung. I schwätz jedenfalls schwäbisch – und zwar so, wie mir der Schnabel gewachsen ist. Dabei bleibt's.

---

9   Es lohnt sich nicht!

10   Schwäbisch für: riesiges Rindvieh

11   Schwäbisch für: eine Kleinigkeit

12   Schwäbisch für: Kartoffeln

13   Schwäbisch für: sehr dummer, unbeholfener Mensch

14   Ein schwäbischer Fluch

»Ich hoff', der
Herr schmeißt
Hirn ra.«

Lothar Späth

Biografien

ULRICH BEZ

Der Unternehmer und Ingenieur Ulrich Bez (geb. am 17. November 1943 in Bad Cannstatt) studierte Luftfahrtingenieurwesen an der Universität Stuttgart, bevor er bei Porsche die Verantwortung für Crash-Strukturen übernahm. In dieser Zeit promovierte er und erlangte den Doktortitel mit dem Dissertationsthema »Beitrag zur Konzeption von Verkehrsrettungsmitteln«. Bez verließ Porsche kurzzeitig und übernahm die Leitung der BMW Technik GmbH München. Dort war er unter anderem für die Entwicklung des heute legendären Sportwagens BMW Z1 verantwortlich. 1988 kehrte Ulrich Bez als Entwicklungschef im Vorstand zurück zu Porsche. 1993 ging Bez nach Südkorea zum Automobilhersteller Daewoo. Unter seiner Leitung wuchs die No-Name-Marke zu einem weltweit operierenden Unternehmen, charakteristisch für diese Entwicklung war der Erfolg des Kleinwagens Daewoo »Matiz«. Seit 2000 ist Bez Geschäftsführer des britischen Autoherstellers Aston Martin. Neben der Entwicklung der Modelle »DB9«, »V8 Vantage« und »Rapide« führte er den Sportwagenhersteller zurück in den Motorsport, den er auch selbst ausübt. Bez nimmt seit 2006 regelmäßig an Motorsportrennen wie dem 24-Stunden-Rennen auf dem Nürburgring teil. Bis heute hat er mehr als 40 wissenschaftliche Publikationen zu Automobilthemen verfasst und wurde mit dem NHTSA Safety Award ausgezeichnet.

FREDI BOBIC

Fredi Bobic (geb. am 30. Oktober 1971 in Maribor, Jugoslawien) ist ein ehemaliger Fußballnationalspieler. Wenige Tage nach seiner Geburt kam er mit seinem slowenischen Vater und seiner kroatischen Mutter in die Bundesrepublik Deutschland, wo er im Stuttgarter Stadtteil Hallschlag aufwuchs und beim VfB Stuttgart seine Fußballkarriere begann. Bevor er sich für den Profifußball entschied, machte er eine Ausbildung zum Einzelhandelskaufmann. In der Saison 1994/95 spielte er zum ersten Mal für den VfB Stuttgart in der 1. Fußballbundesliga. Am 12. Oktober 1994 spielte Bobic im Spiel gegen Ungarn zum ersten Mal für die deutsche Nationalmannschaft. Danach stand er zwischen 1994 und 1998 sowie zwischen 2002 und 2004 37-mal für Deutschland auf dem Platz und wurde 1996 Europameister. 1999 wechselte er zu Borussia Dortmund, bevor er seine Bundesligakarriere für ein kurzes Gastspiel in der englischen Premier League bei den Bolton Wanderers unterbrach. Nach seinen Engagements bei Hannover 96, Hertha BSC und dem kroatischen Verein HNK Rijeka beendete er im Sommer 2006 seine aktive Karriere. Während seiner Vereinszeit wurde er 1997 DFB-Pokalsieger mit dem VfB Stuttgart, wurde 1996 zum deutschen Torschützenkönig ernannt und gewann mit Borussia Dortmund 2001/2002 die Deutsche Meisterschaft. Seit Juli 2010 ist Bobic Sportdirektor des VfB Stuttgart.

HERTA DÄUBLER-GMELIN

Herta Däubler-Gmelin (geb. am 12. August 1943 in Pressburg/Bratislava, Slowakei) ist Juristin und SPD-Politikerin. Die Tochter des früheren Diplomaten und Tübinger Oberbürgermeisters Hans Gmelin begann nach dem Abitur ein Studium der Geschichte, Rechtswissenschaften und Politikwissenschaften in Tübingen und Berlin. Nachdem sie ihre juristischen Staatsexamina in den Jahren 1969 und 1974 abgelegt hatte, promovierte sie an der Universität Bremen. Anschließend war sie als Rechtsanwältin in Stuttgart tätig. 1995 wurde Däubler-Gmelin zur Honorarprofessorin ernannt. Am Otto-Suhr-Institut für Politikwissenschaft der Freien Universität Berlin hat sie einen Lehrauftrag. Seit Oktober 2011 ist sie außerdem Gastprofessorin am Lehrstuhl für Systematische Theologie der RWTH Aachen. Däubler-Gmelin ist seit 1965 Mitglied der SPD, bei der sie von 1988 bis 1997 stellvertretende Bundesvorsitzende war. Von 1972 bis 2009 war sie Mitglied des Deutschen Bundestags, davon war sie drei Jahre Vorsitzende des Rechtsausschusses und von 1983 bis 1993 stellvertretende Vorsitzende der SPD-Bundestagsfraktion. Weitere vier Jahre war sie Sprecherin der Arbeitsgruppe Rechtspolitik und Justiziarin der SPD-Fraktion. 1998 wurde sie vom damaligen Bundeskanzler Gerhard Schröder als Bundesministerin für Justiz in die Regierung berufen. Däubler-Gmelin kandidierte 2009 nicht mehr für den Bundestag und schied im Oktober 2009 aus dem Parlament aus.

ERHARD EPPLER

Erhard Eppler (geb. am 9. Dezember 1926 in Ulm) ist ein Politiker der SPD. Er wuchs in Schwäbisch Hall auf und machte 1946, nach Erfüllung seines Kriegsdienstes im Zweiten Weltkrieg, sein Abitur. Anschließend studierte er in Frankfurt am Main, Bern und Tübingen die Fächer Englisch, Deutsch und Geschichte. 1951 promovierte er zum Dr. phil. und war von 1953 bis 1961 Lehrer am Gymnasium in Schwenningen am Neckar. 1952 war er Gründungsmitglied von Gustav Heinemanns Gesamtdeutscher Volkspartei. 1956 wechselte er zur SPD. Für die Sozialdemokraten war er von 1961 bis 1976 im Bundestag tätig und wurde im Oktober 1968 Bundesminister für wirtschaftliche Zusammenarbeit. Im Juli 1974 trat er wegen Differenzen mit Bundeskanzler Helmut Schmidt zurück. Eppler war ab Mai 1970 im Parteivorstand, davon 16 Jahre im Parteipräsidium. Von 1973 bis 1981 fungierte er als SPD-Landesvorsitzender in Baden-Württemberg. Im Sommer 1991 verabschiedete er sich aus allen politischen Ämtern. Eppler war von 1977 bis 1983 im Vorstand des Deutschen Evangelischen Kirchentags. Von 1981 bis 1983 und von 1989 bis 1991 war er amtierender Kirchentagspräsident. Seit 1985 gehört Eppler dem PEN-Club an. Er hat zahlreiche Bücher veröffentlicht und ist Träger des Großen Bundesverdienstkreuzes. Des Weiteren erhielt er unter anderem den Sozialistenhut (1988), die Verdienstmedaille des Landes Baden-Württemberg (1992) und die Silberne Brenz-Medaille der Evangelischen Landeskirche Württembergs (2009).

HEINER GEISSLER

Heiner Geißler (geb. am 3. März 1930 in Oberndorf am Neckar) ist ein Politiker der CDU. Er besuchte das Jesuiten-Kolleg St. Blasien im Schwarzwald, studierte nach seinem Abitur an der Hochschule für Philosophie in München und anschließend Rechtswissenschaften in München und Tübingen. 1957 schloss er das juristische Studium mit dem Ersten Staatsexamen ab. 1960 promovierte er zum Dr. jur., absolvierte zwei Jahre später sein Zweites Staatsexamen und wurde Richter am Amtsgericht Stuttgart. Von 1962 bis 1965 war er als Leiter des Ministerbüros des Arbeits- und Sozialministers des Landes Baden-Württemberg tätig. 1956 gründete Geißler zusammen mit Franz Sauter, Erwin Teufel und Josef Rebhan den Kreisverband Rottweil der Jungen Union. Von 1961 bis 1965 war er Landesvorsitzender der Jungen Union Baden-Württemberg, von 1977 bis 1989 Generalsekretär der CDU und von 1982 bis 1985 Bundesminister für Jugend, Familie und Gesundheit. Im Mai 2007 trat er der Organisation »Attac« bei. Seit 1997 tritt Geißler regelmäßig als Schlichter in Tarifkonflikten auf, zuletzt fungierte er 2011 als Schlichter im Konflikt um das Bahnprojekt Stuttgart 21. Geißler erhielt zahlreiche Auszeichnungen, darunter 1970 das Bundesverdienstkreuz und 1995 den Verdienstorden des Landes Baden-Württemberg.

FELIX HUBY

Eberhard Hungerbühler alias Felix Huby (geb. am 21. Dezember 1938 in Dettenhausen bei Tübingen) ist Journalist, Drehbuchautor und Schriftsteller. Er besuchte das Gymnasium, verließ dieses jedoch ohne sein Abitur zu machen. Stattdessen absolvierte er ein Redaktionsvolontariat und arbeitete zunächst als Lokalredakteur und Reporter bei einer schwäbischen Zeitung, dann als Texter in einer Werbeagentur. Daraufhin wurde er Chefredakteur der Warentestzeitschrift »DM« und später Chefredakteur der populärwissenschaftlichen Zeitschrift »X-Magazin«. Von 1972 bis 1979 war er Korrespondent des »Spiegel« für Baden-Württemberg. Ab 1960 war er außerdem freischaffend für den Rundfunk und die satirische Zeitschrift »Pardon« tätig. Seit 1976 schreibt er Kriminalromane. Er hat für das deutsche Fernsehen zahlreiche Drehbücher für Fernsehserien wie »Großstadtrevier« und über 33 »Tatort«-Folgen geschrieben und ist der Schöpfer des schwäbischen Kriminalhauptkommissars Ernst Bienzle, der in 25 »Tatort«-Folgen von Dietz-Werner Steck verkörpert wurde. Die von ihm geschriebene ARD-Serie »Oh Gott, Herr Pfarrer« löste im deutschen Fernsehen einen Pfarrerboom aus, der bis heute anhält. Huby ist Träger des Robert-Geisendörfer-Preises, des Berliner Krimipreises und des Friedrich-Glauser-Ehrenpreises der Criminale. 2007 erhielt er die »Goldene Romy« als bester Drehbuchautor.

HERBERT KNAUP

Herbert Knaup (geb. am 23. März 1956 in Sonthofen, Landkreis Oberallgäu) absolvierte nach seiner Mittleren Reife und seinem Wehrdienst eine Schauspielausbildung an der Otto-Falckenberg-Schule in München. Im Anschluss machte er ein einjähriges Praktikum an den Münchner Kammerspielen und begann 1978 seine Karriere als Theaterschauspieler, die ihn unter anderem auf die Bühnen in Heidelberg, Basel, Bremen, Wien und Köln führte. Ebenfalls 1978 gab er mit »Coda« sein Filmdebüt, 1984 folgte seine erste TV-Rolle im Tatort »Heißer Schnee«. Einem breiten Publikum bekannt wurde er mit seinen Darstellungen in den Filmen »Schlafes Bruder« (1995), »Irren ist männlich« (1996), »Lola rennt« (1998) und »Das Leben der Anderen« (2005). Seit 2009 verkörpert Herbert Knaup den Allgäuer Kriminalkommissar Kluftinger in den Verfilmungen der Kriminalromanreihe des Autoren-Duos Michael Kobr und Volker Klüpfel. Knaup ist Preisträger des Deutschen Filmpreises und der »Goldenen Kamera«, außerdem erhielt er den Bayerischen Filmpreis (1994), den Hessischen Fernsehpreis (2008), den Bayerischen Fernsehpreis als bester Schauspieler in der Kategorie »Fernsehfilm« (2010), den Kulturpreis Bayern (2010) und den DIVA – Deutscher Entertainment Preis (2011). Er ist Mitinitiator des im April 2006 gegründeten Bundesverbandes der Film- und Fernsehschauspieler.

SIBYLLE LEWITSCHAROFF

Die Schriftstellerin Sibylle Lewitscharoff (geb. am 16. April 1954 in Stuttgart) ist die Tochter eines bulgarischen Vaters und einer schwäbischen Mutter. 1972 machte sie in Stuttgart ihr Abitur und studierte anschließend Religionswissenschaft an der Freien Universität Berlin, Studienaufenthalte in Buenos Aires und Paris folgten. Ihr Debütroman »Pong« wurde 1998 veröffentlicht und mit dem Ingeborg-Bachmann-Preis ausgezeichnet. 2003 erschien »Montgomery«, in dem sie auf faszinierende Weise das Thema Joseph Süß Oppenheimer behandelt. 2006 folgte der Roman »Consummatus« und 2009 »Apostoloff«, in dem zwei Schwestern nach Bulgarien reisen, um die Überreste ihres bulgarischen Vaters zu überführen. Der 2011 erschienene Roman »Blumenberg« stand auf der Shortlist für den Deutschen Buchpreis und handelt von dem Philosophen Hans Blumenberg, dem eines Nachts ein Löwe erscheint. Für ihre Werke erhielt Sibylle Lewitscharoff zahlreiche Auszeichnungen, unter anderem den Preis der Literaturhäuser (2007), den Preis der Leipziger Buchmesse für ihren Roman »Apostoloff« (2009), den Berliner Literaturpreis (2010) und den Kleist-Preis (2011). Seit 2010 ist sie Mitglied der Akademie der Künste Berlin. Sie war 2011 Stipendiatin des Internationalen Künstlerhauses Villa Concordia in Bamberg und ist seit 2012 Stipendiatin des Jahrgangs 2013 der Deutschen Akademie Rom Villa Massimo.

CEM ÖZDEMIR

Cem Özdemir (geb. am 21. Dezember 1965 in Bad Urach) ist ein Politiker der Partei Bündnis 90/Die Grünen. Nach dem Erwerb der Mittleren Reife absolvierte er eine Ausbildung zum Erzieher. Anschließend erlangte er die Fachhochschulreife und studierte Sozialpädagogik an der Evangelischen Fachhochschule für Sozialwesen in Reutlingen. Ab 1987 war Özdemir als Erzieher und freier Journalist tätig. 1981 wurde er Mitglied der Partei Die Grünen und war von 1989 bis 1994 im Grünen-Landesvorstand von Baden-Württemberg. Bei den Bundestagswahlen 1994 und 1998 wurde Özdemir über die Landesliste Baden-Württemberg in den Deutschen Bundestag gewählt und war der erste deutsche Bundestagsabgeordnete mit Migrationshintergrund. Als Mitglied des Deutschen Bundestags war er ab 1998 innenpolitischer Sprecher der Bundestagsfraktion Bündnis 90/Die Grünen. 2002 trat er von dem Amt zurück, nachdem bekannt geworden war, dass er einen Privatkredit des PR-Beraters Moritz Hunzinger angenommen und dienstliche Bonusmeilen privat verwendet hatte. Nach einem einjährigen Aufenthalt als »Transatlantic Fellow« in den USA war Özdemir von 2004 bis 2008 Mitglied des Europäischen Parlaments und gehörte der Fraktion Die Grünen/EFA an. Seit November 2008 ist er neben Claudia Roth Bundesvorsitzender der Partei Bündnis 90/Die Grünen.

MATHIAS RICHLING

Mathias Richling (geb. am 24. März 1953 in Waiblingen) ist Kabarettist, Parodist, Autor und Schauspieler. Er wuchs im schwäbischen Endersbach auf und studierte nach seinem Abitur Literatur-, Musik- und Theaterwissenschaften. 1975 legte er die Schauspielprüfung ab und machte seinen Magister in Literaturwissenschaften. Bereits 1974 engagierte ihn das Stuttgarter »Theater der Altstadt«. Zwei Jahre später stand er mit seinem ersten Soloprogramm »Köpfe u. v. a.« auf der Bühne des »Renitenztheaters« Stuttgart. Seine Satiresendung »Jetzt schlägt's Richling« wurde von 1989 bis 1990 im Ersten, 1996 dann im Südwestrundfunk (SWR) ausgestrahlt. Des Weiteren präsentierte Richling die vom SWR produzierte Sendung »Zwerch trifft Fell« und ab März 2010 »Studio Richling«. Von 2003 bis 2008 war er regelmäßig in der Sendung »Scheibenwischer« zu sehen, danach in der Sendung »Satire Gipfel«. Mit seinen Soloprogrammen ist er seit Jahren im ganzen deutschsprachigen Raum erfolgreich auf Tournee, zuletzt mit »Der Richling-Code«. Mathias Richling erhielt mehrere Auszeichnungen, darunter den Deutschen Kleinkunstpreis Förderpreis der Stadt Mainz (1978), den Deutschen Kleinkunstpreis in der Kategorie Kabarett (1987), den Österreichischen Kleinkunstpreis (1988), den Schweizer Kabarettpreis (2000) und den Bayerischen Kabarettpreis (2007). Des Weiteren ist er Ehrenpreisträger des Kleinkunstpreises Baden-Württemberg und des Großen Kleinkunstfestivals der Wühlmäuse Berlin (2012).

WOLFGANG SCHÄUBLE

Wolfgang Schäuble (geb. am 18. September 1942 in Freiburg im Breisgau) machte 1961 sein Abitur am heutigen Robert-Gerwig-Gymnasium in Hausach und studierte anschließend Rechts- und Wirtschaftswissenschaften in Freiburg im Breisgau und Hamburg. Nach dem Ersten juristischen Staatsexamen 1966 folgte 1970 das Zweite, bevor er im darauf folgenden Jahr mit einer Arbeit über »Die berufsrechtliche Stellung der Wirtschaftsprüfer in Wirtschaftsprüfungsgesellschaften« zum Dr. jur. promovierte. Er war als Regierungsrat beim Finanzamt Freiburg tätig, bevor er von 1978 bis 1984 als Rechtsanwalt beim Landgericht Offenburg zugelassen wurde. Schäubles politische Laufbahn begann 1961 mit dem Eintritt in die Junge Union. Seit November 1972 ist er Mitglied des Deutschen Bundestags und damit der dienstälteste deutsche Abgeordnete aller Zeiten.

Von 1984 bis 1989 war er Bundesminister für besondere Aufgaben und Chef des Bundeskanzleramts, von 1989 bis 1991 hatte er zum ersten Mal das Amt des Bundesinnenministers inne. Nach der verlorenen Bundestagswahl 1998 wurde Schäuble Bundesvorsitzender der CDU und Oppositionsführer des Bundestags. Nach der CDU-Spendenaffäre 2000 trat er von allen Ämtern zurück. 2005 wurde er von Angela Merkel als Bundesminister des Innern in die Regierung berufen, 2009 übernahm er im zweiten Kabinett von Angela Merkel das Amt des Bundesfinanzministers von Peer Steinbrück (SPD).

REZZO SCHLAUCH

Rezzo Schlauch (geb. am 4. Oktober 1947) ist Rechtsanwalt und Politiker der Partei Bündnis 90/Die Grünen. Er wuchs im hohenlohischen Bächlingen auf und machte sein Abitur am Gymnasium in Künzelsau. 1966 begann er sein Studium der Rechtswissenschaften in Freiburg im Breisgau und Heidelberg. Dieses beendete er 1972 mit dem Ersten und drei Jahre später in Berlin mit dem Zweiten juristischen Staatsexamen. 1980 trat Rezzo Schlauch der Partei Bündnis 90/Die Grünen bei und war von 1982 bis 1984 im Landesvorstand der Grünen in Baden-Württemberg. Von 1984 bis 1994 war er Mitglied des Landtags von Baden-Württemberg, davon zwei Jahre im Vorsitz der Landtagsfraktion der Grünen. 1994 wurde Schlauch Mitglied des Bundestags und war gemeinsam mit Kerstin Müller von 1998 bis 2002 Vorsitzender der grünen Bundestagsfraktion. Von Oktober 2002 bis November 2005 war Rezzo Schlauch als Parlamentarischer Staatssekretär im Bundesministerium für Wirtschaft und Arbeit tätig. 2005 zog er sich aus der Politik zurück und ist seitdem als Anwalt für die Kanzlei Mayer & Kambli tätig. Des Weiteren hat er mehrere Aufsichtsrats- und Beiratsmandate inne und berät Unternehmen punktuell mithilfe seiner Wirtschaftskontakte im In- und Ausland. 2006 erhielt Rezzo Schlauch die Verdienstmedaille des Landes Baden-Württemberg.

THEO SOMMER

Der Journalist Theo Sommer (geb. am 10. Juni 1930 in Konstanz) machte 1949 sein Abitur in Schwäbisch Gmünd und studierte anschließend Geschichte und Politische Wissenschaften in Schweden, Tübingen, am Manchester College (Indiana, USA) und an der University of Chicago. Er promovierte bei Hans Rothfels in Tübingen zum Dr. phil. mit einer Arbeit über »Deutschland und Japan zwischen den Mächten, 1935 – 1940«. 1960 nahm er an Henry Kissingers Internationalem Seminar an der Harvard-Universität teil. Von 1967 bis 1970 lehrte er Politische Wissenschaften an der Universität Hamburg und im Wintersemester 1972 am Center for European Studies an der Universität von Harvard. Seit 1949 arbeitet Theo Sommer als Journalist und gilt heute als eine der bedeutendsten Persönlichkeiten im deutschen Nachkriegsjournalismus. Zu Beginn war er Lokalredakteur der Schwäbisch Gmünder »Rems-Zeitung«, bis er 1958 als politischer Redakteur bei der »Zeit« anfing. Dort war er von Januar 1973 bis September 1992 Chefredakteur, von Oktober 1992 bis 31. März 2000 fungierte er neben Marion Gräfin Dönhoff und Helmut Schmidt als Herausgeber der »Zeit«. Seit 1. April 2000 ist er Editor-at-Large. Sommer ist Träger des Theodor-Wolff-Preises (1966), des Bundesverdienstkreuzes 1. Klasse (1998) und des Ehrenkreuzes der Bundeswehr in Gold (2002). Darüber hinaus ist er seit 2012 Ehrensenator der Helmut-Schmidt-Universität Hamburg.

LOTHAR SPÄTH

Lothar Späth (geb. am 16. November 1937 in Sigmaringen) ist ein Politiker der CDU. Er besuchte die Oberschule in Beilstein und das Gymnasium in Heilbronn, wo er seine Mittlere Reife machte. Von 1953 bis 1958 absolvierte er eine Ausbildung im Verwaltungsdienst der Stadt Giengen an der Brenz und beim Landratsamt Bad Mergentheim. 1958/1959 besuchte er die Staatliche Verwaltungsschule Stuttgart. Ab 1960 arbeitete Späth bei der Finanzverwaltung der Stadt Bietigheim. 1965 wurde er Beigeordneter und Finanzreferent der Stadt, bevor er 1967 dort zum Bürgermeister gewählt wurde. 1968 wurde er erstmals als Abgeordneter in den baden-württembergischen Landtag gewählt, 1978 zum Innenminister ernannt. Am 30. August 1978 wurde Späth Ministerpräsident von Baden-Württemberg. Von 1979 bis 1991 war er Landesvorsitzender der CDU Baden-Württemberg, anschließend deren Ehrenvorsitzender. Am 13. Januar 1991 trat er von seinem Amt als Regierungschef zurück und legte am 31. Juli 1991 auch sein Mandat als Landtagsabgeordneter nieder. Im Juni 1991 wurde er Geschäftsführer der Jenoptik GmbH und war 1998 für den Börsengang des Unternehmens verantwortlich. Späth wurde mit zahlreichen Auszeichnungen wie dem Großen Bundesverdienstkreuz (1979), der Verdienstmedaille des Landes Baden-Württemberg (1992) und dem Deutschen Mittelstandspreis (2002) ausgezeichnet und erhielt eine Honorarprofessur für Medien und Zeitdiagnostik an der Friedrich-Schiller-Universität Jena.

THEO WAIGEL

Theo Waigel (geb. am 22. April 1939 in Oberrohr, Gemeinde Ursberg) studierte nach seinem Abitur am Simpert-Kraemer-Gymnasium im schwäbischen Krumbach Rechts- und Staatswissenschaften in München und später in Würzburg. Nach dem Abschluss seines Studiums und der anschließenden Promotion war er bei der Staatsanwaltschaft des Landgerichts München 1 tätig. 1969 wechselte Waigel als Persönlicher Referent des Staatssekretärs in das Bayerische Staatsministerium der Finanzen. Von 1970 bis 1972 nahm er dieselbe Funktion beim Bayerischen Staatsminister für Wirtschaft und Verkehr wahr. Vom damaligen Bundeskanzler Helmut Kohl wurde er 1989 im Zuge einer Kabinettsumbildung als Bundesminister der Finanzen in die Regierung berufen. Von 1988 bis 1999 war er Vorsitzender der CSU, auf dem Parteitag am 18. Juli 2009 wurde er zum Ehrenvorsitzenden der Partei gewählt. Nach Beendigung seiner politischen Karriere wurde Waigel Mitglied des Aufsichtsrats der Deutschen Vermögensberatung AG (DVAG) sowie der EnBW. Außerdem war und ist er beratend für mehrere Unternehmen tätig und arbeitet zusammen mit seinem Sohn als Rechtsanwalt in einer Münchener Kanzlei. Seit Januar 2009 ist er im Auftrag der US-Justizbehörden erster nicht amerikanischer Anti-Korruptionsbeauftragter (Compliance Monitor). Waigel plant dieses Amt im Herbst 2012 niederzulegen.

HANS WALL

Der Unternehmer Hans Wall (geb. am 17. März 1942 in Künzelsau) ist in Aalen aufgewachsen. Er absolvierte eine Ausbildung zum Schlosser und begann anschließend ein Maschinenbau-Studium, welches er aber nicht abschloss. 1976 gründete er in Ettlingen eine Firma für die Fertigung von Stadtmöbeln und baulichen Werbeträgern. Als Wall AG wurde das Unternehmen 1984 nach Berlin verlagert und expandierte in den 1990er-Jahren nach Osteuropa und in die USA. Wall leitete das Unternehmen 31 Jahre lang, bis er 2007 den Vorstandsvorsitz des Unternehmens an seinen Sohn übergab und bis März 2012 Aufsichtsratsvorsitzender der Wall AG wurde. 2009 verkaufte Hans Wall seine kompletten Unternehmensanteile an der Wall AG an den französischen Konzern JCDecaux SA. Im selben Jahr veröffentlichte er seine Biografie mit dem Titel »›Aus dem Jungen wird nie was …‹ Vom Mechaniker zum Millionär: Warum in Deutschland jeder eine Chance braucht«. Wall ist Vorsitzender von »Denk mal an Berlin«, einem Verein zur Förderung der Denkmalpflege, mit dem er sich für den Erhalt des kulturellen Erbes der deutschen Hauptstadt einsetzt. Für sein ehrenamtliches Engagement in Berlin erhielt er im Jahr 2000 das Bundesverdienstkreuz und 2004 ehrte ihn die Jüdische Gemeinde von Berlin für sein Eintreten gegen Rassismus und Fremdenfeindlichkeit und für Toleranz mit dem Heinrich-Stahl-Preis. Die Bewohner der Hauptstadt wählten Hans Wall 2005 in einer Aktion der »Berliner Morgenpost« zum Berliner des Jahres.

HARALD WOHLFAHRT

Harald Wohlfahrt (geb. am 7. November 1955 in Loffenau, Landkreis Rastatt) absolvierte von 1970 bis 1973 seine Ausbildung zum Koch im »Mönchs Waldhotel« in Dobel. Anschließend arbeitete er zwei Jahre als Commis bei Willi Schwank im damaligen Zwei-Sterne-Restaurant »Stahlbad« in Baden-Baden, bevor er 1977 im »Tantris« bei Eckart Witzigmann in München anfing. 1978 wurde er Souschef in der »Schwarzwaldstube« im Hotel »Traube« im schwäbischen Baiersbronn-Tonbach. Zwei Jahre später besuchte er die Meisterschule in Baden-Baden und machte ein Praktikum bei Alain Chapel in Mionnay, Frankreich. Seit 1980 ist Wohlfahrt als Küchenchef im Restaurant »Schwarzwaldstube« im Hotel »Traube Tonbach« tätig. Er zählt zu den besten Köchen Europas und erhielt mehrere Auszeichnungen. So ernannte ihn 1991 der Gault-Millau zum »Koch des Jahres«. Die »Schwarzwaldstube« erhielt 1992 unter seiner Leitung den dritten Stern im Guide Michelin. Diesen Stern behielt er bis heute und ist damit der einzige Koch, der diese Auszeichnung über 20 Jahre lang jedes Jahr wieder erhalten hat. Im Hornstein-Ranking für Spitzenrestaurants belegt die »Schwarzwaldstube« den 1. Platz. Wohlfahrt wurde 1994 von der »New York Times« zu einem der zehn besten Köche der Welt ernannt. 2002 erhielt er die Verdienstmedaille des Landes Baden-Württemberg und 2004 wurde ihm das Bundesverdienstkreuz am Bande verliehen. Im Jahr 2010 arbeitete Wohlfahrt für die Europäische Raumfahrtbehörde ESA und entwickelte Feinkost aus der Dose für Astronauten.

NATALIA WÖRNER

Die Schauspielerin Natalia Wörner (geb. am 7. September 1967 in Stuttgart) machte 1986 ihr Abitur und begann anschließend ein Studium generale an einer anthroposophischen Schule. Bereits während ihrer Schulzeit fing sie an zu modeln und war nach ihrem Studium als Model in Paris, Mailand und Wien tätig. 1987 nahm sie ihr Schauspielstudium am Lee Strasbergs Actors Studio in New York auf und spielte in der dortigen Off-Off-Theaterszene. Nach ihrer Rückkehr aus den USA folgte 1992 Natalia Wörners Filmdebüt in Nina Grosses Drama »Thea und Nat«. Seitdem war sie in zahlreichen Filmen zu sehen, unter anderem in »Experiment Bootcamp« (2004), »Miss Texas« (2005), »Die Sturmflut« (2006), »Die Lüge« (2008), »Rosamunde Pilcher – Vier Jahreszeiten« (2009), »Die Säulen der Erde« (2010) und in der schwäbischen Komödie »Die Kirche bleibt im Dorf« (2012). Seit 2006 ist Wörner ein- bis zweimal jährlich als Kommissarin Jana Winter in der Hauptrolle der ZDF-Krimireihe »Unter anderen Umständen« zu sehen. Für ihre schauspielerischen Leistungen erhielt sie im Jahr 2000 den Deutschen Fernsehpreis, 2011 den Askania Award und die »Romy«. Natalia Wörner ist Botschafterin des Kinderhilfswerks »Kindernothilfe«.

STEFAN NIMMESGERN

Stefan Nimmesgern (geb. am 27. August 1956 in Saarlouis) wandte sich nach seinem Abitur der Fotografie zu und begann 1981 eine Ausbildung zum Werbefotografen, die er 1983 mit der staatlichen Prüfung abschloss. Nach der Gründung des Fotostudios »PPS« in München im Jahr 1998 konzentrierte sich Nimmesgern mehr und mehr auf Editorial-Fotografie und Reportagen. Er unternahm zahlreiche Fotoreisen nach Südamerika, Afrika sowie in den Nahen und Fernen Osten. Als Expeditionsfotograf begleitete er 2005 den Extrembergsteiger Reinhold Messner auf einer Reise zum Nanga Parbat. Dabei dokumentierte er den Fund der Leiche von Günther Messner, dem 1970 bei der Herrligkoffer-Expedition tödlich verunglückten Bruder von Reinhold Messner. Die Reportage wurde weltweit publiziert, unter anderem in der Zeitschrift »National Geographic« und dem »GEO«-Magazin. Nimmesgern hat heute Studios in München, Berlin und New York und ist bekannt für seine Porträtaufnahmen, die unter anderem im »Zeit«-Magazin zu sehen sind. Dafür fotografierte er in den letzten Jahren Persönlichkeiten wie Niki Lauda und den Literatur-Nobelpreisträger Mario Vargas Llosa. Nimmesgern veröffentlicht seine Werke nicht nur in Bildbänden und Buchprojekten, sondern zeigt seine Arbeiten außerdem regelmäßig in themenbezogenen Ausstellungen.

Außerdem in der sagas.edition erhältlich:

Ulrich Kienzle
ABSCHIED VON 1001 Nacht
Mein Versuch, die Araber zu verstehen
ISBN 978-3-9812510-7-4; € 19.90

Die autobiografische Geschichte eines Journalistenlebens im Orient: Ulrich Kienzle spannt einen Bogen über 50 Jahre Nahostkonflikt. Er vermittelt einen ebenso fesselnden wie persönlichen Einblick in die arabische Welt und erklärt den »Arabischen Frühling« aus der Entwicklung der Konflikte im Nahen Osten heraus. Gleichzeitig beschreibt er den Alltag eines Kriegsreporters: erschütternde und berührende Erlebnisse, Zeugnisse faszinierender Mediengeschichte. Fesselnd, humorvoll, provokant – ein echter Kienzle. Das persönliche Resümee eines großen Journalisten.

Ulrich Kienzle
WO KOMMSCH DENN DU ALDS ARSCHLOCH HER?
Die Erfindung des Schwaben. Ein Essay mit Hörbuch.
ISBN 978-3-9812510-9-8; € 23.-

Ulrich Kienzle begibt sich auf einen historischen Exkurs. »Wer sind wir?«, fragt er sich. »Wo kommen wir her?« »Was sind die Wurzeln unserer Macken?« Mit »wir« meint er sich – und seine Landsleute, die Schwaben. Tief dringt er vor in die Geschichte, forscht dort nach den Wurzeln des schwäbischen Charakters. Dem Werdegang des Schwaben spürt er, professionell recherchiert, nach – vom trinkfreudig-fröhlichen Zeitgenossen im Mittelalter über seine »Umerziehung« durch die Pietisten bis zu seinen heutigen Vertretern, die langsam wieder lernen, das Leben zu genießen. Informativ, witzig, intelligent. Ein Muss für alle Schwaben. Und für jeden, der sie verstehen möchte.